Jugend und Literatur

Menschenkunde und Erziehung

62

Schriften der Pädagogischen Forschungsstelle
beim Bund der Freien Waldorfschulen

Jugend und Literatur

Anregungen zum Deutschunterricht

Herausgegeben von Christoph Göpfert

*Mit Beiträgen von
Erika Dühnfort, Dietrich Esterl,
Reinhart Fiedler, Christoph Göpfert,
Anja Göpfert-Lamey, Astrid von der Goltz,
Irmgard Hürsch, Burckhardt Großbach,
Rainer Patzlaff, Albert Schmelzer
und Malte Schuchhardt*

Verlag Freies Geistesleben

Die Deutsche Bibliothek – CIP-Einheitsaufnahme

Jugend und Literatur:
Anregungen zum Deutschunterricht / Christoph Göpfert (Hrsg.). –
Stuttgart: Verlag Freies Geistesleben, 1993
(Menschenkunde und Erziehung; 62)

ISBN 3-7725-0262-8

NE: Göpfert, Christoph [Hrsg.]; GT

© 1993 Verlag Freies Geistesleben GmbH, Stuttgart
Einband: Walter Schneider
Druck: PDC Paderborner Druck Centrum

Inhalt

9

Vorwort

Das Verhältnis der heutigen Jugendlichen zu Literatur und Dichtung ist schwieriger geworden. Die Freude am Lesen ist zurückgegangen – das haben Umfragen ergeben –, jedenfalls am Lesen anspruchsvoller Literatur. Zu viele andere Möglichkeiten des «Zeitvertreibs» drängen sich auf, denen die jungen Menschen nachgeben, um nichts zu versäumen, was «in» ist. Das kann Eltern und Lehrer mit Sorge erfüllen, denn was vielleicht als vorübergehende Erscheinung beginnt – eben als Nicht-mehr-Lesen –, kann zu einer Unfähigkeit werden, zum Nicht-mehr-lesen-Können, wenn es nicht geübt wird.

Hier haben Elternhaus und Schule eine wichtige Aufgabe: Die Eltern möchten durch Buchgeschenke ihren Kindern neue Leseimpulse geben; die Lehrer, besonders die Deutschlehrer, müssen den Lehrplan auf seine erzieherische Aktualität überprüfen, sie müssen erkennen, welche verborgenen Bedürfnisse und Fragen in den Jugendlichen eines bestimmten Alters leben und wie man sie indirekt durch die entsprechende Lektüre aufgreifen kann. Voraussetzung dafür ist ein Vertrautsein mit der psychologisch menschenkundlichen Situation des Jugendalters in seinen verschiedenen Phasen. Die im vorliegenden Band zusammengefaßten Beiträge fußen auf der Menschenkunde Rudolf Steiners und dem Lehrplan der Freien Waldorfschulen, dürften aber von weitergehendem Interesse sein. Denn manches läßt sich auf andere Erziehungssituationen übertragen. Eltern kann das Buch eine Hilfe sein, Gesichtspunkte für den Umgang mit Literatur zu gewinnen, und zwar nicht nur hinsichtlich der ihnen anvertrauten Jugendlichen, sondern auch für sich selbst. Dabei wird dem Parzival-Stoff und der modernen Dichtung ein besonders breiter Raum zugebilligt, sind doch beide nicht ohne weiteres verständlich.

Ein besonderes Anliegen des Herausgebers ist es, daß nicht nur Lehrer zu Wort kommen, sondern in bestimmtem Umfang auch Schüler, in deren Aufsätzen sich die Aufnahmefähigkeit der Jugendlichen für die entsprechenden Unterrichtsinhalte spiegelt.

Das Buch ist nach Altersstufen (Klasse 9 – 12) aufgebaut und durchaus auch als Ergänzung zu dem thematisch verwandten Werk von Heinrich Schirmer, *Bildekräfte der Dichtung,* gemeint. Der Sicht des einen Verfassers dort steht hier eine Vielzahl von Autoren gegenüber, so daß etwas von der Breite der möglichen Betrachtungsweisen erkennbar wird. Die meisten Aufsätze sind Wiederabdrucke aus der Zeitschrift *Erziehungskunst.* Sie alle geben keine «Rezepte», sondern wollen den Leser zu eigenem Urteil anregen. Dabei mag manches Tor zu verborgenen Schatzkammern aufgetan werden, von denen der betriebsame Zeitgenosse nichts weiß.

Evinghausen, im Frühjahr 1993   *Christoph Göpfert*

I.
ZUR MENSCHENKUNDE
DES JUGENDALTERS
UND ZU ALLGEMEINEN
FRAGEN DES
LITERATURUNTERRICHTS

IRMGARD HÜRSCH

Das Jugendalter: Öffnung zur Welt und zu sich selbst

Der Umgang mit Jugendlichen in der Pubertät und in den Jahren danach hat gewiß zu allen Zeiten Eltern und Erzieher vor große Rätsel gestellt, vor die Rätselfrage: Wer sind diese jungen Menschen? Was bringen sie sich mit an Impulsen und Problemen? Es ist dies ja zugleich die Frage nach der Menschheit von morgen.

Damit eng verbunden, steht die Frage vor uns: Wie sollen, können wir dem begegnen, was uns da entgegentritt, so daß es weder unterdrückt wird noch ungeformt wuchert – daß der junge Mensch sich das erhält, was er in sich trägt als Bild seiner Lebensziele, und zugleich sich und seine Bestrebungen in die nun einmal vorhandene Welt einzufügen lernt?

Auch vor dem Jugendlichen selbst stehen an der Schwelle zum dritten Jahrsiebt diese beiden Fragen: Die Frage nach dem Wesen der Welt, die ihn umgibt, die ihm fremd erscheint, vielfach enttäuschend, und die ihn doch reizt, anzieht, beschäftigt – und die Frage nach der eigenen Identität, nach dem Individuellen, nach den ganz persönlichen Veranlagungen und Zielen. In diese beiden Fragerichtungen führt der Weg der jugendlichen Seele, und zunächst findet sie weder den Weg zur Welt noch den zum eigenen Ich. Verlassenheits-, Einsamkeitserlebnisse stehen neben Enttäuschung und Protest, weil die Welt den Erwartungen nicht entspricht.

Rudolf Steiner schildert diesen Zustand als den «Tumult», der sein muß, den wir dem jungen Menschen nicht ersparen dürfen, den er braucht, um seinen eigenen Weg zu finden.[1] Denn sein Seelisches ist an dem Punkt der Entwicklung angelangt, den wir im wahren Sinne des Wortes als eine «Geburt» bezeichnen dürfen. Es löst sich aus der Umhüllung durch Familie, Schule, Umwelt, es tritt heraus aus der bisherigen Welt, in der es beheimatet ist, und muß nun ein ganz neues

Verhältnis finden nicht nur zu der objektiv gegebenen Umwelt, sondern auch zu dem objektiv gegebenen, in den bisherigen Jahren herangewachsenen eigenen Leib, seinen Veranlagungen, Kräften, Eigenschaften, zu allem, was am Menschen eben das «Objektive» ist.[2]

Häufig geschieht es, daß die Eltern ihre Tochter, ihren Sohn von einem Tage zum anderen kaum wiedererkennen, so völlig verwandelt erscheinen die Kinder an dieser Schwelle. Sie reagieren aufsässig, eigensinnig, störrisch, launisch auf alles und jedes – mitunter überraschen sie uns auch durch liebevoll-einfühlsames Verstehen – aber nie wissen wir voraus, wie sie gerade im gegebenen Augenblick reagieren werden. Womit wir jedoch immer rechnen können, das ist die Bereitschaft, zu widersprechen, Kritik zu üben, Gegebenes abzulehnen; zu urteilen, über alles, jederzeit, kühn, ganz ohne Hemmung. Dicht beieinander stehen geniale, weitblickende Urteile und törichte, ja sinnlose, eigensinnig festgehalten, so daß man schier verzagen möchte vor so viel Unvernunft. Was liegt da vor?

Eine Hilfe zum Verständnis dieser Erscheinungen können wir finden durch die Betrachtung eines ähnlichen Vorgangs, den wir täglich erleben und daher gut beobachten können: das Aufwachen. Auch hier haben wir ein «Objektives», den Leib, der sich während des Schlafes durch das Wirken der Lebenskräfte regeneriert hat – und ein «Subjektives», das Seelische des Menschen, das während der Schlafenszeit «weit weg» war, wie wir oft sagen, und nun von diesem Leib erneut Besitz ergreift, durch ihn in Erscheinung tritt und zum Bewußtsein seiner selbst gelangt.

Betrachten wir die ersten Stadien des Aufwachens von außen: Zunächst macht sich eine Veränderung des Atems bemerkbar, ein ruckartiges Einatmen. Die Gliedmaßen werden unruhig, der Schlafende streckt sich. – Im Inneren erleben wir beim Aufwachen etwas wie ein allgemeines Gestimmtsein, diffus, ohne konkreten Anlaß, bisweilen auch ohne Bezug, ja im Gegensatz zu dem, was uns beim Aufwachen erwartet. Diese Stimmung wird mit dem ganzen Körper empfunden, wahrgenommen. Gleichzeitig wird eine Welt von Reminiszenzen erlebt: Erinnerungen an Träume; an Gedanken, Töne, Worte, Bilder, mit denen man eingeschlafen ist; dann auch Erinnerungen an Pläne und Vorsätze für den beginnenden Tag. Bezeichnend aber ist, daß alles dies wie aus großer Distanz erlebt wird, wie eine Landschaft, die man von hoch oben überblickt. Man ist noch ganz unbeteiligt, als ginge einen dies alles noch gar nichts an. Auch steht Bedeutendes neben zufälligen Nebensächlichkeiten, und ein bevorstehendes aufregendes, wichtiges Ereignis wird noch wie von außen betrachtet. Glasklar glaubt man die Lösung eines schwierigen Problems, den Gedankengang eines Aufsatzes, eines Vortrages, an dem man gerade arbeitet, vor sich zu sehen. Noch fühlt man sich nicht persönlich betroffen, man ist unbeteiligt, «es» läuft ganz von allein ab.

Eine fünfzehnjährige Schülerin, nach ihrem «Aufwachen» befragt, kommt am Ende ihres Berichtes zu folgender Zusammenfassung: «Bei mir ist immer ein bestimmter Rhythmus beim Erwachen. Zuerst überdenke ich noch einmal den Traum, dann denke ich an die Vergangenheit und dann an die Zukunft. Mein erster Gang am Morgen gilt immer dem Fenster.» Hier treten deutlich die Elemente Traum, Vergangenes, Zukunft hervor sowie das Bemühen, durch die Sinneswahrnehmung einen Schritt weiter in den Tag zu kommen. Der Bericht einer Mitschülerin erwähnt auch die Bedeutung der Traumwelt, dann die Wendung in die Vergangenheit: «Dann überlege ich, was am vorherigen Tag eigentlich war und warum ich zum Beispiel so gehandelt habe. Meistens hab' ich dann eine ganz andere Meinung darüber, wenn ich es überschlafen habe.» Die Auseinandersetzung mit dem Kommenden wird von einem Schüler so geschildert: «Ich erinnere mich an den auf mich zukommenden Tag … Dies geschieht ganz automatisch … » Zukünftiges wird also aus der gleichen Distanz heraus erlebt wie Vergangenes, eben als Erinnerung. Ein anderer Schüler schreibt: «Am Abend davor hatte ich mir überlegt und vorgenommen, was am nächsten Tag zu machen ist. Automatisch muß ich jetzt daran denken, ohne noch zu wissen, daß dies, was ich mir gerade noch einmal vornehme, schon jetzt gleich beginnen muß oder kann.»

Nach diesem Stadium, das man das des Überblicks nennen kann, kommt aber unweigerlich der Augenblick, wo uns bewußt wird: Dieser Tag, an dem ich das Vorgenommene, Überschaute ausführen muß, ist heute, jetzt! Heute muß ich das Problem lösen, auf das ich eben noch so seelenruhig, wie auf das eines anderen, hinblickte. – Wer kennte nicht das Erschrecken vor diesem «heute», das den Erwachenden befällt, den Wunsch, noch einmal von dem allen «wegzuschlafen», sich erneut in die Welt des Schlafes zu flüchten, wo alles überschaubar und unverbindlich war. Ja, es können uns geradezu so etwas wie Lähmungszustände an dieser Schwelle überkommen, und es bedarf bisweilen eines langen Ringens, bis wir uns zu dem «hier und heute» bekennen können. Dieses Ringen findet seinen Niederschlag in den Worten eines Jungen: «Wenn ich morgens von meiner Mutter geweckt werde, dann sage ich meistens routinemäßig «Guten Morgen», ich bin aber noch nicht richtig wach. Darauf denke ich dann immer nach, was am Tage bevorsteht. Wenn ich noch sehr müde bin, verwünsche ich alles, auch die Sachen, die mir große Freude machen. Ich frage mich dann manchmal, warum ich überhaupt auf der Erde bin ... Ich wache eigentlich erst richtig auf, wenn ich irgend etwas tue, was ich gewöhnlich nicht zu tun pflege.»

Wann aber werden wir nun wirklich wach? Gemeinhin sagen wir: dann, wenn wir die Augen öffnen, das heißt, wenn wir beginnen, die Welt mit unseren Sinnen wahrzunehmen. Aber das genügt nicht. Da steht man auf, führt routinemäßig allerlei Verrichtungen aus, kocht Kaffee, gießt die Blumen – und hat dabei gewiß die Augen offen und sieht. Und doch ist man noch nicht voll bewußt wach. Wir sahen schon oben, wie das Wachsein angeknüpft wird an eine nicht routinemäßig, aus eigenem Entschluß vollbrachte Handlung. Das kann etwas ganz Einfaches sein. Ein Mädchen: «Aber erst wenn ich nachdenken muß, wie viele Brotscheiben ich essen will oder was für Marmelade ich auf mein Brot tun will, dann wache ich erst richtig auf.» Es ist also das Nachdenken, das zu einem Entschluß nach außen führt, was als Beginn des Wachseins erlebt wird.

Ein Beispiel mag das verdeutlichen: Ein begeisterter Bergsteiger ist für eine lange geplante Bergtour verabredet, die allerdings nur stattfinden kann, wenn das Wetter gut ist. Er erwacht, vom Wecker zu ungewohnter Stunde jäh aus dem Schlaf gerissen, tappt zum Fenster, sieht hinaus – vielleicht sollten wir sagen: er hat die Absicht hinauszusehen, jedenfalls sind seine Augen offen, und er weiß, daß er das Wetter beurteilen muß und daß Aufstehen oder Weiterschlafen davon abhängt. Aber er ist eben doch noch nicht wach! Denn obwohl der Morgen eindeutig einen schönen Tag verspricht, kommt er zu dem Schluß, das Wetter sei zu schlecht, legt sich wieder nieder und schläft weiter. Und er hatte sich doch so sehr gewünscht, eben jene Wanderung unternehmen zu können.

Wir sehen: Die Sinneswahrnehmung allein macht das Wachsein nicht aus; aber auch die Fähigkeit, ein Urteil zu fällen, nicht. Erst wenn Urteil und Wahrnehmung einander begegnen, wenn das Urteil die Realität erreicht, die Wahrnehmung das Urteil hervorruft, wenn wir also das «Hier und Jetzt» urteilend ergreifen, erst dann sind wir wirklich wach.

So lassen sich die Stadien des Aufwachens, die wir allerdings nicht immer alle und oft nicht bewußt durchlaufen, zusammenfassen:

I   Veränderungen des Atems, Strecken der Gliedmaßen, allgemeines Gestimmtsein;
II   Reminiszenzen, Vorfinden des Vorhandenen, Überschau;
III Erkenntnis des «Heute», Zurückschrecken, Lähmung;
IV   Sinneswahrnehmung, Urteil;
V   Verbindung von beiden = Wachsein.

Können wir in der Aufeinanderfolge dieser Stadien des Erwachens nicht die Schritte wiedererkennen, die auch das Seelische des jungen Menschen nach seiner «Geburt» in der Zeit der Pubertät – der Erdenreife, wie Rudolf Steiner die Geschlechtsreife lieber genannt haben wollte – durchläuft?

Die Glieder werden unruhig, strecken sich: wer sähe da nicht den Vierzehn-, Fünfzehnjährigen in seiner schlaksigen Gestalt vor sich, das Längenwachstum der Arme und Beine, mit dem der Rumpf zunächst noch nicht mitkommt. Die Veränderung des Atems weist uns auf den ganzen Komplex des Stimmbruchs, der Veränderung von Stimme und Sprechweise hin. Auch werden Stimmungen und ihre Schwankungen viel intensiver erlebt, wirken sich viel stärker aus als zuvor.

Bunt gemischt ist noch Überliefertes, die Erinnerung an Gelerntes, auf Autorität Übernommenes mit selbst erworbenen Erkenntnissen. Das Vorhandene wird vorgefunden, wird noch nicht bewußt gesichtet.

Auch jenes Überblicksmoment finden wir, wo Wichtiges gleichwertig neben Unwichtigem steht. Höchste Ideale begeistern den jungen Menschen – und im nächsten Augenblick wendet er sich mit ebensolcher Inbrunst und Begeisterung höchst nebensächlichen Kleinigkeiten, beispielsweise Modetorheiten, zu. Und doch weiß er, wenn er es auch nicht ausspricht, vielleicht nicht einmal sich selber eingesteht, verblüffend genau über sich Bescheid.

Verhängnisvoll erscheint uns jene Lähmung des Willens vor dem Ergreifen des «Hier und Heute», jenes Zurückschrecken vor Verantwortung und Einfügung in das Vorhandene, das wir an jungen Menschen in unserer Zeit so oft erleben. Es führt, befördert durch Probleme der Zeit, zu Willensschwäche, «Aussteigen», Drogen.

Zu den für den Erwachsenen erstaunlichsten Erlebnissen gehört jedoch die Art, wie nun geurteilt wird: mitunter einsichtig, ja fast genial – dann wieder ohne jeden Realitätsbezug, «blind», aus den Untergründen der Wunschvorstellungen heraus. Erst nach und nach werden Urteil und Wirklichkeit in Übereinstimmung gebracht im Laufe des dritten Jahrsiebts – eben im Verlauf dieses Erwachens der Seele.

Deutlich zeigt sich in diesem Zusammenhang die Bedeutung der Urteilskraft und ihrer sinnvollen Betätigung für den jungen Menschen. Das Urteilen, um seiner selbst willen, als Betätigung, als Übung, ist geradezu lebensnotwendig. Es ist eine Selbsthilfe zum Erwachen!

Im Urteil verbindet sich das Subjektive – die erwachende Seele – mit dem Objektiven, mit der Welt, wie sie ist. Indem die Urteilsbildung geübt, geschult, an die Realität herangeführt wird, zugleich aber ganz persönlich, aus Interesse und Anteilnahme heraus geübt wird, findet der junge Mensch den Anschluß an die Welt, erwächst ihm die Fähigkeit, sie tätig zu ergreifen – wach zu sein.

Hier liegt nun die Erziehungsaufgabe des Erwachsenen gegenüber diesem Alter: die Urteilsfähigkeit zu schulen, an der Realität sich messen zu lassen, den Weg in ein Verstehen der Welt als einer sinnvollen zu ebnen. Der Lehrplan der Waldorfschulen gibt da vielerlei Hilfen. An zentraler Stelle, eine geniale Anregung Rudolf Steiners für die 10. Klasse, steht das Feldmessen. Hier wird geurteilt über Strecken- und Winkelverhältnisse, über das, was auf der Erde sichtbar vorhanden ist – und das Urteil wird korrigiert, nicht durch eine Autorität, sondern durch die Realität selbst.

Dem Beginn der Pubertät entspricht das Strecken, Dehnen, das schnell wechselnde Gestimmtsein. Der Sechzehn-, Siebzehnjährige, der um das eigene Urteil immer bewußter ringt, der oft tiefste Einsamkeits- und Identitätskrisen durchmacht, erinnert uns an das Stadium unmittelbar vor dem eigentlichen Erwachen. In der Fähigkeit des gesunden Achtzehn- bis Zwanzigjährigen, Erfahrungen zu machen, den Erfahrungsschatz Älterer zu nutzen, ohne sich dadurch abhängig zu machen, offenbart sich die Begegnung von Urteil und Realität, von Ich und Welt, die das Wachsein ausmacht.

Reif sein heißt wach sein, heißt Ich und Welt durch das aus Welterfahrung erwachsene Urteil verbinden zu können. Und die Erziehungsaufgabe gegenüber dem dritten Jahrsiebt ist es, dieses Aufwachen zu fördern. Rudolf Steiner fordert daher, daß auf die «gestaltende» Erziehung im ersten Jahrsiebt und auf die «belebende» im zweiten im dritten Jahrsiebt die «erweckende Erziehung» folge.[3]

Anmerkungen

1 Rudolf Steiner, *Die gesunde Entwickelung des Leiblich-Physischen als Grundlage der freien Entfaltung des Seelisch-Geistigen,* GA 303, Vortrag vom 4.1.22, Dornach 1969.

2 Ders., *Menschenerkenntnis und Unterrichtsgestaltung* («Ergänzungskurs») GA 302, Vortrag vom 16.6.21, Dornach ⁵1986.

3 Ders., *Anthroposophische Menschenkunde und Pädagogik,* GA 304a, Vortrag vom 30.8.24, Dornach 1979.

CHRISTOPH GÖPFERT

Der Prozeß des Mündigwerdens

Daß die Vorverlegung der Volljährigkeit auf das achtzehnte Lebensjahr eine fragwürdige Maßnahme ist, haben nicht nur die Eltern und Erzieher zu spüren bekommen. Auch die Jugendlichen finden sich vielerorts in eine gewisse Unsicherheit und Hilflosigkeit gedrängt, die sie nicht allein bewältigen können. Symptomatisch auch, daß man den Begriff «Volljährigkeit» sehr viel häufiger verwendet als das alte Wort «Mündigkeit», dessen Bedeutung man vergessen zu haben scheint.
Der Wortstamm geht zurück auf ein althochdeutsches und altnordisches Substantiv mund = Schutz, Hand; muntboro war im Althochdeutschen der Vormund (der Schutzgebende), muntburt = der Schutz. Dazu steht das Verb mundôn = schützen. Mündigkeit ist also die Fähigkeit, sich selbst in die Hand zu nehmen, sich selbst zu schützen.

Im öffentlichen Leben ist man sich zwar noch darüber einig, daß die Mündigkeit wohl doch nicht für alle Lebensbereiche gleichzeitig eintritt, und so hat man die Religionsmündigkeit auf das Alter von vierzehn Jahren festgesetzt, die Ehe- und Eidesmündigkeit aber weiterhin bei einundzwanzig Jahren belassen. Die Fragwürdigkeit auch dieser Einteilung wollen wir hier nicht untersuchen, statt dessen uns aber vor Augen stellen, welche Ansatzpunkte für ein Verständnis des Mündigwerdens uns die Menschenkunde Rudolf Steiners an die Hand gibt.

Stufen des Mündigwerdens

Das einschneidende Ereignis, das das dritte Jahrsiebt einleitet, bezeichnet Rudolf Steiner als «Geburt des Astralleibes»; wir können auch sagen: es ist das Selbständigwerden und Zur-Verfügung-Stehen

eigener seelischer Kräfte. Aber dieser Vorgang vollzieht sich schritt-
weise. Wir können gliedern:

seelische Pubertät	14 bis 16 1/3 Jahre	selbständiges Denken
Adoleszenz	16 1/3 bis 18 2/3 Jahre	selbständiges Fühlen
Mündigkeit	18 2/3 bis 21 Jahre	selbständiger Wille

Obgleich man erwarten sollte, daß die Übergänge von einer Stufe
zur anderen fließend stattfinden, kann eine intimere Beobachtung
doch oft feststellen, wie fast auf den Tag genau sich eine innere Wendung oder Öffnung im Jugendlichen vollzieht.

Das Erlebnis eines eigenen, «freien» Denkens tritt als erstes ein und
äußert sich beim Neuntkläßler oft recht eindeutig und vehement.
Aus lebendigen Vorstellungen, die sich während des zweiten Jahrsiebts bilden konnten, werden jetzt Begriffe, die uns vor die Füße
geworfen werden, von einem ungeordneten Willen umhergestoßen.
Schnell wechseln die Gedanken, rasch übt man Kritik. Was der Jugendliche aber an Urteilen verkündet, kann er nur selten in Handlungen umsetzen. So können die Schüler einer 9. oder 10. Klasse zum
Beispiel «große» Gesichtspunkte für ein Fest äußern, sind aber dann
froh, wenn der Lehrer die Gestaltung in die Hand nimmt. Schauplatz
für diesen ersten Schritt des Mündigwerdens ist die menschliche
Kopfregion. Die Befreiung des Seelischen greift gewissermaßen von
oben in die Leiblichkeit hinein.

Die Adoleszenz ist durch die Reifung der eigenen Gefühlswelt ge-
kennzeichnet. Etwas Idealisches tritt auf, oft mit einem asketischen
Zug in der Lebensführung verbunden: das eigene Zimmer wird «ent-
rümpelt», die Einrichtung auf das Wesentliche beschränkt, Freundschaften läßt man nicht mehr zu nah an sich herankommen. – Die
Gedankenwelt wird jetzt existentieller, die eigene Meinung bildet
sich, festigt sich aber oft auch so stark, daß der Jugendliche unter ihr
leidet und nicht von ihr loskommt. Im Ganzen wird das Denken
praktischer, Denken und Fühlen kommen zusammen, die Ausführung eines Planes und die Konsequenzen für das eigene Leben
werden mit einbezogen – ein soziales Element entsteht. Die Empfindungswelt ist Grundlage der Lebensstimmung, ein Verharren und
Ruhig-Werden senkt sich in die jugendliche Seele. Der Umwand-
lungsprozeß des dritten Jahrsiebts hat auf die rhythmische Region
des Menschen übergegriffen.

Die eigentliche Mündigkeit tritt im letzten Abschnitt des dritten Jahrsiebts ein, wenn der Wille sich vom körperlichen Organismus befreit; das ist mit dem einundzwanzigsten Lebensjahr abgeschlossen. Nun werden die Bewegungen durch die Persönlichkeit geprägt. In diesem Alter haben die Künste, besonders das Theaterspiel, eine wichtige Funktion, weil sie stark in die Willenssphäre eingreifen und ordnend in ihr wirken können. Das Neue der Situation ist, daß der Jugendliche das Eingesehene und Gefühlte jetzt auch tun kann. «Erfahrung» wird zu einem Lieblingswort dieser Zeit. Die Urteilskraft kann sich mit dem selbständig gewordenen Willen verbinden und ihm seine Ziele geben. Das Denken erfüllt sich mit Willensqualität; damit erreicht es die Realität und kann sie verändern. Das erst ist die volle Mündigkeit.

Nun gibt es aber noch intimere Gesetze des Lebenslaufes, von denen wir eines hier berücksichtigen müssen.[1] Für die meisten Schüler fällt in die zwölfte Klasse der sogenannte erste Mondknoten. Es ist der Zeitpunkt achtzehn Jahre, sieben Monate, vier Tage nach der Geburt. Astronomisch beinhaltet das, daß der Mond in derselben Stellung zur Erde und zur Sonne steht wie bei der Geburt. Diese Konstellation, die sich im selben Zeitabstand im menschlichen Leben wiederholt – also im 37., 56. und 75. Lebensjahr –, hat ähnlich wie andere Mondrhythmen Einfluß auf die Lebenskräfte und das seelische Gefüge des Menschen. Was sich da abspielt, fällt nicht sofort ins Auge. Man könnte es so beschreiben: Es tritt eine leichte Lockerung der Seele aus dem Gefüge des Körpers ein. Das kann in den betreffenden Nächten zu auffälligen Träumen, einer Art «Erleuchtung», zu spirituellen Wahrnehmungen führen. Lebensvorblicke, verbunden mit einem plötzlich hervortretenden Kräftestrom, können sich einstellen. Diese Lockerung und Öffnung gegenüber dem Spirituellen bedingt aber eine Entfernung von der äußeren Realität und bringt dadurch zum Beispiel die Disposition zu Krankheiten mit sich, zu Unglücksfällen, die Möglichkeit zu bestimmten Todeserlebnissen bis hin zum Selbstmord. An der Biographie vieler bekannter Persönlichkeiten läßt sich das ablesen. Diese ahnungsweise Erfahrung einer übersinnlichen Wirklichkeit löst im Unbewußten des Jugendlichen Fragen eben nach dieser «höheren Welt» aus, Fragen, von denen die Erziehenden wissen müssen.

Der Begriff des Mündigseins, des vollen «Menschseins», wird dadurch auf eine unerwartete Weise neu beleuchtet.

Die geschilderten Stufen des Reifens und Selbständigwerdens spiegeln sich auch im Sprachleben des Kindes und des Jugendlichen wider: sein Verhältnis zur Sprache ändert sich, sowohl in der Art, wie er Sprache aufnehmen kann, als auch, wie er Sprache selber anwendet. Alles unterrichtliche Handeln wird auf diese Umbrüche Rücksicht nehmen müssen, vielleicht auch in Fächern, die nicht eigentlich der sprachlichen Erziehung dienen.

Betrachten wir nun die Entfaltung des Sprachlebens in den Jahrsiebten, so ergibt sich zunächst eine Art Grobgliederung:

1. Jahrsiebt	Nachahmung	Richtigkeit der Sprache
2. Jahrsiebt	Bildhaftigkeit	Schönheit der Sprache
3. Jahrsiebt	Selbständigkeit	Macht der Sprache

Im ersten Jahrsiebt wirkt die Nachahmung und führt zum richtigen Sprechen. Das schulreife Kind sollte sich auf einem gewissen Niveau richtig ausdrücken können. Nun wissen wir aber, daß im menschlichen Gehirn eine Beziehung besteht zwischen dem Bewegungszentrum und dem Sprachzentrum, daß Störungen im Sprechen auftreten, wenn der Bewegungsorganismus, insbesondere für die Hände, nicht richtig ausgebildet ist. Daraus erhellt die Wichtigkeit, daß das kleine Kind in seinen Bewegungen nicht verkümmert, daß es mit den Händen richtig greifen lernt, daß es Spielzeug erhält, mit dem es vielfältige Bewegungen ausführen kann. Die ganze Problematik: «Was ist pädagogisch sinnvolles Spielzeug? Welche Gefahr birgt technisches Spielzeug?» schlägt hier herein.

Das zweite Jahrsiebt lebt aus der Autorität, aber auch aus der Bildhaftigkeit. Was das Kind sich sprachlich neu erwirbt, ist ein Empfinden für die Schönheit der Sprache. Die lebendigen Sprachbilder können für das Kind in diesem Alter sozusagen wie eine leitende Autorität sein, sie vermitteln dem Kind freilassende seelische Impulse. Abstraktionen würden das Kind festlegen, Starrheit erzeugen.

Das dritte Jahrsiebt führt zur Selbständigkeit. Der junge Mensch fühlt sich der Sprache mächtig, er erlebt die Macht der Sprache. Zugleich kommt es aber doch auch zu einer Neugewinnung der Sprache. Der Jugendliche erobert sich seinen eigenen Sprachstil.

Einem intimeren Blick ergibt sich innerhalb der Jahrsiebte eine weitere Unterteilung, und zwar in jeweils drei Phasen. Rudolf Steiner unterscheidet da:

Stufen des Spracherlebens
im

2. Jahrsiebt	3. Jahrsiebt
Richtigkeit 1. Drittel	3. Drittel *Richtigkeit*
Schönheit 2. Drittel	2. Drittel *Schönheit*
Macht 3. Drittel	1. Drittel *Macht*

Im ersten Drittel des zweiten Jahrsiebts geht es noch einmal um die Richtigkeit der Sprache. Anders als im ersten Jahrsiebt übt das Kind jetzt Schreiben und Lesen als Tätigkeit; dann lernt es Rechtschreibung und Grammatik, die Erkenntnisseite kommt hinzu.

Im mittleren Drittel erlebt das Kind in besonderem Maße die Schönheit, die ja Motiv des ganzen zweiten Jahrsiebts ist. Die Rezitation gewinnt etwas Schwebendes und Differenziertes. Es wird aber auch eine neue Dimension ins Sprachverständnis aufgenommen: Bestimmte Worte erhalten eine zweite Bedeutung; neben das bisher vorherrschende Konkrete tritt jetzt das Verständnis für eine seelisch-moralische Ebene. Ein Wort wie «faul» wird zum Beispiel vom Siebenjährigen normalerweise auf den faulen Apfel bezogen. Der Zehnjährige denkt sofort auch an den Menschen.

Das Kind im dritten Drittel des zweiten Jahrsiebts, also von 11 2/3 bis 14 Jahren, erfährt schon einen Vorklang von der Macht der Sprache. Es weiß etwas von der Überzeugungskraft des Wortes, auch von seiner Begrifflichkeit, an der er sich vielleicht freut. Pädagogisch wird man das aufgreifen – Erika Dühnfort hat das ausführlich beschrieben.[2] Man läßt die Schüler die Feinheiten der Sprache erkennen, den Konjunktiv, die Nebensätze und so weiter. Im rezitatorischen Teil bieten sich jetzt die Balladen an, in denen die Macht der Sprache künstlerisch gestaltet ist. Dem Bedürfnis, selber die Macht der Sprache zu erleben, wird hier nachgegangen. In der künstlerischen Form der Dichtung ist diese Fähigkeit der Sprache aber in einen schöpferischen Bereich gehoben, fernab von der Gefahr der «Demagogie» oder Manipulation, der Kinder dieses Alters verfallen können.

Hier liegt auch eine der Begründungen, warum die Klassenlehrzeit mit der Einstudierung eines großen Theaterstücks abschließt. Denn dabei ergreift der Schüler die Sprache in der dramatischen Form des Schauspiels, und er erlebt, wie der Strom der Sprache den ganzen Menschen, seine Bewegungen und seine Mimik einbezieht, ja, alle Mitspielenden, das ganze Bühnengeschehen. Die prägende Macht der Sprache ist eingebettet in die Gesamtheit geformter Lebensvorgänge, die das Drama darstellt.

Verfolgen wir nun aber das Phänomen Sprache innerhalb dieser Turbulenz des dritten Jahrsiebts!

Das abrupt sich entfaltende Seelische in der ersten Phase des Mündigwerdens ergreift auch die Sprache und verleiht ihr eine vorher nicht dagewesene Vehemenz, meist freilich auf Kosten der Klarheit und Schönheit. Vulgäre Ausdrücke werden ebenso wie Abstraktionen umhergeworfen. Für den Neuntkläßler spielt sich hier eine zweite Aneignung der Muttersprache ab. Sie wird mehr von innen ergriffen. Der Jugendliche spürt die Macht und Überzeugungskraft, die man mit dem Wort ausüben kann, und er versucht sich darin, andere in die Irre zu führen. Er empfindet die Macht der Sprache, freilich noch ganz in subjektiver Färbung.

Der Unterricht kann das Gefährliche eines solchen Dranges auf mancherlei Weise abfangen und ins Positive lenken. Die Humor-Epoche der 9. Klasse führt zum Erlebnis, wie man mit Hilfe bestimmter sprachlicher und stilistischer Mittel – des Witzes, der Pointierung, der Überraschung – Wirkung erzielen kann. Aber indem wir die Schüler diese Erfahrungen an künstlerisch gestalteter Sprache machen lassen, an Humor im Sinne Jean Pauls, pflanzen wir Formkräfte in den Sprachorganismus des Heranwachsenden ein. Freude an Möglichkeiten und Reichtum der Sprache entwickelt sich, wo sonst sich die Versuchung zum Mißbrauch der Sprache allzu leicht breitmacht.

Formend an der Sprache (und damit zugleich am Denken) wirkt aber auch alles, was an Exaktheit in der Beschreibung äußerer Phänomene erlernt wird, etwa wenn in der Geologie-Epoche die Physiognomie der Erde, Gestalt und Werden ihrer Kontinente und anderes in Worte gefaßt werden sollen. Gerade in diesem Fach muß die sprachliche Formulierung einerseits der naturwissenschaftlichen Genauigkeit gerecht werden, andererseits muß so viel Lebendigkeit in sie einfließen, daß sie der Anschauung von der Erde als Organismus entspricht. An dieser Aufgabe spiegelt sich der seelische und sprachliche Neubeginn des beginnenden Reifealters wieder.

Im Unterricht der 9. und 10. Klasse sollte man darauf Rücksicht nehmen, daß der Jugendliche in diesem Alter seine Sprache zurückhalten möchte, soweit es sich um Aussagen handelt, die ihn selbst betreffen. Man darf nicht verlangen, daß eigene Seelenregungen ausgedrückt werden. Doch durch die Betrachtung von Biographien führt man den Schüler auch an seine eigenen seelischen Probleme heran, indem er sie im Leben anderer Menschen objektiviert wiederfindet.

Andererseits sollte man gerade jetzt vom Schüler keine unbedachten Äußerungen dulden und für die Rezitation und Sprachbetrachtung gestaltete Sprache von höchstem Niveau geben. Dadurch wird die seelische Organisation differenziert. Aufwach-Elemente kann man in den Sprachunterricht hereinbringen, wenn man Texte mit überraschenden Wendungen bringt.

Mit der wachsenden Empfindungsfähigkeit in der Adoleszenz erwacht der Sinn für die Schönheit der Sprache. Bei dem Bemühen, den eigenen Seelenraum zu entdecken, leistet die Sprache wichtige Dienste. Die feineren Seelenregungen, die der junge Mensch jetzt in sich spürt, drängen danach, sprachlich ausgedrückt zu werden. Gleichzeitig entziehen sie sich aber der begrifflichen Formulierung; dadurch wird der Zehnt- und Elftkläßler offen für die Bildhaftigkeit der Sprache. Wo sie ihm in der Dichtung, besonders in der Lyrik, entgegentritt, kann er sie innerlich-persönlich nacherleben, aber auch Mythen, Sagen und Märchen sind ihm jetzt neu zugänglich. Ja, ihre Bildersprache verstehen zu lernen ist für den Jugendlichen dieses Alters lebenswichtig, weil er hier den angemessenen Ausdruck für seine eigene Seelenentwicklung findet. In den religiösen Vorstellungen der alten Kulturen sowie der heutigen Naturvölker (Alte Geschichte, 10. Klasse), in Nibelungenlied und *Parzival* bietet sich hierfür weiterer Stoff. Ein erster Schritt in eine außer-begriffliche Dimension, die in der dritten Phase dann wichtig wird, bahnt sich hier an.

Im Laufe der 10. Klasse wird man den Blick über den Inhalt eines Textes hinaus verstärkt auf dessen Sprachgestalt, Klang und so weiter richten.

Alles Lautliche in der Sprache wirkt in besonderer Weise in unseren Schlaf, in unsere Träume hinein und unterstützt dort das sich langsam im jungen Menschen herausbildende Ich. Die «Biographie» der Sprache (= Sprachgeschichte), die Sprachgesetze werden jetzt betrachtet, so daß Sprache als ein sich wandelndes Wesen erlebt werden kann. Der Entwicklungsgang vom Gotischen über das Althochdeutsche zum Mittelhochdeutschen kann anschaubar werden, das Nibelungenlied zeichnet auch inhaltlich Bewußtseinsschritte nach. Dann nehmen die Schüler wahr, wie in vielen heutigen Ausdrücken, die wir wie eine Münze verwenden, vergessenes Seelisches mitschwingt. Der Bedeutungswandel bietet da zahllose Beispiele, wie etwa: Leichnam < lîch-hamo = die Hülle für die Gestalt (für die Seele); Grasmücke < gra-smücke = der Graue (Vogel), der sich anschmiegt (an den Boden). In gleicher Richtung wirkt die Poetik-Epoche der 10. Klasse, in der die Schüler die Bauelemente der Dichtung (beispielsweise Versfuß, Reim und Stilfiguren in der Lyrik) wie sprachliches Handwerkszeug kennenlernen.

All das ist Voraussetzung dafür, daß mit dem achtzehnten Lebensjahr eine neue Dimension in die Sprache hereingeholt werden kann: das spirituelle Element. Daher die verheerende Wirkung, wenn in dieser Zeit die Schüler mit Trivialliteratur und Gebrauchstexten abgespeist werden!

Ins zweite Drittel des dritten Jahrsiebts, die Zeit von 16 1/3 bis 18 2/3 Jahren, treten die Schüler etwa mit der 11. Klasse ein. «Meine Meinung» ist jetzt ein häufig gehörtes Wort. Der junge Mensch lernt allerdings erst allmählich, mit der eigenen Meinung richtig umzugehen. Der persönliche seelische Innenraum kann nun langsam sprachlich ausgedrückt werden.

Den Unterricht sollte man jetzt so führen, daß der Hüllencharakter der Sprache, aber auch ihre Schönheit erfahren werden kann. In der Stilistik können die individuellen Sprachzüge eines Autors herausgearbeitet werden. Sie kann aber auch – jenseits von Klischees – für den Jugendlichen neu die Verbindung zur Welt herstellen.

Gegen das achtzehnte Lebensjahr hin läßt sich bei manchen Jugendlichen ein gewisses sprachliches Verstummen beobachten. Trotz aller innerer Regsamkeit findet er nicht mehr das Wort, das wirklich dem entspricht, was er ausdrücken möchte. Eine «sprachliche Einsamkeit» umgibt ihn. Aber aus ihr wächst das Mühen um eine ganz eigene Wortfindung. Der einzelne Laut kann jetzt in seiner klanglichen und seelischen Qualität erlebt und objektiv ergriffen werden.

Das dritte Drittel des dritten Jahrsiebts, in dem sich die zuletzt beschriebene Entwicklung zeigt, liegt nur für einige noch innerhalb der Schulzeit, doch sollte die 12. Klasse auf die neue Situation vorbereiten. – Die eigene Wortfindung nach dem Verstummen erscheint zwar zunächst wie ein stilistischer Rückschritt, doch der Ausdruck des Schülers wird persönlicher. Oft hört man: «Nach meiner Erfahrung ...» Die Freude ist spürbar, sich nun wirklich aussprechen zu können. Erst jetzt ist auch die Möglichkeit zu echter sprachgestalterischer Arbeit mit der Klasse vorhanden, weil der Laut objektiv ergriffen werden kann.

In diesem dritten Drittel des dritten Jahrsiebts geht es um eine dritte Aneignung der Sprache für den Jugendlichen. Sie führt noch einmal zur Richtigkeit der Sprache. Aber was ist auf dieser Stufe «Richtigkeit»? Nicht die sachliche oder wissenschaftliche Exaktheit; auch nicht die heute als modern propagierte Methode, bei jedem Text den versteckten Absichten und Tendenzen des Autors nachzuspüren, als handle es sich um einen Kriminalfall! Bei einer solchen Haltung wird eigentlich der Autor nicht mehr als Mensch in seinem So-Sein ernstgenommen, sondern es wird Verlogenheit bei ihm vorausgesetzt. Diese Einstellung aber erzieht auch den jugendlichen Betrachter im Grunde zu Unehrlichkeit.

Dem jungen Menschen steht heute eine Sprachwelt gegenüber, die alles andere als eine solche «Richtigkeit» anbietet. Sprachverlust, Sprachverderb und Sprachmaterialismus kennzeichnen unsere Gesellschaft, und das zur Geburt drängende Ich begegnet hier zunächst keiner geistgetragenen Sprachhülle, keinen Sprachimpulsen, in denen sich neue Wirklichkeiten ausdrücken, wie er sie instinktiv sucht.

Die Richtigkeit der Sprache, die der Achtzehnjährige sucht, ist «spirituelle Richtigkeit»; die Sprache muß so durchlässig werden, daß sie auch übersinnliche Bereiche aufnehmen kann. In der modernen Dichtung wird uns ein großartiger Weg in diese Spiritualität vorgezeichnet, den wir in der obersten Klasse mit den Jugendlichen gehen können. Ich meine zum Beispiel die Prosa von Franz Kafka, die Lyrik von Nelly Sachs und Paul Celan und das Absurde Theater, insbesondere die Dramen von Beckett und Ionesco. Hier wird nicht nur der Intellektualismus überwunden, sondern auch eine neue Bilderwelt gefunden, die davon zeugt, daß diese Dichter die Grenze zu einer geistigen Welt punktuell durchstoßen haben, daß hier reale neue Erfahrungen vorliegen. Es ist erstaunlich, wenn man solche Sprachwerke heute an die Jugendlichen dieses Alters heranbringt, wie sie dazu einen unmittelbaren Zugang haben, wie einem da eine Tiefe des Verständnisses entgegentritt, die den Erwachsenen oft überrascht. Wir erleben daran, daß sich bei der jungen Generation eine neue Geistoffenheit zeigt, die zukünftig ist und aus der neue Kulturimpulse fließen können (siehe unten S. 261ff.).

Diesen neuen spirituellen Kulturimpulsen will anthroposophische Pädagogik dienen. Paul Celan beschreibt die Erneuerung der Sprachkräfte als einen Weg, der uns unser höheres Ich als unser «unumstößliches Zeugnis» finden läßt; er nennt es «Atemkristall» und erlebt den inneren Bezirk, in den wir vordringen müssen, als eine Gletscher- und Lichtregion (siehe unten S. 283f.).

Anmerkungen

1 Vgl. Diether Lauenstein, *Der Lebenslauf und seine Gesetze*, Stuttgart ⁵1985, S. 56f.
2 Erika Dühnfort, *Der Sprachbau als Kunstwerk. Grammatik im Rahmen der Waldorfpädagogik*, Stuttgart ²1987.

CHRISTOPH GÖPFERT

Literatur als therapeutischer Impuls

Der Quellort der Literatur

Als die Antoniter-Chorherren von Isenheim ihren großen Altar bei
Meister Grünewald in Auftrag gaben, wußten sie, daß in einem Werk
der bildenden Kunst heilende Kräfte verborgen liegen können, die im
Anschauen auf den Betrachter übergehen. So wollten sie ihre kranken-
pflegerische Tätigkeit durch die therapeutischen Wirkungen der Bil-
derfolge des Altars unterstützen, und wir Heutigen sind immerhin
noch in der Lage, etwas von der ordnenden Kraft, die von solchen
Werken der bildenden Kunst ausgeht, zu empfinden. Denn indem wir
als Individualität mit unserem Einzelschicksal vor derartigen mensch-
heitlich-kosmischen Darstellungen stehen, tauchen wir in deren Farben, Formen und Inhalte ein und haben teil an ihren Bildekräften.

Therapeutische Bruderschaften wie die der Antoniter gab es durch
die Jahrhunderte hindurch, oft im Verborgenen wirkend. Auch
der Ort Nazareth war – wie wir heute wissen – von einer solchen
Gemeinschaft getragen, die durch ihre Lebensgestaltung und ihre
Impulse auf das Erscheinen des Christus hinarbeitete.

Nicht so leicht wie in der bildenden Kunst sind die therapeutischen
Kräfte in der Literatur zu entdecken, selbst wenn man von all dem in-
tellektuellen oder trivialen Machwerk absieht, das heute auf dem Bü-
chermarkt angeboten wird. Besinnt man sich aber auf den Ursprung
von Literatur, von Dichtung, aber auch von Märchen und Sagen, die ja
zuerst mündliche Literatur gewesen sind, so liegt all diesen Äußerungen der menschlichen Seele, mögen sie sich im Laufe der Zeit auch
noch so geändert haben, ein therapeutischer Impuls zugrunde.

Märchen und Sagen enthalten in Bildern, was früher in den Mysterienstätten als Rätsel des Menschseins gewußt, was den Menschen

dann später öffentlich erzählt wurde, um ihnen in einer Zeit der Götterferne, der beginnenden seelischen Abnabelung und Isolierung, inneren Halt zu geben. Das war für die «wunde» Seele heilsam, denn die Menschheit erlebte sich als «gemartert», wie sie es im Kreuzigungsbild von Grünewald dargestellt fand.

Einen ähnlichen Ursprung hat, was wir unter Dichtung verstehen: die griechische Tragödie war Stütze auf dem Weg des Menschen zur Individualität. Schrecken und Jammer wurden auf der Bühne gezeigt, damit in der Seele der Zuschauer eine Reinigung erfolgte, Reinigung im kultischen wie im medizinischen Sinne als Ausscheidung von störenden und beschwerlichen Stoffen verstanden. Der Name Katharsis deutet noch an, daß es sich um einen therapeutischen Vorgang handelte.

Auch im Mittelalter berichteten die großen Epen vom Bewußtseinswandel der Menschen: vom Verlust instinktiver hellseherischer Kräfte und der Verbundenheit mit dem Göttlichen – im Nibelungenlied; von dem Ringen um seelische Ordnung – in den Artus-Epen; von einem modernen Schulungsweg, der zu neuen spirituellen Erfahrungen führt – im *Parzival*.

In verwandelter Form enthält auch alles Große der späteren Dichtung ein therapeutisches Element, sofern sie nämlich angebunden ist an die göttliche Ordnung, das heißt, wenn in der Dichtung Unvergängliches und Unzerstörbares nachvollzogen wird.

Das gilt durchaus auch für bestimmte moderne Dichtungen. Nicht so sehr vom Inhalt, würde man zunächst meinen, der ja einer zerrütteten Welt entnommen ist, sondern von dem «Wortlosen» in der Dichtung, von dem Klopstock sagte, daß es «in einem guten Gedicht umherwandle wie in Homers Schlachten die nur von wenigen gesehenen Götter».[1] Dieses Wortlose wirkt auch in der Gestalt mancher modernen Dichtung, in ihrem «Kraftleib», wenn dem Dichter nämlich die Verwandlung einer Wirklichkeit, einer Seelenwirklichkeit, in ein geistig ganz durchgeformtes Gebilde aus Sprache gelingt. Auf diesem Wege, nicht durch erhabene Gesinnung und kluge Ratschläge, kann der Dichter die «Welt ins Reine, Wahre, Unveränderliche heben», wie Franz Kafka die Aufgabe des Dichters einmal formulierte.

Aber auch vom Inhalt her kann manches in der modernen Dichtung heilsam sein. Denn die Menschheit ist durchgegangen durch eine Welt des Terrors, auch des seelischen Terrors, sie steht eingebunden in

Mechanismen verschiedenster Art, die das eigentlich Menschliche auszulöschen drohen. Eine Dichtung, die heute diese Realitäten ausklammert, ist nicht ehrlich. Wenn sie aber zeigt, in einer schöpferischen, vom Dichter geprägten, sozusagen unzerstörbaren Gestalt, daß aus dieser Erfahrungswelt doch und gerade das Vertrauen auf eine geistige Ordnung möglich ist, dann ist dieses Erlebnis aufbauend, heilsam, vielleicht nicht in der gewohnten schmerzlosen Art. Es sind Auferstehungskräfte, mit denen wir in so einer Dichtung beschenkt werden. Eine verborgene Christuskraft wirkt in ihr. Auf diesem Boden sind die Werke Solschenizyns erwachsen. Aus bittersten Erfahrungen entstand auch die Lyrik von Paul Celan und Nelly Sachs. Hierzu gehören aber auch die Dramatiker Beckett und Ionesco sowie – oft mißverstanden – der Erzähler Franz Kafka.

Krank machende und heilende Kräfte in Umwelt und Mensch

Damit ist skizziert, daß Literatur – so gefaßt – ihrem Wesen nach etwas Heilendes in sich birgt. Um aber einzusehen, warum die therapeutischen Kräfte der Literatur heute wichtiger denn je sind, muß man sich die prägenden Kräfte besonders der kindlichen Umwelt in aller Schärfe vor Augen stellen. Der Heilpädagoge Franz Löffler hat schon vor etwa dreißig Jahren auf das Phänomen «Die Straße als Erzieher» hingewiesen.[2] Er konstatiert als Folge davon beim Kind eine verfrühte Überwachheit, weil rasches Auffassen der Situation nötig ist; eine geringe Hörtiefe allem Akustischen gegenüber, was zu einer Lähmung der seelischen Regsamkeit führt und Wirkungen bis in die Lebensprozesse hat. Daraus entstehen als Verhaltensformen Schnoddrigkeit und Kritiksucht, je nach Alter. Alles, was zur Selbstbesinnung führen könnte, wird ausgelöscht. Die menschlichen Beziehungen werden nach Zweckgesichtspunkten beurteilt; Löffler spricht von einer Entidealisierung der menschlichen Beziehungen. Dabei entwickelt sich bei den Kindern ein kleiner, harter Intellekt, der uns aus kalten Augen anblickt. Andererseits ist die Seele an die sie überflutenden Sinneswahrnehmungen wie gebannt, nur die «nackte Wirklichkeit» kann erlebt werden. Das Geistige, das Irrationale, wird nicht mehr verstanden.

Dabei ist die Sinneswahrnehmung der Kinder von Natur aus qualitativ anders als die des Erwachsenen. Für das Kind ist alles, was es sieht oder hört, noch von der geheimnisvollen Ahnung umgeben, daß hinter den Dingen eine jenseitige Wirklichkeit existiert, daß alles Sichtbare auch Bild für Geistiges ist. Die Grenze zwischen sinnlicher und übersinnlicher Welt ist für das kleine Kind nur hauchdünn. Man könnte von einer «offenen» Sinneswahrnehmung der kleinen Kinder sprechen. Wir kennen das heute noch von den Naturvölkern. Außerordentlich bedeutsam ist in dem Zusammenhang, daß in mancher modernen Dichtung ebenfalls diese Grenze wieder durchstoßen wird.

Diese kindlichen Sinnesqualitäten werden durch die «Erziehung der Straße» verfrüht abgetötet. Oft hat man den Eindruck, daß ein junger Mensch von seinem Genius, von seinem höheren Selbst, wie abgetrennt lebt und daß in das Vakuum die Angst als eine Art Gegen-Ich einzieht. Dadurch verfällt der Heranwachsende aber auch den Triebgewalten; Rohheit und Brutalität im späteren Leben werden möglich.

Bevor wir auf die Frage eingehen, wie man in der Erziehung die therapeutischen Kräfte der Dichtung fruchtbar macht, ist es nötig, sich ein Verständnis von dem zu verschaffen, was im erzieherischen Sinne Gesundheit und Heilung sind. Allerdings ist die Neuzeit ja nicht mehr darauf eingestellt, nach dem Heil-Sein unserer menschlichen Bedingungen wirklich zu fragen. Vielmehr hat sich der Mensch weitgehend aus den Lebenszusammenhängen der Welt herausgestellt und damit den Sinn für das zarte Gleichgewicht des Gesundseins und des Heilens verloren. Will man die Folgen unserer Lebens- und Erziehungsformen drastisch zusammenfassen, wie sie nicht nur für das Kind, sondern auch für uns Erwachsene weitgehend gelten, so kann man sagen: Das Ich wird in die Dunkelheit geschoben, das Seelische verwildert, die menschlichen Bildekräfte werden durchlöchert (Nervosität und Schlaflosigkeit treten verstärkt schon bei Kindern auf), der physische Leib wird nicht mehr von den höheren Wesensgliedern durchdrungen und getragen. Das heißt aber: das Gefüge der Wesensglieder bricht auseinander!

Was ist im Gegensatz dazu Heilung?

In Vorträgen über den Jahreslauf hat Rudolf Steiner ausgeführt, wie alle Heilung ursprünglich von der Atmung abhängt: «Alle Geheimnisse des Heilens sind zugleich die Geheimnisse des Atmens».[3] Der Atem wirkt dabei sowohl nach unten in das Stoffwechselsystem und greift dort heilend in die Ernährungsprozesse ein. Er erfaßt aber auch unser Nerven-Sinnes-System. Rudolf Steiner beschreibt das so: «Unsere Atmung ist fortwährend eine Heilung. Aber wenn diese Atmungskräfte hinaufkommen in das menschliche Haupt, dann werden die heilenden Kräfte die geistigen Kräfte des Menschen, die in der Sinneswahrnehmung und im Denken wirken.»[4] Unsere geistigen Tätigkeiten sind also an sich metamorphosierte therapeutische Vorgänge, metamorphosierte Atmungsprozesse. – Das sind Aussagen, die sich unseren üblichen Denkgewohnheiten nur schwer erschließen. Sie führen in das Zentrum der anthroposophischen Menschenkunde, durch die auch eine neue Sicht der menschlichen Denk- und Wahrnehmungsfähigkeit gegeben wird. Wir können uns dem Zusammenhang von Atmung und Wahrnehmung beziehungsweise Denken jedoch empfindend nähern, wenn wir an uns selbst beobachten, wie zum Beispiel unsere Gedanken anders fließen, je nachdem wie unser Atemrhythmus gerade verläuft. Darüber hinaus ist das Wechselspiel zwischen dem aufnehmenden Prozeß der Sinneswahrnehmung und dem verarbeitenden, darauf antwortenden Gedankenvorgang aber auch als ein geistig-seelisches Atmen erlebbar.

Daraus ergibt sich – bei der heutigen Korrumpierung unserer menschlichen Organisation –, welche Bedeutung für die Therapie der Atmung zukommt, in der Erziehung damit zugleich dem zweiten Jahrsiebt. Denn das ist die Zeit, in der das Kind besonders im Atem, im rhythmischen System lebt.

Es gibt aber noch einen anderen Bereich, der für die Therapie von Bedeutung ist und der heute einer besonderen Pflege bedarf: das Gebiet der Sinneswahrnehmung. Zum voll entwickelten Menschen gehört, daß er seine Sinneserfahrung ausbildet, das heißt, die sinnliche Welt muß wirklich wahrgenommen werden. Das ist keineswegs selbstverständlich. Zudem gibt es dabei zwei Gefahren:

Die eine tritt ein, wenn die Seele bereits durch die Umwelteinflüsse so korrumpiert ist, daß sie wie ein Vakuum wirkt. Dann kann sich der Mensch, wie von einem Sog gefesselt, von den einzelnen Eindrücken nicht mehr lösen; er wird ihnen gegenüber unfrei. Im Extrem kann es zu «fixations» kommen, wie sie aus der Heilpädagogik bekannt sind.

Die andere Gefahr ist, daß die Wahrnehmung sofort mit Begriffen zugedeckt wird, daß wir uns gar nicht mehr erlebend an sie hingeben. Rudolf Steiner hat deshalb einmal geraten, die Kinder über bestimmte

Erscheinungen der Welt Gedichte schreiben zu lassen, statt ihnen sofort Begriffe davon beizubringen. Dadurch – ebenso aber durch die malerische Auseinandersetzung mit einem Thema – wird zunächst etwas Bildhaftes, Offenes in das Kind hineingeholt, es stellt in seinem künstlerischen Tun einen Wesensbezug mit der Sache her. Durch schöpferische Tätigkeit werden aber unsere Wahrnehmungsorgane überhaupt erst entwickelt, denn unsere Sinnesorgane sind nicht fertig, sie müssen «gebildet» werden. Vor allem bemerken wir nicht, daß unsere Wahrnehmung eigentlich nur für das Unbelebte ausreicht, während wir uns erst durch Sinnesschulung den Zugang zu den Lebensprozessen der Welt erwerben können. Goethe hat sich gegenüber den Sinneswahrnehmungen bewußt mit Vorstellungen und Begriffen zurückgehalten. Er nennt das Ergebnis dieser Hingabe an die Sinne «jene zarte Empirie» und meint damit eine Erfahrung, die zwar aus der Außenwelt stammt, aber etwas von dem in ihr waltenden Geistigen offenbart. Goethe hat hier Wegweisendes vorgelebt. Durch eine solche Haltung erwirbt der Mensch eine höhere, feinere Wahrnehmungsfähigkeit, durch die er sich erst den in der Natur wirkenden Bildekräften nähern kann. Goethe ist das bei der Urpflanze gelungen. Er hat seine exakte Phantasie zur Imagination gesteigert.[5]

Diese Fähigkeit können wir üben. Das Sinnlich-Erfahrene läßt sich innerlich so intensivieren, daß es zu einem Geistig-Lebendigen im Menschen wird, das in seinen Lebensorganismus übergeht. Heilende Kräfte werden in seinen Ätherleib aufgenommen.

Die Fähigkeit im Menschen, die uns bei solcher Schulung hilft, ist die Phantasie, die man heute eher als etwas ansieht, das überwunden werden muß. Ernst von Feuchtersleben, der Wiener Arzt, wußte um 1840 noch um die Notwendigkeit eines therapeutischen Umgangs mit der Seele. Er betitelte sein berühmtes Buch «Zur Diätetik der Seele» und widmet der Phantasie darin ein wichtiges Kapitel. Da heißt es, daß die Seele die Phantasie und ihre Bilderwelt so nötig brauche wie der Körper die Nahrung, und wenn die Phantasie in einem Menschen verdorre, würden alle Lebensvorgänge absterben. – Aufgabe einer modernen Psychologie wäre es also, diese bildschaffende Seelenkraft wieder als zentrale Fähigkeit der menschlichen Seele zu erkennen. Sie hilft auch, die Fesselung der Seele an die Wahrnehmung zu vermeiden. Franz Löffler formuliert lapidar: «Das Leben im Bild-Sein ist das Urphänomen der menschlichen Seele. Die Substanz der Seele ist das Bild.»[6]

Damit wird deutlich, daß die Abwendung vom lebendigen Bild beziehungsweise daß seine Verfälschung durch die Medien zu einem erzieherischen Verhängnis führt. Eine neue «Bildkunde» muß entwickelt werden! Denn das pädagogische Mittel gegen die Angst ist das Bild, das entwicklungskundlich wahr ist.

Damit tut sich ein weiteres Tor auf für den pädagogisch-therapeutischen Umgang mit Literatur. Denn Literatur in dem hier gemeinten Sinn ist Träger von Bildern, die die Außenwelt, menschliche Seelensituationen oder die hinter den Dingen wirkenden lebendigen Kräfte vor unser inneres Auge rücken. Literatur greift also über unsere schöpferische Phantasie in das Gefüge unserer Wesensglieder ein.

Ein Beispiel therapeutischer Literatur

An einem Beispiel soll zunächst verdeutlicht werden, wo in einem dichterischen Text die therapeutischen Kräfte liegen und wie wir von ihnen ergriffen werden.

«Ein Gefühl der tiefsten Einsamkeit überkam mich jedesmal unbesieglich, so oft und gern ich zu dem märchenhaften See hinaufstieg. Ein gespanntes Tuch ohne eine einzige Falte, liegt er weich zwischen dem harten Geklippe, gesäumt von einem dichten Fichtenbande, dunkel und ernst, daraus manch einzelner Urstamm den ästelosen Schaft emporstreckt wie eine einzelne altertümliche Säule. Gegenüber diesem Waldbande steigt ein Felsentheater lotrecht auf wie eine graue Mauer, nach jeder Richtung denselben Ernst der Farbe breitend, nur geschnitten durch zarte Streifen grünen Mooses und sparsam bewachsen von Schwarzföhren, die aber von solcher Höhe so klein herabsehen wie Rosmarinkräutlein. Auch brechen sie häufig aus Mangel des Grundes los und stürzen in den See hinab; daher man, über ihn hinschauend, der jenseitigen Wand entlang in gräßlicher Verwirrung die alten, ausgebleichten Stämme liegen sieht, in traurigem, weiß leuchtendem Verhack die dunklen Wasser säumend. Rechts treibt die Seewand einen mächtigen Granitgiebel empor, Blockenstein geheißen; links schweift sie sich in ein sanftes Dach herum, von hohem Tannenwald bestanden und mit einem grünen Tuch des feinsten Mooses überhüllet.

Da in diesem Becken buchstäblich nie ein Wind weht, so ruht das Wasser unbeweglich, und der Wald und die grauen Felsen und der Himmel schauen aus seiner Tiefe heraus wie aus einem ungeheuren schwarzen Glasspiegel. Über ihm steht ein Fleckchen der tiefen, eintönigen Himmelsbläue. Man kann hier tagelang weilen und sinnen, und kein Laut stört die durch das Gemüt sinkenden Gedanken, als etwa der Fall einer Tannenfrucht oder der kurze Schrei eines Geiers.

Oft entstieg mir ein und derselbe Gedanke, wenn ich an diesen Gestaden saß: – als sei es ein unheimlich Naturauge, das mich hier ansehe – tief schwarz – überragt von der Stirne und Braue der Felsen, gesäumt von der Wimper dunkler Tannen – drin das Wasser regungslos wie eine versteinerte Träne.»[7]

Fragen wir uns, was wir an dieser Textstelle aus dem Anfang von Stifters *Hochwald* als so wohltuend und ordnend empfinden, so ist es zunächst die exakte Naturbeobachtung des Dichters, an der wir teilhaben. Die Landschaft wird so geschildert, daß man sie malen könnte: der einsame See, auf der einen Seite dunkle Fichten, auf der anderen eine graue Granitwand, mit niederbrechenden Klippen und Bäumen. Auch Einzelheiten, wie die in weiß leuchtendem Verhack wild herumliegenden alten Stämme, werden erwähnt.

Aber darüber hinaus werden wir vom Dichter zu den hinter der Natur wirkenden Kräften geführt, unser Denken wird auf eine höhere Dimension verwiesen. Denn Stifter schildert in der Natur nicht die «nackte Wirklichkeit», sondern sie hat etwas Geheimnisvolles. Nacheinander, sich steigernd, wird der See anders bezeichnet: als «gespanntes Tuch», als «ungeheurer schwarzer Glasspiegel» (etwas Dämonisches mischt sich in die Aussage), als «unheimlich Naturauge» und schließlich als «versteinerte Träne». Vorsichtig klingt an, daß die Natur etwas Wesenhaftes hat, daß in der Natur elementarische Wesen unsichtbar wirken, für die der See wie ein Auge oder eine Träne sein mag. Derartige Formulierungen sind nicht willkürliche dichterische Bilder, sondern es schwingt in ihnen die Ahnung von ätherischen Bildekräften mit, die Teil der göttlichen Schöpfungsordnung sind. Wir dürfen annehmen, daß solche Schilderungen auch auf unseren eigenen Bildekräfteorganismus wirken.

Stifters Text spricht aber auch Gefühle aus und bildet dadurch unsere Empfindungswelt. Das Gefühl einer schöpferischen Einsamkeit, das den Erzähler «unbesieglich» dort oben jedesmal überkommt, wird gleich eingangs erwähnt. Manches erscheint dem Betrachter ernst, traurig oder gräßlich. Im ganzen ist es eine Umgebung, die zu Ewigkeitsgedanken anregt.

Wir spüren jedoch, daß auch von der Sprache selbst, wie sie Stifter handhabt, eine Wirkung, eine Kraft in unser Unbewußtes übergeht, die unsere «Gestimmtheit», unser Lebensgefühl beeinflußt. Suchen wir nach einer Ursache, so fällt die Raffung im Satzbau auf, besonders durch die Partizipialkonstruktionen: «ein gespanntes Tuch ohne eine einzige Falte», «gesäumt von einem Fichtenbande», «nach jeder Richtung denselben Ernst der Farbe breitend». Das sind Ballungen, die Willenscharakter haben und die auch in unsere schlafende Willensregion hineinsinken. Sie wechseln mit weitströmenden Hauptsätzen. So gehen allein vom Stil Wirkungen wie Ballen und Lösen aus; sie sind wie ein Atmungsvorgang.

Eine tiefste Schicht in uns wird aber immer dort angesprochen, wo wir den Dichter selbst hören, wo er über seine persönliche Welthaltung spricht, von den durch sein Gemüt sinkenden Gedanken, der Überzeugung von den welterhaltenden Kräften des Lebens. Dadurch machen wir eine Ich-Erfahrung; unser höchster Sinn, der Ich-Sinn, wird angesprochen, und das ist etwas, wodurch Dichtung in eminentestem Sinne heilend in einer ent-ichenden Zeit wirken kann.

Es sind fünf Stufen, in denen sich therapeutische Wirkungen durch Dichtung – für uns weitgehend unbewußt – abspielen. Albert Steffen, der sich in seinen eigenen Werken besonders um das Therapeutische bemüht hat, beschreibt sie als einen fünffachen Aufweckprozeß: in der Beobachtung, im Denken, im Gefühl, im Willen und im Ich.[8]

Vom therapeutischen Umgang mit Literatur im Unterricht

Wie aber findet der Lehrer Gesichtspunkte, das Therapeutische in der Dichtung erzieherisch fruchtbar zu machen?

Er muß sich wohl als erstes die Aufgabe des modernen Dichters ins Bewußtsein rufen. Albert Steffen formuliert, der moderne Dichter solle Weltinteresse haben, genau beobachten und die Erkenntnis der übersinnlichen Welt vorbereiten.[9] Das letzte wollen wir nicht überhören, heißt das doch: Ein literarisches Werk der Gegenwart geht an seinem Ziel vorbei, wenn es sich auf diesseitige Gegenwartsprobleme beschränkt und nicht die Dimension des Übersinnlichen wiedergewinnt, die in der älteren Dichtung – wir sahen es an Stifter – noch selbstverständlich vorhanden ist. Der Abklatsch einer fatalen Umwelt, etwa im Naturalismus, wirkt nicht therapeutisch, wenn auch die Schüler in den obersten Klassen diese Erscheinungen kennenlernen sollen.

Dann: In allen Altersstufen sollte der Lehrer drei Formen des literarischen Umgangs mit den Schülern pflegen:

1. Die gemüthaft-gedankliche Form – das heißt der Schüler hört ein Stück Literatur und spricht darüber; dabei bewegt er sich mehr am Gedankenpol.
2. Das sprechend-rezitierende Nachschaffen eines Werkes. Hier wird vor allem das rhythmische System, das Fühlen angesprochen.
3. Die schauspielerische Darstellung – sie reicht vom gruppenhaften Erstklaß-Spiel bis zur Abschlußaufführung einer 12. Klasse mit großer Dichtung; sie wirkt bis in den Willen hinein.

Verflochten mit diesen drei Tätigkeiten sind aber jene fünf therapeutischen Prozesse, die wir am Beispiel des Stifter-Textes aufgedeckt haben. Wir finden sie in den verschiedensten Abwandlungen und für alle Klassenstufen wieder.

Wenn man in einem Werk nach der wachen Beobachtung des Dichters forscht, erlebt man selber eine überraschende Anregung. In Goethes *Italienischer Reise* finden sich Naturbeobachtungen, die so lebendig und dabei völlig exakt sind, daß wir uns selbst als Beobachtende fühlen (zum Beispiel die Besteigung des Vesuvs, 6. März 1789).

Auf die hinter der äußeren Natur wirkenden geistigen Kräfte wird das Denken schon in den Märchen geführt. Als handelnde und sprechende Gestalten treten hier nicht-sinnliche Wesen auf, die in das Dasein der Menschen helfend oder verwirrend eingreifen. So beginnt dieser Prozeß bereits im Vorschulalter. Für den älteren Jugendlichen allerdings wird sich eine solche Erweiterung des Denkens eher an einem Gedicht der Nelly Sachs eröffnen. In einer neuen Bildhaftigkeit, viel mehr im lebendigen Strom webend als die Märchengestalten, imaginativ, werden hier übersinnliche Kräfte angesprochen.

Der dritte Prozeß, den Literatur in uns anregt, erweckt unser

Gefühl. Es kann dabei verinnerlicht oder erhellt werden. Indem wir uns der Dichtung hingeben, werden wir Zuhörer oder Zuschauer von «Traumspielen» (Kafka spricht vom «traumhaften inneren Leben», aus dem heraus er schafft). Unsere Gefühle aber haben Traumcharakter, und so können die «Traumspiele der Literatur»[10] unmittelbar ordnend auf uns wirken. Der Mensch kann durch die Begegnung mit Dichtung aber auch erleben, wie die Gefühle von oben oder unten in den Menschen eindringen können, gewissermaßen gar nicht seine eigenen sind. Shakespeare ist der große Lehrer auf diesem Gebiet der Gefühlserkenntnis. Wir mögen dabei an Macbeth denken und die Dämonisierung seines Gefühls durch die Hexen oder an die tiefsinnige Komödie *Was ihr wollt,* die eine stufenweise Erhellung verwirrter Gefühle zeigt. Das größte Drama aber, das – als ein Thema – von der Beeinflussung und Verwandlung menschlicher Gefühle handelt, ist Goethes *Faust.*

Die Erweckung des Willens vollzieht sich – so beschreibt es Steffen – durch das Erlebnis von Mitleid und Gewissen. So geschah es in der griechischen Tragödie, im tragischen Konflikt überhaupt (auch wenn wir heute wissen, daß die Tragödie nicht Furcht und Mitleid, sondern Schrecken und Jammer erregen sollte). Im Miterleben der tragischen Verwicklung eines anderen Menschen nehmen wir die ihn bestimmenden Mächte wahr, die ja auch uns umspannen. Dadurch erwacht unser Wille und löst sich aus der Selbstbezogenheit. Das Auftreten des Gewissens aber – wir finden es zuerst bei Euripides – ist für die Selbsterkenntnis immer mit einem Schrecken verbunden. Es warnt uns von innen, Handlungen gegen Menschheitsziele auszuführen. Es ist eine der ergreifendsten Stellen der Weltliteratur, wie im Nibelungenlied Rüdiger gegenüber der rachedurstigen Kriemhild, die ihn zum Kampf gegen die Burgunden auffordert, plötzlich von seiner Seele spricht. Durch einen äußeren Treueschwur will er sich deren Ewigkeitswert nicht antasten lassen:

«*daz ih die sêle vliese, des enhân ih niht gesworn*» (Str. 2150)

Das Nibelungenlied führt aber darüber hinaus in seinen Gestalten, von Siegfried bis Dietrich von Bern, die durch mehrere Stufen verlaufende Entwicklung des Willens vor, der sich allmählich aus der Bindung an das Übersinnliche löst und zu einem freien menschlichen Willen wird. Der therapeutische Bezug ist hier offenkundig. Bemerkenswert ist auch, daß der Nibelungenstoff zweimal im Lehrplan auftaucht, im 4. und 10. Schuljahr, beides Altersstufen, in denen der Heranwachsende einen Entwicklungsschritt tun soll.

Das Aufwachen im Ich gelingt dem Menschen erst, wenn er sein Schicksal innerlich annehmen kann, im Grunde also erst dem Erwachsenen. Dabei kann der Mensch sein Ich in einem höheren Sinne bejahen als nur im Ich-Bewußtsein (oder gar im Ich-Gefühl). Das geschieht dann, wenn wir uns beteiligt fühlen an den Schöpfungstaten geistiger Wesen, und dieser Prozeß beginnt, wenn wir selber schöpferisch werden. Das kann im Denken geschehen, im Fühlen, vor allem aber im Wollen, etwa wenn wir künstlerisch arbeiten.

Zur Vorbereitung auf die Ich-Geburt bietet der Literaturunterricht der Oberstufe vielfache Hilfen, wenn wir auch gesehen haben, daß dieser Vorgang im «Märchenalter» anfängt. Der Jugendliche lernt eine Fülle von Charakteren, Lebensumständen und Ich-Entwicklungen kennen; eine ganze «Ich-Kunde» wird in der Dichtung vor ihm ausgebreitet. An bedeutender Stelle in der Mitte der Oberstufe steht hier der *Parzival,* gerade dann, wenn der junge Mensch sich anschickt, seinen eigenen seelischen Innenraum als Behausung für sein Ich auszubauen. Für den Lehrer ist es wichtig, daß in den Werken, die er auswählt – jedenfalls bis zur 11. Klasse –, die spirituelle Dimension nicht zugeschüttet ist. Vielleicht äußert sie sich manchmal nur im inneren Ringen des Dichters oder seiner Gestalten, in dem Vertrauen auf eine unzerstörbare Kraft im Menschen. Immer muß für den Lehrer im Vordergrund stehen, daß er Jugendliche vor sich hat, deren Lebensgefühl bereits geschwächt ist und das er nicht weiter untergraben darf. *Bildekräfte* muß er ihnen zuführen. Trivialliteratur kann das nicht bieten, und mit Dichtung der Dekadenz und der Verzweiflung sollten Schüler sich erst beschäftigen müssen, wenn sie selber die Fähigkeit der Distanz in sich entwickelt haben. Im allgemeinen wird das die 12. Klasse sein. Die verfrühte Behandlung eines solchen Werkes schadet mehr, als der Zuwachs an Wissen aufwiegen kann.

Ein wichtiger Zeitpunkt für eine intensive Ich-Erfahrung in der jugendlichen Entwicklung ist das Alter von etwa 18 2/3 Jahren. Es ist die Zeit des ersten Mondknotens (siehe oben, S. 24). Allerdings wird dieser Moment heute vielfach übertönt, zugedeckt durch den selbsterzeugten Lärm und die Unterhaltungsgüter, denen sich die Jugendlichen in zunehmendem Maße hingeben. Aufgabe der Pädagogik ist es jedoch, die gesunde Entwicklung des Menschen zu stützen, den

Erscheinungen der Akzeleration oder des seelischen Infantilismus entgegenzuwirken, also die Disharmonie auszugleichen. So sind immer die in der Menschennatur veranlagten Entwicklungsschritte Grundlage für pädagogisches Handeln, nicht ihre Verfälschungen. Das muß auch noch am Ende der Schulzeit berücksichtigt werden.

Dies ist der Grund, warum die am Anfang genannte moderne Literatur so unmittelbar von Jugendlichen dieses Alters aufgenommen wird. In einer Klasse, der man – auch unvorbereitet – einen Kafka-Text vorliest, tritt absolute Stille ein.

Eine andere Stufe im Umgang mit Literatur betreten wir, wenn wir sie *sprechend nachgestalten.* Denn Literatur ist Wort, weitgehend auch als gesprochenes Wort gemeint. Hier wird der Atem unmittelbar ergriffen, der mittlere Mensch ist in Tätigkeit. Wir wissen: Der Atem ist die eigentlich heilende Kraft im Menschen. Indem man auf den Sprachrhythmus achtet, kann man an den Kindern ablesen, wie sich der Atemprozeß im Laufe der Schulzeit verändert. Man wirkt therapeutisch richtig, wenn man in der Klasse die Rezitation auf diese Wandlung abstimmt.

Da hört man in der ersten Klasse einen Rhythmus, der fast noch körperlich ist:

> *Klumpedump und Schnickeschnack*
> *gehen auf die Reise,*
> *schleichen mit dem Silbersack*
> *auf den Zehen leise ...   (Hedwig Diestel)*

und die Kinder wollen das auch so sprechen. – In der Mitte der Kindheit strömt die Sprache freier, das Gefühl lebt stärker im Atem mit:

> *Es war daheim auf unserm Meeresdeich.*
> *Ich ließ den Blick am Horizonte gleiten.*
> *Zu mir herüber scholl verheißungsreich*
> *mit vollem Klang das Osterglockenläuten ...   (Storm)*

Am Ende des zweiten Jahrsiebts kommt durchaus auch eine geistige Komponente in die Rezitation, indem stärker differenziert wird; in den Balladen beispielsweise geht es ja auch um geistige Auseinandersetzungen. In den Atemprozeß zieht etwas Dramatisches ein. – Wiederum anders ist die Durchrhythmisierung, wenn eine 10. Klasse einen althochdeutschen Stabreim spricht, etwa das Hildebrandslied.

44

Welche Willensimpulse gehen da durch den Körper! Schon im Nibe-lungenlied, 400 Jahre später, schwingt die Sprache weich und mit gro-ßem Atem. – Unendlich viele Nuancen des Atmens können durch das Sprechen noch erregt werden, wenn wir nur an zwei unterschiedliche Goethe-Gedichte wie *An Schwager Kronos* oder *Grenzen der Menschheit* denken, an die Vielfalt der Lyrik des neunzehnten Jahr-hunderts oder an den ur-menschlichen Rhythmus des Hexameters.

Dieser therapeutische Impuls der chorischen Rezitation sollte je-den Hauptunterricht durchziehen, auch in der Oberstufe (und nicht nur in den Deutsch-Epochen). Wenn er fehlt, entziehen wir den Ju-gendlichen Heilungskräfte. Nelly Sachs sprach von dem «Heilkraut für Atemwunden», das uns heute fehle.

Aber ein noch feinerer Atmungsprozeß durchzieht jeden Unter-richt: Im Wechsel von Zuhören und Sprechen der Kinder, im ganzen Aufbau einer Stunde veranlagt der Lehrer einen Atmungsprozeß. Selbst bei der Planung einer Deutsch-Epoche muß er berücksichtigen, welche Wirkung etwa von der Prosa Kleists ausgeht, über längere Zeit gelesen, nämlich eine aufrüttelnde, weckende, und wie andererseits Stifter wie ein Balsam unser Wesen durchzieht, und beides ist heilsam.

Den tiefsten Wirkungsgrad von Literatur erreichen wir aber, wenn wir Literatur nicht betrachten oder rezitieren, sondern mit dem gan-zen Körper *tun*, das heißt wenn wir die Heranwachsenden Theater spielen lassen. Das ist heute noch wichtiger als früher, denn die obe-ren Sinne (Sprachsinn, Gedankensinn, Ich-Sinn), mit denen wir Lite-ratur sonst aufnehmen, sind weitgehend gestört oder kaum ausgebil-det. Wenn sich jetzt aber der Schüler auf der Bühne bewegt, als ein-zelner oder in Korrespondenz mit anderen, wenn er Gebärden zur Sprache ausführt, wenn Kostüme und Kulissen mit Farben und Be-leuchtung einen Rahmen für diese Bewegungen geben, dann wirkt Dichtung durch den schauspielerisch Agierenden bis in den Bühnen-raum. Es ist ein Impuls durch den Menschen hindurch in den Um-kreis hinein. Alles wird durch Dichtung gestalteter Raum, Gebärde, Ausdruck! Bis ins Ätherische des Menschen greift das schauspieleri-sche Tun ein. Darin liegen seine besonderen therapeutischen Mög-lichkeiten. Das bedeutet aber, daß man bei der Einstudierung eines Stückes sehr behutsam und langsam vorgehen muß. Denn die schau-spielerische Darstellung einer Dichtung wirkt nur dann therapeu-tisch, wenn die Sprachgestalt, die innere Gebärde, die ja Ordnung ist, langsam in den Lebensorganismus des Schülers einsinken kann. Das aber braucht Wachstumszeit! Dadurch werden dann Lebenskräfte aufgebaut. Das kann sich so weit steigern, daß die Schüler wie über ihren Alltagsmenschen herausgehoben erscheinen, daß Wesenszüge an ihnen sichtbar werden, die man sonst zwar geahnt hat, die aber für gewöhnlich wie verschüttet sind. Das Theaterspiel wirkt dann wie eine Befreiung, so daß manches «Gehabe» wie Schlacken abfällt und etwas vom höheren Wesen des Schülers erlebbar wird. Auch wenn dieser Zugang zum eigentlichen Wesen eines Menschen meist nicht über die Theaterarbeit hinaus sichtbar bleibt, ist es doch Therapie in höchstem Maße, daß eine solche «Berührung» einmal oder öfter stattgefunden hat. Die Stücke Shakespeares sind hier besonders heilsam, denn seine Gestalten sind ätherisch wahr.

Daß es um andere als Verstandeskräfte beim Schauspiel geht, zeigt sich immer wieder daran, daß intellektuell schwach begabte Schüler über ihr rhythmisches System und aus dem Ganzen der Aufführung eine Rolle großartig gestalten. Sie haben ihr Ätherisches verfügbar.

Daß sich das Theaterspielen mit Klassen, pädagogisch richtig angewandt, durch die Altersstufen hindurch verändern muß, liegt auf der Hand. In den untersten Klassen treten die einzelnen Schüler als Schauspieler sehr zurück. Nur wenige haben eigene Rollen. Das gruppenhafte Sprechen überwiegt, fast ist es noch ein chorisches Rezitieren. Kostüme werden nur angedeutet. Es ist alles noch nicht individualisiert, wie auch das Kind dieses Alters noch vor der Individualität steht. Wir erkennen eine Spiegelung dessen, was sich am Anfang der griechischen Tragödie bei Aischylos abspielte: das langsame Herauslösen des Einzeldarstellers aus dem Chor.

Am Ende der 8. Klasse wird schon großes Theater gespielt. Dabei ist jedoch wichtig, daß für dieses Alter ein Stück gewählt wird, in dem sich die Ordnung der Welt noch als gültig erweist, wenn auch Abirrungen einzelner Gestalten auftreten können. Immer wieder wurden gute Erfahrungen mit Ferdinand Raimund gemacht, wohl auch, weil der übersinnliche Bereich in einer märchenhaften, volksnahen Form noch einbezogen ist.

Für das Theaterspiel in der 12. Klasse bieten sich wegen der Reife der Schüler die meisten Möglichkeiten. Doch sollte man die besondere Situation des Achtzehnjährigen bei der Wahl des Stückes berücksichtigen.

Was wird nun vom Lehrer selber gefordert, der therapeutisch wirken will? Außer der Einsicht in das, was Heilungskräfte sind, muß er therapeutische Fähigkeiten in sich ausgebildet haben. Bringt er sie nicht von Natur aus mit, kann er sie erüben. Ein wichtiger Weg ist der von Rudolf Steiner beschriebene der inneren Schulung. Der Lehrer muß offen werden gegenüber der jeweils anderen Individualität des Kindes, muß lebendig beobachten, ohne sofort Vorstellungen zu entwickeln. Darüber hinaus fordert Rudolf Steiner vom Lehrer spirituellen Idealismus, das heißt eine Welthaltung, die mit nicht-materiellen Kräften als Gestaltungsprinzipien des Lebens und des Schicksals rechnet. Wenn man *Nibelungenlied* und *Parzival* als Abenteuer- oder Heldengeschichten behandelt, unterrichtet man an den Lebensströmen vorbei. Aus materialistischer Gesinnung kann keine therapeutische Erziehung geboren werden! Vor allem aber muß der Lehrer sich als Helfer des Heranwachsenden fühlen. Nicht sein eigenes Wissen oder sein Künstlertum dürfen ihm wichtig sein. Der Lehrer vollbringt einen Dienst an der «Knospe der Kindheit» (Jean Paul), an der erhabene Kräfte gearbeitet haben, deren Gaben heute aber nur allzu leicht und bedenkenlos zerstört werden.

Anmerkungen

1 Friedrich Beissner, *Der Erzähler Franz Kafka*, Frankfurt a. M. 1983, S. 74.
2 Franz Löffler, «Bildschaffende Seelenkräfte als Mittel der Seelenpflege bei verwahrlosten Kindern und Jugendlichen», in: *Heilende Erziehung*, Arlesheim 1956, S. 211ff. (5. Auflage Stuttgart 1989, S. 234ff.).
3 Rudolf Steiner, *Das Miterleben des Jahreslaufes in vier kosmischen Imaginationen*, GA 229, Vortrag vom 13.10.23, Dornach [7]1989, S. 75.
4 a.a.O., S. 89.
5 Vgl. hierzu Müller-Wiedemann, «Mignon – der künstlerisch-therapeutische Auftrag», in *Die Drei*, 1982, Heft 9.
6 Franz Löffler, in: *Heilende Erziehung*, S. 244 (5. Auflage).
7 Adalbert Stifter, *Werke in zwei Bänden*, Salzburg 1951, Bd. 1, S. 212f.
8 Albert Steffen, «Dichtung als Weg zur Einweihung», in Steffen, *Ausgewählte Werke in vier Bänden*, Stuttgart und Dornach 1984, Bd. 4, S. 296.
9 a.a.O., S. 297.
10 a.a.O., S. 301.

MALTE SCHUCHHARDT

Anregungen zum Erzählstil des Lehrers im dritten Jahrsiebt

Welche Aufgaben der Klassenlehrer als Erzähler im zweiten Jahrsiebt hat, darüber gibt es im pädagogischen Vortragswerk R. Steiners bedeutsame Ausführungen. Für das Erzählen des Lehrers im dritten Jahrsiebt existieren von R. Steiner dagegen nur wenige Hinweise; es ist aber keineswegs, wie man zunächst vielleicht annehmen könnte, weniger wichtig. Ein Blick auf den Lehrplan macht das ganz deutlich: Die Deutsch-Epoche in der 9. Klasse, in der die Goethe-Biographie behandelt wird, die Nibelungen-Epoche in der 10. Klasse, die Parzival-Epoche in der 11. Klasse – ohne das Erzählen des Lehrers sind sie nicht vorstellbar. Im Kunst- und Geschichtsunterricht der Oberstufe ist das Erzählen nicht weniger entscheidend. Die Biographie eines großen Künstlers oder einer bedeutenden historischen Gestalt wird erst in der lebendigen Schilderung des Lehrers gegenwärtig. Welche Gesichtspunkte können nun Wegweiser und Orientierung sein für Erzählqualitäten des Lehrers im dritten Jahrsiebt?

Wir werden versuchen, diese Frage zu beantworten, indem wir von der Menschenkunde des dritten Jahrsiebts ausgehen. Mit Sicherheit können wir eines schon sagen: So wie der Unterricht durch die Geburt des Astralleibes seine neuen, ganz spezifischen Aufgaben erfährt, so gilt das auch für die Aufgabe des Erzählens im Jugendalter.

R. Steiner charakterisiert eine für das Erzählen höchst bedeutsame menschenkundliche Tatsache folgendermaßen:

«Die eigentliche Phantasie wird im Grunde mit der Geschlechtsreife erst aus dem Menschen herausgeboren, denn die eigentliche Phantasie kann erst dann geboren werden, wenn der von Zeit und Raum freie astralische Leib geboren wird, der ebenso wie die Träume Vergangenheit, Gegenwart und Zukunft nach inneren Gesichtspunkten durcheinander gruppieren kann.»[1]

Durch diese Ausführungen R. Steiners gewinnen wir eine wichtige Erkenntnis: Mit dem freiwerdenden Astralleib entsteht beim Jugendlichen ein neues Verhältnis zur Zeit. Nicht mehr das Nacheinander von Vergangenheit, Gegenwart und Zukunft allein ist bestimmend, sondern mit Hilfe einer eigenen Phantasie ist er imstande, die Zeit frei «nach inneren Gesichtspunkten durcheinanderzugruppieren». Daraus ergibt sich die Notwendigkeit, diesem neuen Zeiterleben durch den Erzählstil des Lehrers Rechnung zu tragen.

Wie kann eine freie Zeitgestaltung beim Erzählen nun aussehen? Ein einfacher, aber sehr wirksamer Kunstgriff ist es, die Biographie einer bedeutenden Persönlichkeit nicht chronologisch von der Geburt an zu schildern – das ist der angemessene Weg im zweiten Jahrsiebt –, sondern mit einem signifikanten, späteren Ereignis zu beginnen.

So kann man etwa bei der Biographie Watteaus damit beginnen, seinen Tod zu schildern: Der noch nicht siebenunddreißigjährige sterbende Watteau verteilt an seine Schüler das Kostbarste, was er zu verschenken hatte, seine sämtlichen Zeichnungen und Skizzen. Die Schüler gewinnen einen ersten starken Eindruck von dem liebenswürdigen, frühvollendeten Watteau, und über die übrigen Kapitel der Biographie ist nun eine gedämpfte, elegische Stimmung ausgebreitet.

Ein anderes Beispiel: Mit sechsunddreißig Jahren schreibt Kafka in der Pension Stüdl in Schelesen einen etwa vierzig Seiten langen Brief an seinen Vater, in welchem er eine erschütternde Analyse der Vater-Sohn-Beziehung gibt. Dieser Brief wird der Mutter übergeben mit der Bitte, ihn an den Vater weiterzuleiten; der Brief gelangt aber nie zum Vater. Wie sprechend ist diese Situation für das Leben Kafkas: Wir erkennen die ungeheure Bedeutung des Vaters für Kafka sofort, wir spüren die Tragik dieser Beziehung – und wir lernen eine wichtige Eigenschaft Kafkas kennen, seine Gewissenhaftigkeit. Über vierzig Seiten lang setzt er sich mit seinem Vater auseinander.

Muß der erzählende Lehrer bei der Biographie einer bedeutenden Persönlichkeit in der Zeitgestaltung selbst komponieren, so braucht er bei der Dichtung oft nur aufzugreifen, was in ihr selbst schon enthalten ist. So verwendet der Dichter des Nibelungenliedes das Mittel der Vorausdeutung immer wieder höchst wirkungsvoll. Bereits in der 1. Aventiure bei der Vorstellung von Krimhild zeigt er sich in dieser Kunst als Meister.

Es wuohs in Burgonden / ein vil eden magedîn,
daz in allen landen / niht schoeners mohte sîn.
Krimhilt geheizen: / si wart en scoene wîp.
dar umbe muosen degene / vil verliesen den lîp.

Der ganze Falkentraum der 1. Aventiure ist eine einzige großartige
Vorausdeutung. Mit der letzten Strophe dieser Aventiure spannt der
Dichter den Bogen von Siegfrieds Tod bis hin zum Untergang der
Burgunder in Form einer unerhört dichten, stimmungsstarken Vor-
ausdeutung

Der was derselbe valke / den si in ir troume sach,
den ir besciet ir muoter / wie sêre si daz rach
an ir naehsten mâgen, / die in sluogen sint.
durch sîn eines sterben / starp vil maneger muoter kint.

Natürlich sind auch Rückgriffe des Erzählers auf zurückliegende
Handlung sinnvoll als ein anderes Element der Zeitgestaltung, doch
werden sie nicht die Stimmungsdichte der Vorausdeutungen erreichen
und die Phantasiekraft nicht so stark in Bewegung bringen können.

Eine wichtige Belehrung für unsere Fragestellung erfahren wir durch
eine andere Äußerung R. Steiners über das dritte Jahrsiebt.

«*Dann wird das Kind geschlechtsreif; da geht wiederum eine bedeut-*
same Veränderung in dem Kinde vor sich. Da gestalten sich die mehr
allgemein gehaltenen Sympathien und Antipathien ins Spezielle hin-
ein; da wird einem das einzelne besonders wertvoll oder unwertvoll,
aber in einer anderen Weise als vorher. Das ist deshalb, weil mit der
Geschlechtsreife das eigentliche Schicksal des Menschen beginnt. Vor-
her steht der Mensch mehr im allgemeinen drinnen, er empfindet das
Erdenleben mehr als einen guten Bekannten. Jetzt aber, wenn der
Mensch geschlechtsreif geworden ist, treten die einzelnen Ereignisse
so an ihn heran, daß er sie schicksalsmäßig empfindet. Indem der
Mensch schicksalsgemäß das Leben auffaßt, wird es für ihn erst das
richtige individuelle Leben.»²

Indem der Jugendliche nun die an ihn herantretenden Ereignisse als
etwas zum eigenen Schicksal Gehörendes erleben kann, ist es auch
für ihn möglich, das Schicksalhafte im Leben eines anderen

Menschen wahrzunehmen und zu empfinden, das Schicksalhafte in der Biographie einer bedeutenden Persönlichkeit, das Schicksalhafte in den Gestaltungen der Dichtungen.

Hat der Lehrer diese menschenkundlich bedeutsame Tatsache – mit der Pubertät beginnt erst das eigene Schicksal des Jugendlichen – recht lebendig im Bewußtsein, so wird es ihm ein besonderes Anliegen sein, das «Schicksalhafte» in seiner erzählenden Darstellung möglichst intensiv herauszuarbeiten. Einige Beispiele sollen das Intendierte anschaulicher machen.

Im Leben Goethes gibt es viele Ereignisse, bei denen sich der schicksalhafte Charakter geradezu aufdrängt. So etwa der Leipziger Blutsturz: In einer Julinacht im Jahr 1768 erwacht der junge Goethe mit einem heftigen Blutsturz. Er schwankt nicht nur mehrere Tage zwischen Tod und Leben, sondern ringt über eineinhalb Jahre mit dieser Todeskrankheit. Von heute auf morgen ist er aus dem stürmischen Leipziger Leben herausgerissen. Neue Freunde – pietistisch gesinnte Herrnhuter wie zum Beispiel Susanne von Klettenberg und der Arzt Dr. Johann Friedrich Metz – treten in seinen Lebenskreis und geben seinen Interessen eine ganz neue Richtung. Religion und theosophische Literatur werden intensiv studiert. Dazu kommt die Beschäftigung mit Paracelsus und der mittelalterlichen Alchemie. Das Schicksalhafte dieser Krankheit hat Goethe selbst formuliert: «Ich verhetzte meinen glücklichen Organismus dergestalt, daß die darin enthaltenen besonderen Systeme zuletzt in eine Verschwörung und Revolution ausbrechen mußten, um das Ganze zu retten.»[3] Goethe empfand, daß er ein anderer Mensch geworden war. «Und da bei mir sich die Natur geholfen, so schien ich auch nunmehr ein anderer Mensch geworden zu sein.»[4]

Das Schicksalhafte der Begegnung Goethes mit Herder ist ebenfalls nicht schwer herauszuarbeiten. Goethe befindet sich nach der überwundenen Todeskrankheit 1770 in Straßburg in einem Zustand erhöhter Empfänglichkeit und Aufnahmefähigkeit, während Herder nach seinem Aufbruch von Riga Sehnsucht nach einer unverbildeten «Jugendseele» empfindet, der er seine Ideen mitteilen kann. Es entsteht eine ungemein fruchtbare Begegnung, für die Goethe sein ganzes Leben dankbar gewesen ist.

Daß eine schicksalhafte Begegnung nicht spannungsfrei und einfach verläuft, dafür ist die Beziehung zwischen Goethe und Herder ebenfalls ein sprechendes Beispiel. Ihren schicksalhaften Charakter bezeugt am eindrucksvollsten Goethe selbst. Er schreibt an Herder im Oktober 1771 einige Zeit nach ihrem Zusammensein in Straßburg:

«Herder, Herder. Bleiben Sie mir, was Sie mir sind. Binn ich bestimmt Ihr Planet zu seyn so will ich's seyn, es gern, es treu seyn. Ein freundlicher Mond der Erde. Aber das – fühlen Sie's ganz – dass ich lieber Merkur seyn wollte der letzte, der kleinste vielmehr unter siebnen, der sich mit ihnen um eine Sonne drehte; als der Erste unter fünfen die um den Saturn ziehen. – Adieu lieber Mann. Ich lasse Sie nicht los. Ich lasse Sie nicht! Jakob rang mit dem Engel des Herrn. Und sollt ich lahm drüber werden.»[5]

Ein wunderbares Beispiel schicksalhafter Begegnung ist natürlich die zwischen Schiller und Goethe. Hier ist wichtig, die großen Hindernisse, die sich einer Begegnung in den Weg stellten, eindringlich zu schildern: Schillers Werben um Goethe, Goethes Tendenz, Schiller aus dem Weg zu gehen, Schillers Haß auf Goethe und seine stolze Resignation – und dann nach Jahren des Nebeneinanderherlebens Ende Juli 1794 in Jena das Wunder der Begegnung zwischen Goethe und Schiller durch das Gespräch zwischen ihnen nach einer Sitzung der Naturforschenden Gesellschaft. Wieder hat Goethe selbst das Schicksalhafte in ihrer Beziehung am schönsten gewürdigt.

«So waltete bei meiner Bekanntschaft mit Schillern durchaus etwas Dämonisches ob; wir konnten früher, wir konnten später zusammengeführt werden, aber daß wir es grade in der Epoche wurden, wo ich die italienische Reise hinter mir hatte und Schiller der philosophischen Spekulationen müde zu werden anfing, war von Bedeutung und für beide von größtem Erfolg.»[6]

Auch in den zu behandelnden großen Dichtungen lebt das Schicksalhafte und ist entsprechend deutlich herauszuarbeiten, zum Beispiel in der Beziehung zwischen Krimhild und Hagen. In der Parzivaldichtung wird es noch dadurch unterstrichen, daß Parzival bestimmten Gestalten – etwa der Sigune – mehrfach begegnet. Für die jugendliche Seele wird es von großer Bedeutung sein, während das eigene Schicksal beginnt, Schicksalhaftes in dem Leben anderer Menschen zu erleben als etwas Sinnvolles, da sie ja überall mit großer Intensität bewußt und unbewußt nach Sinnhaftem sucht.

Eine der wichtigsten pädagogischen Aufgaben für den Lehrer und Erzähler im dritten Jahrsiebt ist zweifellos die Schulung der Urteilsbildung. So ist es notwendig, auch beim Erzählen dieses Ziel im Auge zu haben. Der Lehrer sollte so erzählen, daß die eigene Urteilsbildung des Schülers angeregt und gefördert wird. Wie ist das aber zu erreichen? Ich denke dadurch, daß man den Stoff befragt nach prägnanten, bedeutsamen, bildhaften Ereignissen und auf dieses Ereignis wie mit einem Scheinwerfer alles Licht versammelt.

Ein Beispiel aus Wolfram von Eschenbachs *Parzival*: Parzival hat Ither getötet und wälzt den Toten hin und her, um ihm seine Rüstung abzuziehen. Angesichts dieser peinlichen Situation fangen Parzival und Ithers Pferd gemeinsam hilferufend an zu wiehern, der Knappe Iwanet vom Hofe des Königs Artus kommt hinzu und hilft Parzival dabei, dem toten Ither die Rüstung abzuziehen und sie Parzival anzuziehen. – Parzival weigert sich, die Narrenkleidung der Mutter abzulegen, so daß der befreundete Page ihm die Ritterrüstung darüber anlegen muß. Auf dieses Schlußbild kommt in der Erzählung alles an, es muß pointiert herausgearbeitet sein. Am nächsten Tag wird der Lehrer im Unterrichtsgespräch von diesem Bild ausgehen und erfahren, wie anregend es auf die Urteilsbildung wirkt, können wir doch an diesem Bild die Entwicklungsstufe von Parzival genau ablesen.

Ein anderes Beispiel aus der Kleistbiographie: Im April 1802 finden wir Kleist auf einer winzigen Insel Delosea an der Aaremündung nicht weit von Thun entfernt. Außer ihm lebt auf der Insel nur noch eine Fischerfamilie. Er mietet sich ein kleines Häuschen, die junge Tochter des Fischers führt ihm den Haushalt. Sonntags rudert er sie zur Kirche. Der idyllische Charakter täuscht, denn wiederum spannt Kleist seine Kräfte für ein höchstes Ziel aufs äußerste, er will eine Dramenform schaffen, die es bisher in der Welt noch nicht gibt, und es geht ihm darum, «zu so vielen Kränzen noch einen auf unsre Familie herabzuringen» (Brief an Ulrike v. 5. Oktober 1803).[7] Er liest keine Zeitungen, keine Bücher, verzichtet weitgehend auf menschlichen Verkehr und wird nach drei Monaten krank. Dieses Inseldasein erscheint uns als ein Sinnbild der Kleistschen Existenz: Er hat sich selbst auf eine Insel ausgesetzt, ohne äußeren Halt von Heimat, Familie, Freunden und den beruflichen Stützen der Gesellschaft, nur der eigenen Schaffenskraft vertrauend, so lebt er. Wie auf einem

Brennpunkt ist alles Licht, alle Farbintensität, auf diese Inselsituation zu versammeln. Die Urteilsbildung ist so stark angeregt, daß es für die Schüler eine schöne Aufgabe ist, von diesem Bild Kleistscher Existenz ausgehend, seine Eigenart zu charakterisieren. Dieses Verfahren der Bildverdichtung kann nur wirksam werden, wenn es mit dem Erzählen im Sinne des Raffens, der knappen Tatsachenwiedergabe, verknüpft ist

Ein anderes Mittel, die eigene Urteilsbildung der Schüler in Gang zu bringen, ist das «Erzählen aus verschiedenen Perspektiven».

Noch einmal ein Beispiel aus der Goethebiographie: Goethes Ankunft in Weimar November 1775 verursacht in Weimar und in ganz Deutschland einen großen Wirbel. Von Begeisterung bis zu Entsetzen und Entrüstung reicht das vielstimmige Echo. Die Perspektive der Begeisterung – etwa bei Wieland – wäre darzustellen; daneben die Perspektive des Hofes, ein Gemisch von Neid und Mißgunst, von Klatschsucht und Borniertheit. Die Perspektive der Freundschaft: das Goethebild des jungen Herzogs. Schließlich die Perspektive väterlicher Zurechtweisung in der Haltung des alten Klopstock Goethe gegenüber.

Breitet der Lehrer dieses kontrastreiche «Concerto grosso» verschiedener Urteile vor den Schülern aus, so wird die Bereitschaft zum eigenen Urteil enorm gesteigert.

Rudolf Steiners Forderung, in jeder Unterrichtsstunde müsse eine humorvolle Empfindung und ein Gefühl des Ernsten, Traurigen – bis hin zum Tragischen entstehen beim heranwachsenden Menschen,[8] ist auch beim Erzählen zu berücksichtigen. Hier kommt einem auf wundervolle Weise oft die Dichtung entgegen.

Nehmen wir wieder ein Beispiel aus der Parzival-Dichtung: Über der Blutstropfenszene liegt eine schwermütig-traurige Stimmung: Parzival verzehrt sich in sehnsüchtigen Gedanken an Kondwiramurs. Die sich anschließenden Reiterkämpfe Parzivals mit Segramors und Herrn Keye mit ihren grotesk-komischen Zügen kontrastieren lebhaft zur vorausgehenden Szene. Enthält die darzustellende Situation nur eine der geforderten Seelenstimmungen, so ist die Phantasie des erzählenden Lehrers aufgerufen, die fehlende selbst mit hineinzubringen.

Noch einen wichtigen Gesichtspunkt hat der erzählende Lehrer zu berücksichtigen: die Differenzierung des Erlebens nach der Pubertät beim Mädchen und beim Jungen. Beim Mädchen geht es darum, «Sittliches und Religiöses bis ins Auge zu treiben», beim Jungen kommt es darauf an, «Religiöses und Sittliches in die Beherztheit zu treiben.»[9]

Wir können bei der eben erwähnten Blutstropfenszene bleiben. Der erzählende Lehrer sollte die Schönheit des Bildes herausarbeiten: das Weiß des Schnees, das tiefe Rot der drei Blutstropfen, die Stille der Waldlichtung – so wird er dem Erlebnis der Mädchen Rechnung tragen können. Die anschließende turbulente und burleske Kampfszene wird der «Beherztheit» der Jungen genug Nahrung geben können.

Wir wollen die bisherigen Überlegungen versuchen zusammenzufassen, indem wir Qualitäten des Erzählens im zweiten Jahrsiebt mit anzustrebenden Eigenschaften des Erzählens im dritten Jahrsiebt vergleichen. Wir gehen dabei von zwei motivgleichen Texten von Chrestien de Troyes und Wolfram von Eschenbach aus.

Wie der Junker im Walde die fünf Ritter traf

Es war zur Zeit, da alle Bäume blühen, die Wälder sich belauben, die Wiesen in frischem Grün prangen und die Vögel in ihrem Latein am Morgen süß singen und jedes Ding vor Freude flammt, da erhob sich der Sohn der Witwe im öden, einsamen Walde, und er legte ohne Mühe den Sattel auf sein Jagdroß und nahm drei Wurfspeere zur Hand. So verließ er das Haus seiner Mutter und dachte, er würde die Feldarbeiter aufsuchen, die seine Mutter hatte und die ihr eben den Hafer eggten; sie hatten wohl zwölf Ochsen und sechs Eggen.

So tritt er in den Wald ein, und jetzt freut sich sein Herz im Leibe ob des schönen Wetters und der Gesänge der Vögel, die ihre Freude kundtaten; dies alles gefiel ihm über alle Maßen. Wegen der Milde des heiteren Wetters nahm er dem Pferde die Zügel ab und ließ es im frischen, grünen Grase weiden. Und er, der mit den Speeren, die er trug, gut zu werfen verstand, ging umher und warf bald nach rückwärts, bald nach vorwärts, bald nach unten, bald nach oben, bis er

durch den Wald fünf bewaffnete, in volle Rüstung gekleidete Ritter
kommen hörte. Die Waffen der Ankommenden machten großen
Lärm; denn oft stießen die Äste der Eichen und Eschen daran, alle
Panzerhemden klirrten, und die Lanzen stießen an die Schilde. Es
klang der Schaft, es klang das Eisen, wohl von den Schilden wie den
Panzern.

Der Junker hört, aber er sieht nicht die Ritter, die da in schnellem
Gange ankommen. Er wundert sich über die Maßen darob und
spricht: «Bei meiner Seele, die Wahrheit sagte mir meine Frau Mutter,
daß die Teufel fürchterlicher seien als irgend etwas auf der Welt; und
sie sprach es, um mich zu belehren, daß man sich gegen sie bekreuzi-
gen muß; aber diese Lehre will ich verachten, denn wahrlich, ich will
nicht das Kreuz schlagen, sondern ich will den Stärksten so mit einem
meiner Spieße treffen, daß mir keiner der anderen mehr nahe kommen soll.»

So sprach der Junker bei sich selbst, bevor er sie sah. Als er sie jedoch
offen aus dem Walde heraustreten sah und die klirrenden Panzer
erblickte und die helleuchtenden Helme und die Lanzen und die
Schilder, deren er doch nie vorher gesehen hatte; wie er das Grün und
das Purpurrot gegen die Sonne leuchten sah und das Gold und Azur
und das Silber, da wurde ihm gar wohl und freudig zumute, und er
sprach: «Ach, Herr Gott, Erbarmen! Das sind Engel, die ich hier sehe!
Wahrlich, nun habe ich schwer gesündigt, nun habe ich gar schlecht
gehandelt, da ich sagte, es seien Teufel; und meine Mutter erzählte
mir keine Lügen, als sie mir sagte, die Engel seien die schönsten Wesen
der Welt außer Gott, der schöner ist als alle. Hier sehe ich Gott den
Herrn, dünkt mich; denn einen so schönen sehe ich darunter, daß die
anderen, so Gott mich schütze, nicht den zehnten Teil an Schönheit
haben. Und das sagte meine Mutter selbst, daß man an Gott glauben,
ihn anbeten und kniefällig ehren müsse; und ich werde diesen anbeten und alle anderen mit ihm.»

Chrestien de Troyes *Perceval oder die Geschichte vom Gral.* Aus dem Alt-
französischen übersetzt von Konrad Sandkühler. Stuttgart 1957, S. 9.

Eines Tages jagte er auf einem langgestreckten Abhang. Gerade brach er einen Zweig, um auf einem Blatt die Locktöne des Wildes nachzuahmen, als er auf einem Waldweg in der Nähe den Klang von Hufschlägen vernahm. Er wog seinen Jagdspeer in der Hand und sprach: «Was habe ich gehört? Wollte doch der Teufel in zornigem Grimm herbeikommen, ich würde es mit ihm aufnehmen. Meine Mutter erzählt zwar schreckliche Dinge von ihm, aber ich glaube, ihr fehlt nur Mut.» Und voller Kampfbegier stand er bereit.

Seht nur, da kamen drei Ritter galoppiert, herrlich anzusehen, von Kopf bis Fuß gewappnet, so daß der Knabe jeden der drei allen Ernstes für einen Gott hielt. Daher blieb er nicht stehen, sondern warf sich mitten auf dem Weg auf die Knie und rief laut: «Hilf mir, Gott, denn du kannst Hilfe bringen!»

Der vorderste Ritter wurde zornig, als der Knabe auf dem Wege kniete. «Dieser närrische Bursche aus Valois hemmt unseren eiligen Ritt!»

Was man uns Bayern nachrühmt, muß ich auch den Leuten aus Valois zuerkennen: sie sind zwar noch dümmer als die Bayern, doch im Kampfe stehen sie ihren Mann. Wer in diesen beiden Ländern aufwächst, ist ein Muster an Anstand und Schicklichkeit.

Jetzt kam mit verhängten Zügeln noch ein Ritter in prachtvoller Rüstung herangesprengt, der es offenbar sehr eilig hatte. Voller Kampfbegier verfolgte er zwei Ritter, die großen Vorsprung gewonnen hatten. Sie hatten aus seinem Reich eine Edelfrau entführt, was dieser Held als schwere Schmach empfand. Ihn bekümmerte die Verzweiflung der Jungfrau, die leiderfüllt vor ihnen herritt. Die drei Ritter gehörten zu seinem Gefolge. Er saß auf einem prächtigen Kastilianer, und sein Schild sah arg mitgenommen aus. Der Ritter hieß Karnachkarnanz und war der Graf von Ulterlec. Er rief: «Wer versperrt uns den Weg?» und ritt auf den Knaben zu.

Wolfram von Eschenbach, *Parzival.* Bd. 1: Buch 1-8. Übersetzung und Nachwort von Wolfgang Spiewok. Stuttgart 1981, S. 207ff.

Der Dichter Chrestien breitet die Fülle und Schönheit der Welt anschaulich vor uns aus. Er sieht das frische, grünende Gras, er rühmt die Farbenpracht der Rüstungen, er verweilt mit Muße bei einem Klang: «Alle Panzerhemden klirrten, und die Lanzen stieß er an die Schilde. Es klang der Schaft, es klang das Eisen, wohl von den Schilden wie den Panzern.» Dieser Erzähler ist ein großer Epiker: Die Gegenstände sind gleichmäßig beleuchtet, durch Epitheta anschaulich herausgearbeitet. Alle diese Eigenschaften sollte auch der Erzähler des zweiten Jahrsiebts besitzen.

Ganz anders der Erzählstil Wolframs: Er nimmt sich keine Zeit, die Schönheit der Natur, den Glanz der Rüstungen und ihr Klirren zu beschreiben; nach wenigen Versen ist er beim Gespräch zwischen den Rittern und Parzival. Ihm gilt sein Hauptinteresse. Er nimmt sich aber die Freiheit, die laufende Erzählung durch subjektive, zum Teil humorvolle Bemerkungen zu unterbrechen, beispielsweise durch seinen Vergleich zwischen den Bayern und den Valisern. Er liebt vorausdeutende Hinweise, etwa beim Thema der Schönheit Parzivals: «Später war sein Lobpreis in aller Frauen Munde.» Ihm kommt es nicht auf das ruhige epische Nacheinander des Schilderns an. Er gruppiert die Zeit «nach inneren Gesichtspunkten» frei durcheinander. Er leuchtet das ihm Bedeutende scharf aus und läßt vieles andere dafür völlig unerwähnt; er verbindet Ernst mit Humor, liebt den starken Stimmungswechsel.

Würde der Lehrer im dritten Jahrsiebt so erzählen wie Chrestien, so würde er beim Jugendlichen Antipathie wecken, denn er hätte das Gefühl, den Erzählstil des Klassenlehrers zu hören. Unbewußt lebt in ihm die Erwartung, daß seiner neuen Art des Erlebens Rechnung getragen wird. Es muß alles anders werden, also auch der Erzählstil des Lehrers! Der Erzähler des dritten Jahrsiebts sollte also das Epische zurücktreten lassen, Dramatisches und Lyrisches betonen, in der Zeitgestaltung frei komponieren und das Bedeutende anstrahlen.

Eine Bemerkung zum Schluß: In der Schulbewegung gibt es in der Oberstufe eine gewisse Tendenz, in der Nibelungenlied- und Parzival-Epoche große Erzählpartien durch Schülerreferate wiedergeben zu lassen. Ich hoffe, es ist durch die Darstellung deutlich geworden, wie anspruchsvoll die Aufgabe des Erzählens im dritten Jahrsiebt ist, wie viele pädagogische Aspekte zu berücksichtigen sind, wieviel künstlerisches Gespür erforderlich ist, wieviel Verständnis für den Gehalt der Dichtung, um das Wesentliche zu erkennen. Natürlich kann beispielsweise die eine oder andere Gawan-Episode von einem

Schüler referiert werden, aber die Aufgabe des Erzählens im ganzen sollte beim Lehrer liegen und wird seine ganze Kraft erfordern.

Anmerkungen

1   Rudolf Steiner, *Die gesunde Entwickelung des Leiblich-Physischen als Grundlage der freien Entfaltung des Seelisch-Geistigen*, GA 303, Vortrag vom 4.1.22, Dornach ⁴1987, S. 239.

2   Ders., *Anthroposophische Pädagogik und ihre Voraussetzungen*, GA 309, Vortrag von 16.4.24, Dornach ⁵1981, S. 67.

3   Johann Wolfgang von Goethe, *Dichtung und Wahrheit*, 8. Buch. Hamburger Ausgabe, Bd. 9, München 1981, S. 330.

4   ebenda

5   Johann Wolfgang von Goethe, *Goethes Briefe und Briefe an Goethe* (Hamburger Ausgabe), Bd. 1; München 1976, S. 128.

6   Goethe zu Eckermann, 24. März 1829. In: Johann Peter Eckermann, *Gespräche mit Goethe in den letzten Jahren seines Lebens*, Wiesbaden 1955, S. 309.

7   Heinrich von Kleist, *Briefe von und an Kleist*, Bd. 4, Frankfurt am Main 1986, S. 315f.

8   Vgl. Rudolf Steiner, *Menschenerkenntnis und Unterrichtsgestaltung*, GA 302, Vortrag vom 12.6.21, Dornach ⁵1986, S. 20 ff.

9   a.a.O., Vortrag vom 16.6.21, S. 78 f.

II.
ZUM UNTERRICHT
IN DEN EINZELNEN
KLASSENSTUFEN

Einleitung:
Der Deutschunterricht der Oberstufe
als Antwort auf «latente Fragen»
des Jugendlichen

Die deutsche Waldorfschulbewegung hat in diesem Jahrzehnt eine Ausweitung erfahren, die von einem großen Vertrauensvorschuß seitens der Eltern zeugt. Als Lehrer mag einen das beglücken, denn die vielen Gründungsinitiativen beweisen doch, daß immer mehr Menschen eine Erziehung für ihre Kinder wünschen, die über das Intellektuelle hinausgeht, die geistig-schöpferische Kräfte weckt, letztlich also auf eine nicht-materielle Welthaltung zielt. Diesen Erwartungen können die Waldorfschulen nur gerecht werden, wenn die Lehrer die heutigen pädagogischen Probleme genau ansehen, wenn sie die von Rudolf Steiner 1919-24 gegebenen Grundlagen unter den Gesichtspunkten der Gegenwart neu studieren und das eigene pädagogische Handeln immer wieder überprüfen. Dabei wird ein besonderes Augenmerk auf die Oberstufe zu lenken sein, denn viele junge Schulen bauen in diesen Jahren erstmals ihre Oberstufe auf, ältere Schulen gehen in die Zweizügigkeit, und eine neue, junge Lehrergeneration wächst in die Aufgaben hinein. Zudem wird die Oberstufe von den Eltern oft recht kritisch betrachtet, auch von solchen, die in der Klassenlehrerzeit gute Erfahrungen gemacht haben. «Wie wird sich die Waldorfschule in den kritischen Entwicklungsjahren des Jugendlichen bewähren?» so fragt man offen oder versteckt.

In der Tat haben sich die mit der Pubertät beginnenden Erziehungsprobleme in den letzten zehn Jahren erheblich vergrößert. Es ist nicht nur ein «Angriff gegen das Kind», der heute von den neuen Technologien ausgeht, sondern mindestens ebenso eine Angriff gegen den Jugendlichen. Denn seine erwachende, aber ungefestigte Seele ist den Medien, dem Unterhaltungsangebot, dem Ruf nach

Freizügigkeit um jeden Preis ziemlich hilflos ausgeliefert. Auch Steiner sah vor siebzig Jahren, daß mit dem «Reifealter» ganz neue pädagogische Aufgaben auf die Lehrer zukommen, und hielt deshalb für das Kollegium der ersten Stuttgarter Waldorfschule einen sogenannten «Ergänzungskurs». Er nannte damals als besondere Gefahren für den jungen Menschen Machtkitzel und Erotik. Was ist heute an negativen Faktoren alles dazugekommen![1]

Der Lehrplan, den Steiner dann für die oberen Klassen entwickelte, enthält viele Gesichtspunkte, die heute noch oder gerade heute aktuell sind, die aber auch in den inzwischen verstrichenen Jahrzehnten weiterentwickelt wurden. Jedes Fach kann dabei für die jeweilige Phase des Mündigwerdens seinen Beitrag leisten. Als eine allgemeingültige Maxime für die Ausarbeitung des Lehrstoffes nennt Steiner aber, daß der Lehrer auf die «latenten Fragen» des Jugendlichen lauschen und sie im Unterricht aufgreifen solle, ohne daß die Schüler sie aussprechen müßten. Diese oft nur im Unterbewußtsein des jungen Menschen lebenden Fragen zu erkennen gehört zu den intimsten Aufgaben des Lehrers. Manche Probleme entspringen natürlich der augenblicklichen Situation einer Klasse. Daneben aber bestehen für jede Klassenstufe grundlegende latente Probleme, die sich aus der entsprechenden menschenkundlichen Situation ergeben. Es wird darauf ankommen, die einzelnen Epochen thematisch so zu gestalten, daß diese latenten Fragen indirekt zur Sprache kommen.[2]

Anmerkungen

1 Vgl. W. Rauthe in: «Menschenkunde der Oberstufe», Manuskriptdruck Stuttgart 1981, S. 73 ff.; E.-M. Kranich, *Erziehungskunst* 9/1983; I. Hürsch, *Erziehungskunst* 10/1983; A. Suchantke, *Erziehungskunst* 6/1984; O. Oltmann, *Erziehungskunst* 5 und 6/1984

2 Vgl. hierzu und zu allen folgenden Kapiteln das kürzlich erschienene Buch von Heinrich Schirmer, *Bildekräfte der Dichtung. Zum Literaturunterricht der Oberstufe*, Stuttgart 1993.

9. Klasse:
Im Blick auf das Erwachsenwerden

Die menschenkundliche Situation

Die Entwicklung im Jugendalter ist ein sehr komplexer Vorgang, dessen Phasen zwar nicht so deutlich zu erkennen sind wie im zweiten Jahrsiebt, die aber doch zu beobachten sind.

Die 9. Klasse steht am Beginn der Pubertät, die ja das erste Drittel des dritten Jahrsiebts umfaßt. Das Erlebnis der eigenen Seelenkräfte wirkt auf den Neuntkläßler wie eine Neugeburt, verleiht ihm einen ungeheuren Schwung und lenkt sein Interesse auf «Gott und die Welt». Über alles möchte er reden, er fühlt sich in einer Art Einheit mit Erde und Menschheit. Allerdings möchte er lieber reden und urteilen als handeln, und das Beurteilte wird auch kaum mitempfunden. Willens- und Gefühlsbereich sind noch chaotisch. Das erstarkende Ich greift gewissermaßen von oben in die Leiblichkeit ein und erfaßt im Urteilen als erstes die Kopfregion. Wir lassen hier unberücksichtigt, wie sich diese Entwicklungsphase auf das Sprachleben des Neuntkläßlers auswirkt und wie das pädagogisch zu handhaben ist.

Da ist zunächst wohl der Erziehungsprozeß selber, der jetzt vom Jugendlichen bewußter erlebt wird. «Werde ich von den Erwachsenen überhaupt richtig verstanden, so daß sie mir in meiner Entwicklung helfen können?» «Muß die Erziehung jetzt nicht eigentlich aufhören? Ich kann doch selber entscheiden!» «Wie wird man eigentlich erwachsen?» Es sind im Grunde Fragen nach den Gesetzen der Reifung, nach Lebenslauf und Schicksal.

Wenn man in der 9. Klasse eine Goethe-Schiller-Epoche abhält und damit das in der 8. Klasse vom Klassenlehrer (hoffentlich) Begonnene fortsetzt, bieten die beiden Biographien natürlich eine Fülle von Beispielen zu diesen Fragen. Man wird diese Lebensläufe allerdings so schildern, daß die eigenen Probleme der Jugendlichen in den Schicksalsschlägen und Wachstumsphasen Goethes und Schillers wie versteckt bleiben: die Schüler diskutieren heftig über *deren* Fehler und Möglichkeiten, beziehen leidenschaftlich Stellung, klären damit aber zugleich – unausgesprochen – die eigene Situation.

REINHART FIEDLER

Goethe und Schiller als Wegbereiter für den Neuntkläßler

Da hat es einmal zwei Menschen gegeben, die durch ihr Herkommen und die persönliche Prägung ihrer Denkungsart und Lebenseinstellung und durch einen höchst unterschiedlichen Schicksalsverlauf so verschieden, ja, so gegensätzlich geartet waren, daß sie jahrelang nicht zueinander finden konnten, obwohl der Jüngere sich insgeheim nach Anerkennung durch den Älteren sehnte. Beide waren hervorragende Persönlichkeiten, bedeutende Vertreter ihrer Zeit und große Söhne ihres Volkes. Beide befreiten sich in kühnem Handstreich vom allzu verstandesgeprägten und regelbeflissenen Vernunft-Zeitalter, der eine mit der eisernen Faust seines Götz, der andere mit einem «Pfui über das schlappe Kastraten-Jahrhundert»; beide wurden nach ihrem ersten genialen Wurf über Nacht berühmt. Und beide wandelten lange auf getrennten Bahnen und reiften auf verschiedenen Tätigkeitsfeldern zur Meisterschaft, bis sie sich an der Schwelle des neuen Jahrhunderts schließlich doch trafen und nun in enger Zusammenarbeit ein Stück Weges gemeinsam gingen, so daß jeder den anderen aus seiner so eigen geprägten Wesensart heraus zu einem noch tieferen Ergreifen seiner Schaffensmöglichkeiten anzuregen vermochte.

Sind dies nun große Persönlichkeiten, für die sich ein Neuntkläßler begeistern kann? Lassen sich an ihnen «tiefe Menschheitsprobleme» aufzeigen, wie es Lehrplanangaben für diese Altersstufe fordern?[1] Könnte man sich den einen oder den anderen zum Vorbild nehmen? Wer von beiden ist eigentlich «größer»: Goethe oder Schiller? So unbedingt sicher ist es nicht, daß die Schüler sich für Goethe entscheiden! Ist es überhaupt möglich, in den jugendlichen Seelen, die sich in die Verhältnisse des zwanzigsten Jahrhunderts geworfen fühlen, Weltinteresse ausgerechnet an den Ideen des deutschen Idealismus zu wecken? – Alle diese Fragen gilt es zu prüfen.

Gestalt

Da sehen wir *Goethe* in angeregter Unterhaltung zu Tische sitzen. Mit seiner angenehmen und volltönenden Stimme und seinen ruhigen, ausdrucksvollen Gebärden fasziniert er die Tafelrunde. Sein Rumpf mit der breitgewölbten Brust und dem mächtigen Haupt ragt würdig empor. Wenn er stand, war er allerdings wegen seiner verhältnismäßig kurzen Beine nicht viel größer als beim Sitzen. Dennoch hatte seine anmutige, schöne Erscheinung mit den großen, lebhaften Augen etwas geradezu Göttlich-Harmonisches, was viele Zeitgenossen bezeugen. – *Schiller* dagegen war von schlanker, schmaler Gestalt mit langen, dünnen Gliedmaßen und schmaler, eingeengter Brust. Eine große Nase ragte scharf aus seinem hageren, sommersprossigen Gesicht mit den zwinkernden, empfindlichen Augen.[2] Seine Erscheinung war nicht eigentlich schön, und seine heftigen Gesten wirkten oft fahrig und ungelenk, und was ihn als jungen Gelegenheitsschauspieler im Innern mächtig bewegte, das kam bei der Aufführung «in allzu leidenschaftlichen Gebärden, in schreiender und überstürzter Deklamation» zum Ausdruck, so daß die lachenden Zuschauer schon befürchteten, er werde vom Sessel fallen.[3]

Elternhaus und Studienjahre

Goethe stammte aus einer der angesehensten und wohlhabendsten Bürgerfamilien der Reichsstadt Frankfurt am Main. Der Großvater mütterlicherseits bekleidete das höchste Amt der Stadt; er war Reichs-, Stadt- und Gerichtsschultheiß auf Lebenszeit. Der Großvater väterlicherseits, durch sein Gasthofgewerbe und einen florierenden Weinhandel reich geworden, hinterließ ein beträchtliches Vermögen, so daß der Vater ein dreistöckiges Doppelhaus mit breiten Treppen und zahlreichen vornehm und bequem ausgestatteten Zimmern einrichten lassen konnte. Die Mutter hantierte in der hellen, geräumigen Küche; sie war die erste Frankfurter Bürgerin, die eine eigene Pumpe im Hause hatte, während alle anderen Frauen und Mägde das Wasser noch aus den über hundert Brunnen auf den Straßen und

Plätzen der Stadt schöpfen mußten. Schon früh von Privatlehrern unterrichtet, konnten sich hier die reichen Anlagen des Knaben frei entfalten. Mit sechzehn Jahren kam er nach Leipzig auf die Universität, wo er sich, durch einige Empfehlungsschreiben bestens eingeführt, auf den verschiedensten Gebieten der Wissenschaft und Kunst nach Herzenslust umtat und ein ziemlich ausschweifendes Leben führte. – *Schiller* stammte aus einer kleinen württembergischen Offiziersfamilie. Der Vater war in bitterer Armut und ohne jegliche Bildung aufgewachsen und stand während des Siebenjährigen Krieges mit den Truppen des Herzogs gegen Preußen im Feld. Die Mutter wohnte in dem kleinen Städtchen Marbach am Neckar zunächst bei ihrem Vater, der einen Gasthof bewirtschaftete, plötzlich aber durch Fehlspekulationen im Holzhandel in hohe Schulden geriet und das große, schöne Haus verkaufen mußte. So wurde der Knabe in einer kleinen, gemieteten Stube geboren, in der schließlich, als der Vater zurückgekehrt war, sieben Personen lebten: die Eltern mit den beiden Kindern, die Großeltern und eine Magd; und wenn die Mutter in der engen, dunklen Küche stand, mußte sie zuweilen sogar am Tage den Kienspan entzünden, denn die Küche hatte kein Fenster! Nachdem der Knabe in der Lateinschule von strengen und zumeist pedantischen Lehrern unterrichtet worden war, kam er mit vierzehn Jahren nach dem unbeugsamen Willen des Herzogs auf die Militär-Akademie in Stuttgart, wo man ihn zu bestimmten Studien zwang und dadurch die Verwirklichung seiner eigenen Wünsche und Pläne rücksichtslos durchkreuzte und wo er für viele Jahre ein außerordentlich strenges Leben ohne Freizeit führen mußte. Mehrfach wurde er wegen mangelnder Reinlichkeit bestraft; einmal erhielt er zwölf Stockhiebe, weil er sich für sechs Kreuzer Wecken auf Borg gekauft hatte.[4] Seine heimlichen Versuche zu dichten wurden ihm schließlich ganz verboten.

Krankheit und Tod

Goethe war zeit seines Lebens bis ins hohe Alter kerngesund und von ungebrochener Schaffenskraft. Die schwere Erkrankung in Leipzig zeigt, wie unvernünftig der neunzehnjährige Student die so günstige körperliche Veranlagung strapaziert haben muß.[5] Sein «ungemein sanfter Tod» war eigentlich nur ein Ausbleiben des Atems; bis zum letzten Augenblick war er heiter und ohne Beschwerden. Gegen Mittag drückte er sich bequem in die linke Ecke des Lehnstuhles, und es dauerte eine ganze Weile, bis man merkte, daß er gestorben war.[6] Selbst der Leichnam des Dreiundachtzigjährigen war von außerordentlicher Schönheit und Harmonie:

«Der Körper lag nackend in ein weißes Bettuch gehüllt, große Eisstücke hatte man in einiger Nähe umhergestellt, um ihn frisch zu erhalten so lange als möglich. Friedrich schlug das Tuch auseinander, und ich erstaunte über die göttliche Pracht dieser Glieder. Die Brust überaus mächtig, breit und gewölbt; die Arme und Schenkel voll und sanft muskulös; die Füße zierlich und von der reinsten Form; und nirgends am ganzen Körper eine Spur von Fettigkeit oder Abmagerung und Verfall. Ein vollkommener Mensch lag in großer Schönheit vor mir.»[7]

Schillers Gesundheit war äußerst labil. Schon als Kind litt er unter Krämpfen; der blasse, schmächtige Knabe neigte zu Katarrhen und fiebrigen Erkrankungen. Als Student der Militär-Akademie lag er häufig im Krankenrevier, einmal für volle fünf Wochen. Die schlimmste Erkrankung, von der er sich nie mehr ganz erholen sollte, überfiel ihn als Geschichts-Professor in Jena:

«Sechs Tage lang lag er in heftigem Fieber. Am dritten Tag begann er mit Eiter vermischtes Blut auszuwerfen. Eine Woche hindurch verweigerte sein Magen jede Nahrung. Auch die ihm verschriebenen Medizinen behielt er nicht bei sich. Nach damaligem Brauch versuchten die Ärzte das Fieber und die Schmerzen in der Brust und im Unterleib durch häufige Aderlässe, Zugpflaster, Brech- und Abführmittel herunterzudrücken. Schillers Organismus war schließlich derart geschwächt, daß er bei der geringsten Bewegung in Ohnmacht fiel. Nach dem siebten Tag setzten Delirien und ein Verfall der Kräfte ein, so daß Schiller sich dem Tod nahe fühlte. Krisenzustände, die bald darauf folgten, brachten eine Besserung. Aber Wochen vergingen, bis er das Bett verlassen und an einem Stock herumkriechen konnte ... Wenige Wochen später erlitt Schiller den dritten und bisher schwersten Anfall ...»[8]

Die letzten vierzehn Jahre seines Lebens brachte Schiller unter ständigen Schmerzen zu; besonders nachts wurde er von den leidigen

Brustkrämpfen gequält und fand meist erst gegen Morgen Ruhe. Er starb nach Tagen des allmählichen Kräfteverfalls; ein heftiges Fieber hatte ihn niedergeworfen, Husten und Atembeklemmungen peinigten ihn. Während der letzten Nächte rezitierte er im Halbschlaf ganze Passagen aus dem unvollendet gebliebenen Demetrius-Drama und stieß bei zunehmender Bewußtlosigkeit abgerissene, meist lateinische Worte hervor. Schließlich brachen «die Schauer der Vernichtung» über ihn herein, der «Todeskrampf» entstellte seine Züge, und plötzlich fuhr es «wie ein elektrischer Schlag» über sein Gesicht; dann sank sein Haupt zurück, «und die vollkommenste Ruhe verklärte sein Antlitz».[9] Als nach dem Tode sein Leichnam geöffnet wurde, stellte man fest, daß der linke Lungenflügel total zerstört, das Herz fast völlig verwachsen und die Leber unnatürlich verhärtet war.[10]

Goethes Begräbnis fand vier Tage nach seinem Tode unter großer Beteiligung der Weimarer Bevölkerung statt. Tausende von Menschen füllten die Straßen; sie standen an den Fenstern, sie waren auf die Dächer gestiegen und auf die Alleebäume geklettert, um den Zug besser sehen zu können, der sich feierlich zur Grabkapelle bewegte. Dort ertönte Chorgesang, und der Oberhofprediger hielt die Grabrede, bevor der Sarkophag in der Fürstengruft beigesetzt wurde. – *Schiller* ist schon in der zweiten Nacht nach seinem Tode unter ziemlich merkwürdigen Umständen bestattet worden. Nur etwa zwanzig Menschen waren zugegen, als der Sarg bei Fackelschein in einer Massengruft beigesetzt wurde. «Kein Trauergesang, kein dem Andenken des Begrabenen geweihtes Wort unterbrach die Stille der Mitternacht.»[11] Erst am Nachmittag fand eine offizielle kirchliche Feier statt. Und erst 1827 wurden die Gebeine in die Fürstengruft umgebettet; doch sechzig Jahre später merkte man, daß man damals wegen des starken Zerfalls der Massengrabanlage ein ganz anderes Skelett für das des Dichters gehalten hatte![12] Trotz manchem, was darüber geschrieben ist, bleibt Schillers Tod von einem letzten Geheimnis umwittert, und die Stimmen derer wollen nicht schweigen, die in seinem Sterben ein jäheres Ende sehen, als es allein durch den Krankheitsverlauf gerechtfertigt scheint.[13]

Da stehen die beiden Persönlichkeiten also nun vor uns: der Breite, Schöne, Harmonische, Gesunde, Bedächtige, der Zeit hat, seine reichen Gaben in einem langen Leben reifen zu lassen, – und der

Schmale, Häßliche, Unausgeglichene, Kranke, Hastige, dem es trotz rastlosen Eifers nicht gelingt, seine hohen Pläne gegen immer neue Hemmnisse und Widrigkeiten voll zu verwirklichen, bevor ein früher Tod sein Leben zerstört; der eine: vielfältig begünstigt – der andere: ständig behindert. Goethe kann es sich leisten, auf die Gunst der Stunde zu warten, um dann das Schöpferische in sich nur so gewähren zu lassen;[14] Schiller drängt unentwegt vorwärts und sieht sich gezwungen, seine Erfolge widrigsten Umständen abzuringen. Es mutet wie die Grundsignatur dieser Doppelbiographie an: Goethes

Herz schlägt in einer breitgewölbten, gesunden Brust, so wie der Knabe selbst in dem großen, geräumigen Haus aufwuchs, der Student sich frei und ungeniert durch das weltmännische «Klein-Paris» bewegte und der anerkannte Staatsminister und Schriftsteller in immer weiter gezogenen Wirkenskreisen und auf immer neuen Entwicklungsstufen sein Leben entfaltete; alles strömt aus einer Mitte. Schillers Zirkulationsorgane sind dagegen in einem schmalen und engen Brustkorb eingezwängt, so wie der Knabe selbst in enge und

ganz ungenügende Wohnverhältnisse hineingeboren wurde, der Student einem unglaublich strengen Studien- und Dienstplan unterworfen war und der Mann, von Geldnot und Krankheit bedrängt, sich angesichts dessen, was er in sich fühlte, in ein viel zu kurzes Leben eingespannt sah; nichts konnte aus der Mitte strömen, sondern alles kam nur mühsam und stoßweise und unter Qualen hervor.

73

So erklärt sich auch das Zwiespältige in Schillers Wesen: Er war einerseits ein reiner Vorstellungsmensch, andererseits ein reiner Willensmensch;[15] er war einerseits Philosoph, andererseits Poet, und beides schien sich in ihm gegenseitig zu stören, wie er selbst von sich bekennt, «denn gewöhnlich übereilte mich der Poet, wo ich philosophieren sollte, und der philosophische Geist, wo ich dichten wollte. Noch jetzt begegnet es mir häufig genug, daß die Einbildungskraft meine Abstraktionen und der kalte Verstand meine Dichtung stört».[16] Aber vielleicht war sein grenzenloser Idealismus nur durch eine ungeheure Willenssteigerung seiner Vorstellungskraft möglich. Was der Mensch in seinem Geiste erblickt, das werde sich auch seinen Sinnen zeigen; und sollte es das Gesuchte überhaupt noch nicht geben, so werde die Natur es ihm zuliebe schaffen:

KOLUMBUS

Steure, mutiger Segler! Es mag der Witz dich verhöhnen,
Und der Schiffer am Steu'r senken die lässige Hand –
Immer, immer nach West! Dort muß die Küste sich zeigen,
Liegt sie doch deutlich und liegt schimmernd vor deinem
Verstand.
Traue dem leitenden Gott und folge dem schweigenden
Weltmeer!
Wär' sie noch nicht, sie stieg' jetzt aus den Fluten empor.
Mit dem Genius steht die Natur in ewigem Bunde:
Was der eine verspricht, leistet die andre gewiß.

(1795)

Ein grandioser Gedanke; aber wie anders betrachtet Goethe die Natur! Schiller denkt die Idee im Geiste, Goethe sucht das Urbild in der Wirklichkeit; doch dem einen ist der Geist zugleich wirklich, dem anderen ist die Wirklichkeit zugleich geistig.

Alle Gestalten sind ähnlich, und keine gleichet der andern;
Und so deutet das Chor auf ein geheimes Gesetz,
Auf ein heiliges Rätsel. O könnt' ich dir, liebliche Freundin,
Überliefern sogleich glücklich das lösende Wort![17]

74

Damit ist die Kluft aufgezeigt, die beide lange trennte, die aber bald nach dem bedeutsamen Gespräch (Ende Juli 1794), von dem Goethe selber ausführlich berichtet, überbrückt werden konnte.

«Wir gelangten zu seinem Hause, das Gespräch lockte mich hinein; da trug ich die Metamorphose der Pflanzen lebhaft vor und ließ, mit manchen charakteristischen Federstrichen, eine symbolische Pflanze vor seinen Augen entstehen. Er vernahm und schaute das alles mit großer Teilnahme, mit entschiedener Fassungskraft; als ich aber geendet, schüttelte er den Kopf und sagte: Das ist keine Erfahrung, das ist eine Idee. Ich stutzte, verdrießlich einigermaßen: denn der Punkt, der uns trennte, war dadurch aufs strengste bezeichnet. Die Behauptung aus ‹Anmut und Würde› fiel mir wieder ein, der alte Groll wollte sich regen, ich nahm mich aber zusammen und versetzte: Das kann mir sehr lieb sein, daß ich Ideen habe, ohne es zu wissen, und sie sogar mit Augen sehe ... Wenn er das für eine Idee hielt, was ich als Erfahrung aussprach, so mußte doch zwischen beiden irgend etwas Vermittelndes, Bezügliches obwalten! Der erste Schritt war jedoch getan. Schillers Anziehungskraft war groß, er hielt alle fest, die sich ihm näherten.»[18]

Goethe betrachtete die Welt, er betrachtete aber eigentlich nie sein Betrachten. Schiller dachte die Welt, er dachte aber auch über das Denken und hat sogar die besondere Betrachtungsart Goethes zu ergründen gesucht, dessen beobachtender Blick «so still und rein auf den Dingen ruht»; und zu Goethes Geburtstag unterbreitete er das Resultat seines Nachsinnens in einem Brief, durch den die Freundschaft nun endgültig besiegelt wurde.[19]

Wir sehen: Dem Jugendlichen, der auf dieser Stufe seiner Persönlichkeitsentwicklung tastend nach den eigenen Lebensidealen zu suchen beginnt, wird nicht zugemutet, die Biographie irgendeines nur erfolgreichen oder «glücklichen» Menschen zu betrachten; er wird angesichts der seelischen Turbulenz dieses Alters aber auch nicht genötigt, in menschliche Abgründe zu blicken, die er aus eigener Kraft innerlich noch nicht überbrücken könnte. Sondern vor dem Hintergrund dieser für die deutsche Geistesgeschichte so bedeutsamen Freundschaft mit ihrer großartigen Spannweite des seelischen Erlebens entfaltet sich im Unterricht die Gestaltenfülle der Dichtwerke

Goethes und Schillers. Dadurch wird, wie die Erfahrung zeigt, im Neuntkläßler das für dieses Alter so wichtige Menschen- und Weltinteresse, von dem eingangs die Rede war, geweckt und gefördert; denn der Blick in die Welt, in der der Jugendliche seinen eigenen Weg suchen muß, erweitert sich, und sein Empfinden für moralische Werte und sein Gespür für Schicksalsgegebenheiten vertieft sich, wenn es dem Lehrer gelingt, den Unterricht der Deutsch-Epoche lebendig zu führen. Rudolf Steiner, dem wir auch für diese Altersstufe wichtige Lehrplan-Hinweise verdanken, charakterisiert die Bedeutung der beiden Persönlichkeiten und die möglichen Früchte einer intensiven Beschäftigung mi4t ihnen, indem er sagt:

«Für die Nachwelt wird es immer bedeutsam sein können: mit Schillers Seelenauge Goethes Wesen schauen zu lernen; Goethes Wesen sich in einer gewissen Lebensepoche voll entfalten zu sehen in den Anregungen, die von Schiller ausgehen. – Die Empfindung von den Hemmungen, die beide zu überwinden hatten, um zueinander zu kommen, und die andere von der Art, wie sie zuletzt sich ergänzten, bildet einen Impuls für tiefste Seelenbeobachtungen. Er dringt damit aber auch an einem der wichtigsten Punkte in das Walten der Geistes in der Menschheitsentwicklung ein.»[20]

Anmerkungen

1   *Vom Lehrplan der Freien Waldorfschule*, bearbeitet von Caroline von Heydebrand, Stuttgart ⁹1990, S. 34.

2   Vgl. Friedrich Burschell, *Schiller in Selbstzeugnissen und Bilddokumenten* (Rowohlts Monographien. Bd. 14), Reinbek 1958, S. 7.

3   Karl Berger, *Schiller: Sein Leben und seine Werke*, München 1910, Bd. 1, S. 111.

4   Burschell, S. 16

5   Vgl. Rudolf Steiner, *Der pädagogische Wert der Menschenerkenntnis und der Kulturwert der Pädagogik*, GA 310, Vortrag vom 18.7.24, Dornach ⁴1989, S. 25f.

6   Albert Bielschowsky, *Goethe: Sein Leben und seine Werke*, München 1909, Bd. 2, S. 68of.; Hermann Grimm, *Das Jahrhundert Goethes*, Stuttgart 1948, S. 12.

7   Johann Peter Eckermann, *Gespräche mit Goethe in den letzten Jahren seines Lebens*, Leipzig 1885, Bd. 2, S. 244; abgedruckt auch bei H. Grimm, *Das Leben Goethes*, Stuttgart 1949, S. 488.

8 Burschell, S. 106ff.

9 Berger, a.a.O., Bd. 2, S. 744f.; Ernst Müller, *Schiller: Intimes aus seinem Leben*, Berlin 1905, S. 174.

10 Müller, S. 175.

11 Berger, a.a.O., Bd. 2, S. 746. – So ist der wahrscheinlich um Mitternacht Geborene auch kurz nach Mitternacht begraben, während Goethe genau zur Mittagsstunde das Licht der Welt erblickte und auch kurz vor 12 Uhr mittags starb (vergleiche hierzu Herbert Hahn, *Der Lebenslauf als Kunstwerk*, Stuttgart 1966, S. 61f.).

12 H. C. Paulsen, «Merkwürdiges über Schillers letzte Ruhestatt» (Zeitungsartikel), vermutlich Northeim, Mitte August 1955. – Der Verfasser ist der Ururenkel des Weimarer Bürgermeisters Paulsen, dessen Schädel man mit dem Schillers verwechselt hatte.

13 Vergleiche hierzu besonders R. Steiner, *Der pädagogische Wert der Menschenerkenntnis*, a.a.O., S. 35, und Emil Bock, *Boten des Geistes*, Stuttgart 1955, S. 87f.

14 «Vom eigentlichen Produktiven ist niemand Herr und sie müssen es alle nur so gewähren lassen.» Goethe, *Maximen und Reflexionen*.

15 «Was jedem Beobachter an Schiller am meisten auffallen mußte, war, daß in einem höheren und prägnanteren Sinn als vielleicht je bei einem anderen, der Gedanke das Element seines Lebens war» (W. v. Humboldt); «Kein Deutscher ist wie er so ganz Bewegung» (H. v. Hofmannsthal); «Schiller war ein so vollständiger Dynamiker, daß man sagen darf: er war überhaupt nichts anderes» (E. Friedell); – zitiert nach Burschell, S. 120, S. 167, S. 168.

16 Brief an Goethe (31.8.1774), zitiert nach Burschell, S. 126.

17 Aus: «Die Metamorphose der Pflanzen.» *Goethes sämtliche Werke*, Bd. 2, Leipzig o.J., S. 188.

18 Goethe, «Annalen». *Goethes sämtliche Werke*, a.a.O., Bd. 29, S. 27. Vgl. hierzu R. Steiner, «Goethe der Schauende und Schiller der Sinnende», in: *Denken – Schauen – Sinnen*, Bd. 10, Stuttgart 1959.

19 Friedrich Schiller, Brief an Goethe (23.8.1794), ebenfalls enthalten in: *Denken – Schauen – Sinnen*, S. 14.

20 R. Steiner, «Goethe der Schauende und Schiller der Sinnende», a.a.O., S. 70.

CHRISTOPH GÖPFERT

Weitere Themen der 9. Klasse

Wenn man statt oder neben der Goethe-Schiller-Epoche – vielleicht auch einmal als Ersatz für die schwierige Humorepoche – noch eine weitere Deutschepoche im 9. Schuljahr erteilen kann, bieten sich hierfür etliche interessante Wege an, um latente Fragen des Jugendlichen zu berühren. Wenn man als Epochenthema «Erziehungsfragen im Jugendalter» wählt, so ist hier zunächst der übergreifende Gesichtspunkt gemeint; die Formulierung für die Schüler oder für das Epochenheft kann anders, verhüllter lauten. Auch hier führt die Betrachtung fremder, künstlerisch gestalteter Schicksale, also der indirekte Weg, weiter als die handfeste Analyse heutiger Jugendprobleme.

An so gegensätzlichen Erzählungen wie Stifters *Hagestolz* und Storms *Carsten Curator* lassen sich die Grundhaltungen des Erziehens nacherleben, wobei bedeutsam ist, daß hier künstlerisch gestaltete Novellen vorliegen, die allein schon durch ihre sprachlichen Strukturen aufbauend auf das Unbewußte des Lesers wirken.

Der Hagestolz ist die Geschichte Victors, eines jungen Mannes, der gerade die Schule verlassen hat und ebenso wie seine Freunde hochfliegenden, aber illusionären Plänen nachhängt. Er wird darin auch von seiner Pflegemutter unterstützt, die ihn liebevoll zusammen mit ihrer Tochter aufgezogen hat. Lediglich der eigenwillige Onkel, eben der Hagestolz, der allein auf einer unzugänglichen Insel lebt und als habgierig und weltfremd gilt, verhindert diesen bürgerlich abgesteckten Lebenslauf, indem er den Neffen zunächst einmal zu sich einlädt. Die Reise dorthin ist an merkwürdige Bedingungen geknüpft: Victor muß zu Fuß gehen, darf keine Post empfangen, soll seinen Hund nicht mit in das Haus des Ohms nehmen und darf dieses nur mit Erlaubnis verlassen. Geredet wird kaum, und Victor muß sich schließlich wie ein Gefangener vorkommen. Erst allmählich merkt er, daß der Onkel ihn beobachtet, ihm Ratschläge geben kann und seine Fluchtgedanken und Wutausbrüche als Schwäche entlarvt. Ihm wird auch klar, daß der Hagestolz erst durch ein ihm unbekanntes Schicksal einsam geworden ist. So bildet sich schließlich zwischen den beiden ein Vertrauensverhältnis, und Victor bleibt über die vorgesehene Zeit hinaus auf der Insel. Die Lebensbeichte, die der Alte dem Jüngeren dann ablegt, zeigt, wie hinter den Vorurteilen der Umgebung ein Mensch hervortritt, der mit einem persönlichen Verzicht fertig geworden ist und seitdem seine Kräfte in die Sorge für andere gibt. Der «einsame Sonderling» ist ein welterfahrener Mann mit vielen Kontakten, der Victor die Augen für ein lohnendes Lebensziel öffnet: der Jüngling erkennt die Beschränktheit seines Planes einer Behördenlaufbahn, aber auch, daß ihn mit seiner «Ziehschwester» Hannah mehr als nur Gewohnheit verbindet.

Dieser Inhalt bietet für die Neuntkläßler mannigfaltige Gesprächsansätze: über Vorurteile, das Verständnis zwischen den Generationen, über scheinbar harte Erziehungsmaßnahmen, Berufsfindung und über viele intime Fragen der Lebensgestaltung (Entsagung, Zuneigung, Liebe und so fort). Denn man wird in dieser Altersstufe ein literarisches Werk ja immer auch benutzen, um mit den Jugendlichen indirekt ihre eigenen Lebensprobleme zu besprechen, von denen sich viele keimhaft in einer Dichtung wiederfinden. Bei Stifter mag man vielleicht einwenden, daß der breite Stil die Schüler abschrecken wird. Dem kann man begegnen, indem man den Anfang der Novelle nur auszugsweise lesen läßt und auch sonst das eine oder andere überschlägt. Im Laufe der Lektüre wird dann die therapeutische Kraft von Stifters Erzählweise doch wirken.

Storms Novelle *Carsten Curator* führt uns in die konkrete geographische Situation einer schleswig-holsteinischen Hafenstadt. Es geht um ein Vater-Sohn-Verhältnis, in das auch Vererbungsfragen hineinspielen. Denn der schon alte, alleinerziehende Vater Carsten liebt in seinem Sohn Heinrich immer noch seine im Kindbett gestorbene, sehr viel jüngere Frau, mit der er nur kurz verheiratet war und deren lebenslustiges südländisches Temperament er nie ganz verstanden hat. So geht er zu weich mit seinem Sohn um und sieht ihm sein unsolides Verhalten immer wieder nach. Der Vater will nicht erkennen, daß hier eine charakterliche Schwäche der Mutter durchschlägt. Auch die aufopferungsvolle Liebe von Carstens Mündel Anna kann Heinrich nicht vor dem Untergang retten.

Nach dem *Carsten Curator* kann man nun mit den Schülern über die Folgen einer zu nachsichtigen Pädagogik sprechen. Haltlosigkeit entsteht, wo in der erzieherischen Umwelt keine Formen gesetzt werden. Auch die größere Tragweite von geschäftlichen Unkorrektheiten, verglichen mit privaten Nachlässigkeiten, wird durch die Handlung verdeutlicht. Trotzdem endet das Werk – und das ist für Neuntkläßler wichtig – versöhnlich: neben der Einsicht des alten Mannes steht die liebevoll-geordnete Zuwendung Annas für ihren und Heinrichs Sohn. So wird der Blick über die eine Generation hinaus auf die nächste und damit auf größere Schicksalszusammenhänge gelenkt. – Bei genügender Epochenlänge oder einer aktiven Klasse wird man noch ein drittes Werk darstellen wollen. Auch hier sollte man eher im neunzehnten Jahrhundert suchen, etwa bei Keller oder Fontane (*Grete Minde*, auf die wir in anderem Zusammenhang zu sprechen kommen), weil Texte des zwanzigsten Jahrhunderts die Probleme weniger urbildhaft darstellen und für einen Neuntkläßler schwerer durchschaubar sind.

Gerade beim Thema «Erziehungsfragen» ist es wichtig, neben den Inhalt die Biographien der Dichter zu stellen. Hier wird der Lehrer selber anschaulich erzählen. Er wird bestimmte Lebensmotive, Krisen und Bemühungen des Dichters herausstellen. Der Schüler lernt andere Schicksalsgesten als bei Goethe und Schiller kennen, wenn man beispielsweise an das Leben von Stifter und Storm denkt, weniger großartig, aber doch für die eigene Orientierung des Jugendlichen wichtig. Auch wenn das Epochenthema anders lautet, wird man in der 9. Klasse immer gut tun, Aspekte aus dem Leben der Schriftsteller mit heranzuziehen.

Ein anderer Fragenkomplex, der in den pubertierenden Jugendlichen auftaucht, beschäftigt sich mit der persönlichen Verantwortung. Der Schüler selber wird stärker als früher für seine Handlungen zur Verantwortung gezogen; er erlebt, daß die neu gewonnene und zugestandene Freiheit die Gefahr des Irrtums enthält, daß man sich falsch verhalten, «Schuld» auf sich laden kann. Im Geschichtsunterricht tritt das bei bestimmten Persönlichkeiten im Großen auf. So bilden sich im jungen Menschen unbewußt Fragen wie: «Was ist eigentlich das Böse, wie tritt es im Menschen auf, wie ist es zu überwinden?»

Diesen Bereich kann man in einer Epoche bearbeiten, die sich unter den Titel «Die Begegnung des Menschen mit dem Bösen» stellen läßt. Wiederum bieten sich Werke der erzählenden Literatur des neunzehnten Jahrhunderts an, und zwar: Gotthelf *Die schwarze Spinne*, Keller *Dietegen*, Droste-Hülshoff *Die Judenbuche*. Wenn man sie in dieser Reihenfolge liest, durchlebt man drei Betrachtungsweisen des Bösen. Der Schüler durchläuft gewissermaßen einen Inkarnationsprozeß, in dem er selber gerade darinsteht. In der *Schwarzen Spinne* erscheint das Böse in zwei mythischen Gestalten, im «Grünen» (dem Teufel) und in der Spinne, zu der die Bäuerin Christine geworden ist. Die Handlung ist wie eine alte Sage erzählt. Das erinnert an die Welt der Kindheit, die der Neuntkläßler gerade hinter sich gelassen hat. – Die weniger bekannte Novelle *Dietegen* spielt in einer poetischen, der Phantasie des Dichters entsprungenen Welt zwischen den Städten Seldwyla und Ruechenstein. Ein Jugendschicksal mit seiner Verstrickung in das Böse wird voller Turbulenz und Fabulierlust vorgetragen; das entspricht der Lage des Neuntkläßlers. – In der *Judenbuche* meint der Leser eine sachliche Chronik vor sich zu haben. Das Böse wird auf die schlechten wirtschaftlichen Verhältnisse zurückgeführt, und es wird überhaupt nur erzählt, was ein Außenstehender wissen könnte. Wir stehen vor einer realen sozialen Situation, wie auch der Schüler sie in naher Zukunft vor sich haben wird.

Aber spüren wir einigen besonderen Aspekten nach, unter denen das Böse in den drei Erzählungen auftritt. In der *Schwarzen Spinne* wird deutlich, daß das Böse eine reale metaphysische Macht außerhalb des Menschen ist, die ihn unter bestimmten Voraussetzungen in ihren

Bann ziehen kann. Wenn ein einzelner Mensch restlos vom Bösen befallen ist, kann er zu einem giftigen Tier, einer Spinne, werden. Von ihm können dann negative Wirkungen wie kleine Spinnen ausgehen und zerstörerisch in die Umwelt eingreifen. Aber ebenso kann das Böse von einem Einzelnen, allerdings unter Einsatz seines Lebens, gebändigt, jedoch nicht vernichtet werden: Kristen stößt die Spinne in ein vorbereitetes Loch in einem Balken und verstopft es mit einem Holzpfropfen. Das Böse ist unschädlich, solange es nicht aus Übermut und Leichtsinn (wie in der Erzählung) wieder aus dem Untergrund hervorgerufen wird; aber es bleibt als Bedrohung gegenwärtig!

Der Leichtsinn eines jungen Mädchens ist auch auslösendes Moment für das Böse in *Dietegen*, wenn man davon absieht, daß die Ruechensteiner Rechtsgepflogenheiten das Böse in der Karikatur zeigen. Doch Küngolt, die kindliche Sünderin, wird durch die Charakterfestigkeit ihres Pflegebruders Dietegen langsam zu den echten Werten des Lebens geführt. Wieder ist es der selbstlose Einsatz eines Menschen, der Läuterung und Befreiung vom Bösen möglich macht.

In der *Judenbuche* steht eine fehlende beziehungsweise fehlgeleitete Erziehung mit ihren Folgen im Mittelpunkt. Denn Friedrich Mergel ist nicht schlecht, sondern wird durch die Unfähigkeit seiner Mutter und die dunklen Machenschaften seines Onkels zu Gefallsucht und Ehrgeiz gebracht, so daß er meint, seinen beleidigten Stolz nur durch einen Mord wiederherstellen zu können. In der *Judenbuche* fehlt die Hilfe von außen durch einen anderen Menschen; leidvolle eigene Erfahrungen führen Friedrich zur Reue und schließlich zum Freitod. Von der Droste wird das Böse weder als etwas Metaphysisches dargestellt, noch entspringt es ihrer Phantasie. Das Böse als solches ist zunächst gar nicht da; es entwickelt sich aus ungerechten sozialen Verhältnissen, Not und Unbildung. Man wird leicht erkennen, wie viele, auch aktuelle Gesprächsthemen zu latenten Fragen des Jugendlichen sich hier ergeben.

Die Thematik des Bösen kann man auch unter einen Gesichtspunkt stellen, der erst in der Nibelungen-Epoche der 10. Klasse (Die Doppelheit von Loki und Utgart-Loki) oder in der «Faust»-Epoche der 12. Klasse wieder auftaucht: «Zwei Seiten des Bösen». Dabei läge der Akzent darauf, daß das Böse nicht nur aus dem Einzelnen entspringen, sondern auch von einer Sache beziehungsweise Institution ausgehen kann, zum Beispiel von einem Staatssystem. Besonders, wenn man in dieser Epoche auch den Goethe-Stoff weiterführen möchte, lassen sich die *Egmont*-Tragödie und Fontanes frühe Novelle *Grete Minde* fruchtbar gegenüberstellen. Dabei wäre im *Egmont* herauszuarbeiten, wie Alba nicht an sich ein böser Mensch ist, sondern als Vertreter eines Staates nach der Staatsräson handelt und so in heimtückischer Art Böses tut. Hier tritt uns das «Sachlich-Böse» entgegen. Auch Grete Minde ist zunächst keineswegs böse, eher sind es ihr Bruder oder ihre Schwägerin. In Grete entsteht der Drang, Böses zu tun, erst im Laufe der Zeit. Eine beträchtliche Rolle spielen dabei zwar ihre schlimmen Kindheits- und Jugenderfahrungen. Aber Fontane läßt keinen Zweifel daran, daß Grete eine «verwilderte Seele» hat. Nur dadurch wird ihr extremer «Racheakt» erklärlich, der sie am Ende die Stadt Tangermünde anzünden läßt. So kann man anhand dieser Erzählung das Phänomen des «Seelisch-Bösen», das aus dem einzelnen Individuum hervorbrechen kann, in seinen oft verborgenen Formen verfolgen.[1]

Wenn der Lehrer am Beginn einer solchen Epoche die zu besprechenden Werke vorstellt, sollte für die Schüler deutlich werden, daß es sich nicht um eine lose Aneinanderreihung handelt, sondern daß die Texte unter einem gemeinsamen Gesichtspunkt stehen. Vielleicht wird der Lehrer für das Thema zunächst nur eine Richtung angeben, indem er den Blick auf Jugendschicksale richtet, auf die Schwierigkeiten im Sich-Verstehen überhaupt (1. Themenkreis) beziehungsweise auf Kriminalität, Terror und Diktatur als Formen des Bösen sowie auf die Verantwortung, die der Mensch im sozialen Leben trägt (2. Themenkreis). Oft wird man erst im Laufe der Epoche mit den Schülern gemeinsam dieses «Thema» herausarbeiten und eine Formulierung für das Epochenheft beziehungsweise die Mappe suchen. Doch kann man es für das Titelblatt auch bei einer sachlichen Aufstellung der zu besprechenden Werke belassen. Es hängt sehr von der Phantasie des Lehrers ab, hier einen freilassenden Einstieg in die Epoche zu finden.

Anmerkungen

1 Die Novelle läßt sich auch unter dem Erziehungsgesichtspunkt gut behandeln (siehe oben).

ASTRID VON DER GOLTZ

Jean Paul im Deutschunterricht der 9. Klasse

Der Fachlehrer, der eine 9. Klasse zum erstenmal als Unterrichtender betritt, hat sich Gedanken gemacht über das Lebensalter, mit dem er es zu tun hat. Darüber hinaus aber sucht er sich zu erinnern an alles, was er aus Konferenzen, aus dem Schulleben überhaupt über diese Klasse erfahren konnte, über das, was sie als eine Gemeinschaft hinter sich hat und nun neu erwarten muß. Er wird im Verlauf der Epoche von Tag zu Tag neu erkunden müssen, was die Realität dieses Klassenverbandes ihm abverlangt. Vor allem wird dieser Oberstufenlehrer achthaben darauf, daß er es mit «Entlassenen» zu tun hat, da die Klassenführung im bisherigen Sinne nicht mehr da ist. Als natürlich und notwendig erscheint ihm die Frage: Wie setze ich fort? Doch muß er ebenso die entgegengesetzte Überlegung anstellen: Wie mache ich es, daß ich nicht fortsetze und eben damit die Situation respektiere?

Eine Fortsetzung ist im Fach Deutsch zunächst im rein Inhalt-lichen des Stoffs gegeben: Im Großen gesehen wird die Goethezeit weiter behandelt. Um Kontinuität handelt es sich auch insofern, als – ich habe das nicht anders erlebt – der Oberstufenlehrer noch etwas vom Kredit des Klassenlehrers zehrt, das heißt, die Kinder sind bereit abzunehmen. Man kann aber auch an Weiterführung denken, wenn man, was uns aus den Schülern neu entgegentritt, als Umwandlungs-prozeß begreift. Der junge Mensch beginnt als sein Eigenstes herauf-zuheben, was vorher – noch nicht verfügbar, aber mit Bildern ge-nährt – in ihm veranlagt war. Das Erlebnis, einen selbständig geistig-seelischen Raum aufdämmern zu fühlen, ist indessen – so lange es sich auch vorbereitet – ein so neues und totales, wie dieser Raum selbst spontane und übermächtige, ja leibhaftige Existenzgewalt ha-ben kann. Rudolf Steiner spricht in diesem Zusammenhang von einer Geburt, der Geburt des Astralleibes.

Der Lehrer wird bis zum Ende der Schulzeit versuchen, dem, was da wogt, einige Konturen zu geben. Wie tragen wir – mit Hilfe des Lehrplans – dazu bei?

Jetzt ist der Boden für Ideen, die zunächst noch nicht mehr, aber auch nichts Geringeres sein dürfen als Ideale, das heißt die einzige Art von Gedankeninhalten, denen gegenüber der Schüler aus tiefem Vertrauen heraus glücklich ist, daß sie ihn übersteigen, während im Bereich des bloßen Verstandes kein Rest bleiben darf, weil zu nagender Unbefriedigung führt, was nicht total erfaßt werden kann an Regeln und Gesetzen. Daß man mit jenen Ideen gedanklich sehr schwierige Themen behandeln kann (schwierigere als in der 10. Klasse im Fach Deutsch) ist eben dadurch möglich, daß Neuntkläßler noch unmittelbarer als später korrespondieren mit dem, was der Lehrer an Gedanken entwickelt. Worauf dabei aber alles ankommt ist, daß das Ergebnis der Denkbemühung doch berechtigtermaßen als sein Eigenes aufgefaßt werden kann, nicht als etwas, das der Lehrer herausgebracht hat. Damit kommen wir von der Frage «Wie setzen wir fort?» schon mehr auf die andere: «Wie setzen wir nicht fort?» Die meisten der Vierzehn- bis Fünfzehnjährigen, so sehr sie sich auch verbunden fühlen mit dem Klassenlehrer, freuen sich über den so betonten Einschnitt zur 9. Klasse hin, ganz einfach weil sie naturgemäß den Schritt: Fort vom Bisherigen – als einen Fort-Schritt empfinden müssen. Freilich bleibt es nicht aus, daß der eine oder andere trotzdem das Betreutsein im bisherigen Sinne vermißt, sich zunächst ein wenig verlassen fühlt. Soll aber darum das Loch ganz gestopft werden? Meiner Ansicht nach sind die Schüler um die Frucht des trotz aller Freude am Neuen doch nicht leicht genommenen Verlusts des Klassenlehrers betrogen, wenn nicht auch unter Schmerzen das Erlebnis eines Abgrundes zwischen dem Vorher und dem Jetzt eintritt. Nicht zuschütten darf man diesen Abgrund, aber Brücken muß man bauen, die man nicht ohne hinunterzugucken überschreiten kann. Wir knüpfen im Deutschunterricht, wie schon angedeutet wurde, inhaltlich zum Teil an die 8. Klasse an, aber wir schaffen auch hier den Umbruch, sowohl im Was des Themas als auch im Wie des Umgangs damit.

«Die Welt ist wahr», so kennzeichnet Rudolf Steiner Lebensgefühl, Lebenswille, Lebenserkenntnis, Sehnsucht dieses Alters, denen jeder Unterricht Rechnung tragen soll. Gesetz und Regel stehen weitgehend im Mittelpunkt. Der Lehrer läßt sich leiten von der Forderung Rudolf Steiners, dem jungen Menschen zu helfen, sein Subjektives in ein Verhältnis zum Objektiven zu bringen: zum Objektiven des eigenen Leibes, zum Objektiven der Außenwelt. Das Fach Deutsch hat das gleiche Thema wie die naturwissenschaftlichen Fächer, nur ist der Schwerpunkt verlagert: In den Naturwissenschaften liegt er darin, zum Objektiven hinzuführen, das Selbstbewußtsein dadurch zu stärken, daß man als denkender Mensch dieses Objektive durchschauen kann.

Der junge Mensch soll sich in bewußterer Weise als bisher von der Außenwelt scheiden und die Verbindung mit ihr neu herstellen oder neu bestätigen: Im Deutschunterricht ist das Entscheidende, daß im Zusammenhang mit dem ganz neuen Empfinden der Subjektivität, das ich weiter oben zu charakterisieren versuchte, Erkundungen in diesem Bereich vorgenommen werden. Das aber geschieht so, daß den Ausgangspunkt eben das Verhältnis bildet, in dem sich das Subjekt zur Außenwelt einerseits, zu sich selbst andererseits befindet. Der Vorgang selbst, der diese Begegnung sich vollziehen läßt, steht im Mittelpunkt unseres Interesses. Man läßt sich also auf das Wagnis ein, einmal nicht vorrangig zu untersuchen: Was ist? – sondern: Wie sieht es von meinem Standpunkt, von diesem oder jenem Standpunkt gesehen aus? Das ist ein Weg, der zunächst, darum nannte ich ihn ein Wagnis, den Zusammenhang mit der Welt aufgibt. Ich sehe in diesem Standpunkt-Bewußtsein das entscheidend Neue der neunten gegenüber der achten Klasse innerhalb des gemeinsamen großen Stoffbereichs. Der Boden dazu wird freilich auf alle Fälle in der Mittelstufe geschaffen, unter Umständen in ganz anderen Fächern wie beispielsweise im perspektivischen Zeichnen.

Hilfe ist jede Art von dialektischer Übung, jedes Abwägen, das den so Tätigen Denksicherheit gewinnen läßt, in dem er sich als Zünglein an der Waage empfindet. Als Vertreter der Goethezeit ist hierzu, wie auch in mancher anderer Hinsicht, Lessing, seine Dialog-Führung besonders, ein unerschöpflicher Quell.[1] Ferner kann man unter anderem an Schiller – nicht nur in der Polarisation seiner dramatischen Gestalten, sondern überhaupt in seiner Begriffs- und Ideenbildung – anknüpfen. Vor allem aber läßt sich in diesem ganzen Zusammenhang verstehen, warum Rudolf Steiner so großen Wert auf die Behandlung Jean Pauls und seiner Humorauffassung legt. Um diese soll es hier gehen, nicht um die Durchführung einer Epoche, für die diese Anschauung nur die Grundlage sein kann.

Standpunkt gegenüber einem Objekt haben, heißt dieses keinesfalls zu umgehen, da es uns ja fordert und in bestimmte Bahnen lenkt, aber es heißt dennoch, sich ihm gegenüber frei zu fühlen, ihm gegenüberstehend sich selbst zu finden. Freilich muß das darauf hinausführen – und darauf kommt nun alles an –, daß das Standpunktdenken als solches auch wieder durchschaut wird. Das würde bedeuten, daß wir so weit kämen, unsere Subjektivität von einem höheren Blickwinkel, der ja auch wieder ein Subjekt haben muß, als solche zu erleben und damit über sie hinauszukommen. Damit sind wir schon auf dem Weg zum Humoristen Jean Paul, zugleich zum Denker wie zum Dichter. Ein kurzer Blick auf Rudolf Steiners Darstellung über das Phänomen des Lachens[2] kann den Zusammenhang des Themas «Humor» mit den gekennzeichneten Aufgaben des Deutschlehrers einer 9. Klasse erhellen: Das Ich erlebt sich, indem es das Verhältnis herstellt zur Außenwelt. In dem Augenblick, wo ihm dies gelingt, fühlt es sich wie vereint mit dem betreffenden Gegenstand. Nun kann aber das Ich in die Situation kommen, wo dieser Einklang nicht hergestellt werden kann. Dann muß es jedoch in sich selbst eine gewisse Stellung gegenüber diesem Ding der Außenwelt gewinnen. Es gibt unter anderem den Fall, daß es unserem Ich nicht der Mühe wert scheint, in das Wesen einer Sache einzudringen, weil sie ihm widersinnig vorkommt, weil es unnötig viel hergeben würde von der eigenen Verständniskraft. Dann wollen wir nicht untertauchen in dieses Ding, diesen Vorgang, sondern eine Art Scheidewand aufrichten zwischen ihm und uns selbst. Wir lenken also unsere Kraft von diesem Objekt ab und werden ihrer gewahr, indem wir unser Selbstbewußtsein über dieses Wahrgenommene erheben. Es führt hier zu weit, Rudolf Steiners Schilderung der Auswirkungen dieses Vorgangs auf die Wesensglieder des geistig-seelischen Organismus, insbesondere auf den vorhin schon genannten Astralleib, zu referieren. Der physische Leib antwortet in langem Einatmen und einem kurzen Ausatmungsstoß durch das befreiende Lachen.

Jean Paul nun – wir geben auch hier nur gröbste Umrisse – schildert in seiner *Vorschule der Ästhetik*[3] das Entstehen einer komischen, «lächerlichen» Situation so, daß er zunächst auf eine mögliche Diskrepanz verweist zwischen dem Verhalten eines Menschen und der

Lage, in der er sich befindet. Nun handelt es sich hier zwar – wie Jean Paul ausführt – um einen «objektiven Kontrast», aber er erscheint als ein solcher nur vom Betrachter aus gesehen. Für den Handelnden ist sein Verhalten ja natürlich, das heißt, es ist nichts anderes als die sinnenfällig gewordene Konsequenz einer Einschätzung der Lage, die er für richtig hält. Don Quichotes Sancho Pansa bebt die ganze Nacht, weil er für einen Abgrund hält, was nur ein Graben ist. Der Zuschauende indessen leistet sich – so sieht es Jean Paul – einen Selbstbetrug, in dem er dem von anderen Voraussetzungen ausgehenden Handelnden seine eigene Einsicht in die Lage «leiht».

Das geschieht «blitzartig». Blitzartig wird nun auch das «Unverständige» von hier aus beleuchtet, und blitzartig wendet sich der betrachtende Verstand ab, erhebt sich über die Situation, in die es nicht weiter verstehend einzusteigen gilt. Objektiv ist der Kontrast zwischen Situation und Handelndem, subjektiv der der Einsicht des Betrachters zu dieser Situation: So entsteht durch das «blitzartige Aufeinandertreffen von subjektivem und objektivem Kontrast» das Lächerliche.

Das Lachen gehört, wie schon aus dem Bisherigen deutlich werden könnte, zum Menschen. Das Tier bringt es höchstens zum Grinsen. über das Lachen mit Neuntkläßlern zu sprechen heißt, das Verhältnis vom Subjektiven zum Objektiven deutlich zu machen, heißt ihnen zu helfen, von einer Seite her mit den oben berührten Erscheinungen in ihrem Seelenleben zurechtzukommen. Diese Erscheinungen ins Bewußtsein zu erheben heißt, die Erfahrung machen, daß man mit diesem machtvollen Bereich umgehen kann, sich nicht ganz von ihm überwältigen lassen muß. Es ist sehr wichtig zu entdecken, daß das Subjektive ebenso zum Objekt des Denkens werden kann wie die Außenwelt, ja, daß auch hier Gesetze herrschen. Bei unseren Betrachtungen über das Lachen werden wir aber nicht nur entdecken, wie wichtig das Lachen für jeden Menschen ist, der das richtige Verhältnis zur Welt sucht. Die Schüler haben längst erfahren, wenn sie es sich vielleicht auch noch nicht klar gemacht haben, wie oft man sich durch das Lachen selbst betrügt. Das geschieht immer dann, so können sie jetzt folgern, wenn man nicht merkt, daß es an einem selbst liegen kann, wenn man etwas «unständig» findet, sei es aus Unfähigkeit, sei es aus mangelndem Wollen. Man kann sich im Lachen erheben über eine Situation, sich groß fühlen und dabei nicht ahnen oder nicht merken wollen, daß man dadurch kleiner wird als eben diese Situation. Damit ist die Frage des Standpunktes mit allem Ernst gestellt, und eine weitere kann sich anschließen, nämlich die, ob es einen noch höheren Maßstab gibt als den des Alltagsverstandes, den wir bei der Betrachtung des Komischen in der Rolle des sich über das Objekt Erhebenden gesehen hatten. Es gibt einen Maßstab, sagt Jean Paul, an dem gemessen dieser Alltagsverstand selbst und damit die ganze Welt des bloß Verständigen die gewohnten Wertstufungen verliert und neue erhält. Unter dem Blickwinkel des Humors, der diese verzauberte Welt schafft, wird – wie von einem hohen Berge aus – das sonst, also von «unten» aus gesehen, so groß Erscheinende winzig. Aber gleich darauf gehört dieser Blick einem Wesen, das zwischen Grashalmen liegt und an ihnen, die nun riesig erscheinen, hinaufblickt. Es ist der Maßstab des Unendlichen, der, was sonst Bedeutung und Gewicht hat, ins Nichtige zusammenschrumpfen läßt und der dem sonst Bedeutungslosen seltsame Gewichtigkeit verleihen kann. Wer Humor hat, versinkt nicht in den Alltagsnöten, sondern schwingt sich immer wieder tapfer über sie hinaus. Von diesem neuen Standpunkt aus ist das Endliche und damit nur Verstandesbezogene an den Dingen aufgehoben. Sie bekommen das Licht des Unendlichen. Das meint Jean Paul, wenn er sagt, der Humor vernichte nicht das Einzelne (er liebt es ja und stellt es in ungewohnten Verhältnissen neben andere geliebte Einzeldinge), aber er vernichte das Endliche: weil er alles an Maßen mißt, die jenseits des Endlichen liegen.

Der nach Jean Pauls Auffassung «wahre Dichter»[4] hat viel mit dieser Welt des Humors zu schaffen. Ein wahrer Dichter ist nicht dem «poetischen Nihilisten» zu vergleichen, demjenigen, der bestrebt ist, Wirklichkeit nur als Gewand für Ideen zu benutzen und jene dadurch zu entwerten. Er ist auch nicht «poetischer Materialist», das heißt ein solcher, der sich mit der Abbildung äußerer Wirklichkeit begnügt. Der Dichter im Sinne Jean Pauls soll Kunst und Natur «vermählen», indem er «begrenzte Natur mit der unendlichen umgeben und jene wie auf einer Himmelfahrt in dieser verschwinden lassen soll». Man hat Jean Paul ablehnend oder preisend den «Subjektivisten schlechthin» genannt. Richtiger wäre zu sagen, daß er derjenige sei, der sich unablässig um das Wirkliche, das Objektive dieses Subjektiven bemüht habe und damit um den Standort des Subjekts gegenüber sich selbst.

Seit dem Kind Johann Paul Friedrich Richter (so hieß er mit bürgerlichem Namen) blitzartig aufleuchtete, «was sich nur im verhangensten Allerheiligsten des Menschen» zutragen kann: «Ich bin ein Ich», und bewußter dann, seit der im achtundzwanzigsten Lebensjahr Stehende sich selbst dreißig Jahre später auf dem Totenbett mit allen Zeichen des verfallenen Körpers sah, ging er der Realität des Subjektiven nach.

Man kann Schülern das Leben Johann Paul Friedrich Richters erzählen, wie es von außen erscheint, und sie dann dieses Leben beurteilen lassen, ein Leben, dessen erste Hälfte von unvorstellbarer Armut, von Sorgen, vom Verlust nahestehender Menschen gezeichnet ist. Wenn man dann aus Jean Pauls eigener Jugenddarstellung vorliest,[5] wird ihnen diese sagen, daß das menschliche Leben von anderem abhängt und noch woanders liegt als in den «Tatsachen». Der Maßstab des Unendlichen – der ja der des Humoristen ist – lockt bei Jean Paul eine zweite Welt aus der Alltagswelt hervor, erhebt den Dichter über das, was ihn unterkriegen könnte wie seine Brüder, die an diesem gleichen Alltag elend scheiterten.

Jean Paul im Deutschunterricht der 9. Klasse: Der Name dieses Unterrichts überhaupt verweist uns auf unsere Sprache, die uns tiefer, als wir es wissen, mit dem verbindet, was an Geistesgut aus ihr erwachsen und in ihr weiteres Wachstum eingegangen ist. In dem Augenblick, wo Deutsch wie andere Fächer sich aus der einheitlichen Unterrichtsführung löst, betonter als bisher als Fachunterricht auftritt, muß sich der Schüler – ob mit mehr oder weniger Wachheit – fragen: Was soll mir das? Dann darf ihm die Ahnung entstehen, daß diese Inhalte, die ihm da neu aus der Goethezeit entgegentreten, ihm nicht fremd sind, daß sie mit ihm zu tun haben. Sie stammen ja aus derjenigen Epoche, in der das Deutsche sich selber findet, sich findet darin, daß es aus dem Zentrum des Menschen heraus und zu diesem selbst zu sprechen beginnt. Kräftigung dafür, daß er nunmehr auf sich gestellt ist, soll der Schüler der 9. Klasse bekommen. Dies geschieht im Fach Deutsch eben dadurch, daß die in der 8. Klasse zum erstenmal auftauchende Zeit Goethes unter ganz neuen Aspekten weiterbehandelt wird.

Anmerkungen

1 Besonders geeignet sind auch Lessings Fabeln, wie beispielsweise «Das Roß und der Stier», «Der Rabe und der Fuchs» und andere Prosatexte.

2 «Lachen und Weinen», Vortrag vom 3.2.10, in: Rudolf Steiner, *Pfade der Seelenerlebnisse*, GA 58, Dornach 1984.

3 Jean Paul, *Vorschule der Aesthetik*. Studienausgabe. Carl Hanser Verlag München, o.J. VI. Programm § 28, S. 214; VII. Programm § 32, 33. S. 109ff., S. 125ff.

4 Jean Paul, a.a.O., I. Programm § 4 (Schluß), S. 43.

5 Jean Paul, «Selberlebensbeschreibung», in: Werke in 3 Bänden, Bd. 3, München 1969, S. 723.

10. Klasse:
Widersprüchliche Welt –
Suche nach dem Selbst

CHRISTOPH GÖPFERT

Widersprüchliche Welt – Suche nach dem Selbst

Wenn man als Erziehender auf die latenten Fragen eingehen möchte, die im zweiten Jahr der Oberstufe im Jugendlichen rumoren, muß man versuchen nachzuempfinden, wie der Zehntkläßler sich und die Welt anders erlebt als noch der Neuntkläßler. Während dieser sich in einer Art seelischer Einheit mit der Welt fühlt, bricht für den Zehntkläßler die Einheit auseinander; er erlebt Gegensätze, lernt widersprüchliche Erklärungen der großen Lebensfragen kennen. Ihm wird deutlich, daß die Welt von Polaritäten beherrscht wird, die unvereinbar scheinen. Das verunsichert den Jugendlichen, er leidet daran, und er fragt vielleicht: «Sind diese Gegensätze wirklich unüberbrückbar, zerfällt die Welt in eine Summe von Zufällen, oder gibt es doch ein höheres Gesetz, das mir die Welt als sinnvolles Ganzes erscheinen läßt?» Ein Unterricht, der diese latenten Fragen aufgreifen wollte, müßte also nach Themen suchen, an denen die Bedeutung solcher Polaritäten erhellt werden kann oder wo sich die eine aus der anderen entwicklungsmäßig ergibt.

Epochenthema: Bewußtseinsgegensätze in der Nibelungen-Epoche

Schon die Nibelungen-Epoche, die aus vielen Gründen für das 10. Schuljahr eine zentrale Bedeutung hat, bietet für den erwähnten Problemkreis wichtige Stützen. Nur in dieser Hinsicht, also sehr aphoristisch, soll auf sie hier eingegangen werden.[1]

Unabhängig von dem methodischen Gang wird der Lehrer das Gespräch auf die germanische Götterwelt bringen.[2] Hier lernen die Schüler das alte Göttergeschlecht der Wanen, die die lebendige Natur durchweben, und das junge Geschlecht der Asen kennen, die in der menschlichen Seele wirken und ihren Vorgängern an einem bestimmten Punkt der Entwicklung die Herrschaft abnehmen. Natur und Seele werden von polaren geistigen Mächten beherrscht, aber ihr Gegensatz wird durch die Entwicklung aufgehoben, er erhält einen Sinn. – Eine ähnliche antithetische Gruppierung kann man den Schülern an Loki und Utgart-Loki vorführen; in ihnen spiegelt sich die Doppelnatur des Bösen. Loki, der germanische Luzifer, schmeichelt sich in die Asenwelt ein (und damit auch in die menschliche Seele), stiftet hier Verwirrung und Untergang (Götterdämmerung), bringt aber letzten Endes dadurch die Entwicklung voran. Utgart-Loki ist ein Riese, dem bestimmte Naturkräfte unterstehen. Als Thor, der in besonderer Weise mit den menschlichen Herzkräften verbunden ist, ihn besucht, erliegt er mehrfach Sinnestäuschungen: Er hält einen Handschuh des Riesen für eine einladende Höhle, er versucht bei einem Wettstreit den Ozean leerzutrinken und ähnliches mehr. Utgart-Loki breitet über die Naturerscheinungen einen Schleier, so daß die Menschen (in der Sage: die Asen) ihren wahren Charakter nicht erkennen könne. Bei der in vieler Hinsicht auf die Zukunft deutenden germanischen Mythologie dürfen wir auch hier nach dem aktuellen Bezug fragen, und er liegt auf der Hand, wenn wir an die materialistische Naturwissenschaft denken, die in ihren Erklärungen gerade nicht zu dem wirklichen Wesen der Natur vorstößt.

Auch in den Gestalten des Nibelungenliedes begegnen wir Gegensätzen, die sich hier in verschiedenen Bewußtseinsstufen äußern. Brunhild und Siegfried gehören noch halb der Götterwelt an; sie haben Fähigkeiten, die weit über menschliches Maß hinausgehen. Auch wenn der Nibelungendichter den Walkürenrang Brunhilds wohl nicht mehr versteht, schildert er sie auf ihrer einsamen Insel und mit ihren übermenschlichen Kampfspielen deutlich als Halbgöttin, die auch von ihrer Wesensverwandtschaft zu Siegfried weiß.

Siegfrieds übermenschliche Fähigkeiten werden durch die Geschichten aus seiner Jugend klar, in der er Zwergen- und Drachenkämpfe bestand, also Auseinandersetzungen mit elementarischen Wesen. Aber er kennt sich auch im Walkürenreich aus, weiß er doch zum Beispiel den Weg dorthin. Seiner Götternähe steht aber auf der anderen Seite eine auffallende Unkenntnis gesellschaftlicher Gepflogenheiten entgegen; hier verhält er sich mehrfach ungeschickt (er schenk Brunhilds Keuschheitsgürtel seiner Frau Kriemhild und löst dadurch später den Streit der Königinnen aus), vor allem aber benutzt er seine übermenschlichen Fähigkeiten zu egoistischen Zwecken: Er verhilft dem unfähigen Gunter zum Sieg über die Walküre, weil er selbst Kriemhild gewinnen will.

Einen Schritt näher zum Menschlichen steht die Königinmutter Ute. Sie hat Wahrträume und steht durch sie mit der Götterwelt zwar nicht mehr handelnd (wie Siegfried und Brunhild), wohl aber noch schauend in Verbindung. Und sie kann diese Träume auch noch verstehen! Ihre Tochter Kriemhild dagegen hat zwar solche Träume, weiß aber nur noch, *daß* sie etwas bedeuten, aber nicht mehr, *was* sie bedeuten.

In einer Art Mittelpunktstellung im Nibelungenlied finden wir Hagen. Er weiß von der übersinnlichen Welt, erkennt beispielsweise sofort den höheren Rang Siegfrieds, ja, er hat sogar selber noch Verkehr mit Elementarwesen (den Wasserfrauen in der Donau). Aber er will sich nach ihren Weissagungen wie auch nach Wahrträumen nicht mehr richten. «Wer sich an Träume wendet, der ist schlecht beraten», ist seine Maxime. Er weiß, daß eine neue Zeit angebrochen ist, in der der Mensch auf sich allein gestellt und nur aus eigener Verantwortung handeln muß. Das ist auch der tiefere Grund für den Mord an Siegfried: Menschen seiner Art stehen der zu gewinnenden Freiheit entgegen, Freiheit nämlich verstanden als Lösung von Kräften und Weisungen aus der Welt der Götter. So betont Hagen mehrmals, daß er die Verantwortung für seine Taten selber übernehme. Neu an ihm ist ferner der kühl kalkulierende Verstand, mit dem er bei feststehenden Ursachen die Folgen – bis in die menschliche Seele – vorausberechnen kann (seine Irreführungen Kriemhilds, durch die sie ihm die verwundbare Stelle Siegfrieds verrät und später ihren eigenen Bruder umbringen läßt). Auch die Grausamkeit, zu der dieses moderne Denken fähig ist, wird uns an Hagen schlagend vorgeführt – ein Problem, das die Schüler dieses Alters sehr bewegt. Ein wenig beachteter Aspekt ist schließlich noch, wie Hagen sein logisches Denken auch auf Mitteilungen aus der übersinnlichen Welt anwendet. Er weiß, daß auch dort Gesetze gelten. Auf die Weissagung der Wasserfrauen hin, der Kaplan werde als einziger überleben, die Burgunden aber untergehen, versucht er, diese Kausalkette umzudrehen, experimentiert sozusagen naturwissenschaftlich mit dem Schicksal: indem er den

Kaplan an der reißendsten Stelle in die Donau wirft, hofft er, daß dieser ertrinkt und damit alle Burgunden am Leben bleiben. Natürlich mißlingt diese Umkehrung, was Hagens Entschlossenheit, seinen Weg konsequent zu Ende zu gehen, nur verstärkt. Hier mag im Jugendlichen eine Ahnung davon aufsteigen, daß es eine Welt gibt, in der andere Gesetze gelten als die des logischen Verstandes, und daß das Nicht-Anerkennen dieser Tatsache den Menschen in die Verhärtung führen kann.

Als ganz auf der menschlichen Seite stehend finden wir erst Rüdiger von Bechlaren, einen Mann, der aus der Mitte seines Wesens lebt und der an das Gute im Menschen glaubt. Ihn empört die Rachsucht Kriemhilds, und als diese ihn in den Kampf hineinziehen will, spricht er die im Nibelungenlied entscheidenden Worte: «daz ich die sêle vliese, des enhân ich niht gesworn» (Vers 2152) – «daß ich meine Seele für Euch verrate, habe ich nicht geschworen.» Hier meldet sich zum ersten Mal in mittelhochdeutscher Dichtung das Gewissen und zugleich eine tief christliche Gesinnung. Rüdiger sieht den Konflikt deutlich vor sich, entweder die Freunde oder seinen König verraten zu müssen. Aber er weiß für sich noch keinen Ausweg; er wählt den Tod in der Schlacht. Diese tragische Verkettung wird vor allem von den Mädchen in einer 10. Klasse stark empfunden.

Die ganz in sich ruhende, verantwortlich handelnde Persönlichkeit im Nibelungenlied ist Dietrich von Bern. Er ist der «moderne» Mensch, der die Lage klar überblickt und gerecht beurteilt, der Konflikte einzugrenzen versucht. Er kann mit dem, was ihm sein Gewissen sagt, umgehen – äußeres Bild dafür: Er bleibt als einziger von den tragenden Gestalten der Handlungen am Leben – als Repräsentant der neuen Zeit!

Die Frage nach der eigenen Verantwortung ist etwas, das die Zehntkläßler innerlich sehr bewegt. Aber unabhängig davon wirkt allein diese Personenabfolge im Nibelungenlied schon auf das Unbewußte des Jugendlichen, denn in ihr tritt ja als Bild die eigene Entwicklung vom Kind- zum Erwachsensein vor die Seele: von einem Zustand des eher träumenden Bewußtseins zur Erdenfestigkeit. Wiederum behandelt der Unterricht hier indirekt die eigenen Probleme des Schülers.

Mit dem Erlebnis der Gespaltenheit der Welt und der Frage nach der eigenen Verantwortlichkeit ist für den Zehntkläßler auch die Frage verbunden, wie man sich als Mensch «findet», sich als Selbst, als Persönlichkeit ergreifen lernt. Es gibt eine ganze Reihe von Dichtungen, in denen hierzu «Antworten» verborgen liegen. Man wird in der zweiten Deutsch-Epoche dieses Schuljahrs sicher dramatische Werke vorziehen, und da sind verschiedene Zusammenstellungen möglich. Den Ausgangspunkt wird man vielleicht von einem antiken Werk wie dem *König Ödipus* von Sophokles nehmen, weil ja die Entstehung der Tragödie in die Thematik dieser Klasse hineingehört. (Im Geschichtsunterricht werden die Alten Kulturen behandelt.) Die fortschreitende Bewußtwerdung und Selbstfindung des abendländischen Menschen kann dann an einem Werk Shakespeares oder der Klassik und schließlich an einem modernen Drama aufgezeigt werden. Im folgenden soll der Weg von *König Ödipus* über *Richard II.* zu Brechts *Galilei* skizziert werden.

An Ödipus wird urbildhaft die Selbstfindung des Menschen dargestellt: Er weiß am Anfang der Tragödie nicht, wer er ist. Als er jedoch ahnt, daß sich durch ihn Unheil verbreitet, geht er den geheimnisvollen Verwicklungen mit schonungsloser Konsequenz nach, auch als sich der Verdacht grauenhafter Verbrechen gegen ihn selber richtet. Ödipus lebt Selbsterkenntnis vor! Den Ausweg, der ihm von Jokaste angeboten wird, nämlich die Untersuchung vorzeitig abzubrechen, lehnt er ebenso ab wie die Flucht in den Selbstmord, als seine Verstrickung in tragische Schuld offenkundig ist. In innerer Folgerichtigkeit seiner Taten wählt er den Weg nach innen und in die Einsamkeit: Er nimmt sich das Augenlicht und verläßt die Heimat. So kann erst ein Mensch handeln, der sich selbst gefunden hat! Ödipus weiß jetzt, daß die äußeren Augen zur Täuschung führen können, und er nimmt das ihm vorausgesagte und also gottgewollte Schicksal an. Keimhaft wird an Ödipus jene innere Orientierungsfähigkeit, jenes innere Sehen erlebbar, das sich der Mensch erwerben muß, der – von den Göttern entlassen – seine Erdenaufgabe erfüllen will. Der Jugendliche, aber auch der Mensch des zwanzigsten Jahrhunderts überhaupt, kann sich als der von den Göttern verlassene Mensch wiedererkennen.

Auch *Richard II.* muß erst durch eine Selbsterkenntnis gehen, ehe er das Gesetz seines Lebens entdecken und bejahen kann. Er fühlt sich stark, weil er König «von Gottes Gnaden» ist; aber er läßt sich von diesem Rang mehr tragen, als daß er verantwortlich aus seinem Ich heraus handelt (er bestraft Vergehen nach zweierlei Recht, er verpachtet sein Königreich wie Grundstücke). Erst als man ihn zur Abdankung zwingen will, sieht er in der Isolierung seines Kerkers das «falsche Zeitmaß», die Unordnung, die er in seine Regierung gebracht hat. Auch ihm wird – wie Ödipus – deutlich, daß man das menschliche Leben von innen und von außen gestalten kann und daß es anders verläuft, je nachdem, woher die Kräfte kommen, die es bestimmen. Verwundert beobachtet Richard im Spiegel, wie wenig die Gesichtszüge eines Menschen von dessen Gedanken und Gefühlen verraten. So blickt er schließlich mit Gelassenheit aus seinem Gefängnis auf die seelischen Zwänge und Abhängigkeiten der Menschen in der sogenannten Freiheit. Jetzt kann er der äußeren Entkleidung seiner Königswürde zustimmen: Er hat eine innere Königswürde – sich selbst – gefunden.

Das Unterrichtsgespräch mit den Schülern wird angebunden an die Personen der Dramen: auf deren seelische Haltungen wird geschaut, sie als Modelle benutzend für menschliche Daseinsbewältigung überhaupt. Daß dabei im Grunde über ihre eigene Seelensituation gesprochen wird, merken die Schüler mehr unbewußt. Aber gerade dadurch erweisen sich die künstlerisch geformten Gestalten als Kraftquell für die seelische Entwicklung der Jugendlichen. Eine direkte Analyse der eigenen Seelenlage oder der zwischenmenschlichen Beziehungen im Umfeld der Schüler würde dagegen lähmend , desillusionierend, destruktiv wirken.

In welcher Weise die Zehntkläßler solche Probleme auf dem Weg über das Kunstwerk sehen lernen und behutsam auf sich selbst beziehen können, sei an einem Klassenaufsatz[3] gezeigt:

«Noch heute passiert es uns, daß wir zwei Menschen kennenlernen, die vom Charakter sehr verschieden, vom Schicksal her ähnlich sind. Ich möchte zwei Gestalten aus der Literatur aufgreifen: Shakespeares ‹König Richard II.› und Sophokles’ ‹König Oedipus›.

König Oedipus hat ein vom Orakel vorher festgelegtes Schicksal. Er kann nicht durch noch so positives oder noch so negatives

Verhalten diesem Schicksal ausweichen. Es braucht Zeit, bis er dieses erkennt und sich in seinem Verhalten danach richten kann. Er ist ein Mensch, der sehr nach der Wahrheit strebt und sie, glaube ich, verhältnismäßig gut hinnehmen kann.

König Richard II. lebt in einer ganz anderen Zeit. Religiös ist man nur noch in der Kirche; das Bewußtsein der Menschen hat sich vollkommen verändert.

Richard II. ist durch sein Schicksal an nichts gebunden. Er kann so handeln, wie er es für am richtigsten hält. So hat er es in gewisser Hinsicht schwerer als Oedipus, da er sein Lebensziel erst finden muß. Am Anfang bekommen wir den Eindruck, daß er sein Land in einer Weise regiert, die man etwas verantwortungslos nennen kann. Ich glaube, es fehlt ihm die Selbsterkenntnis, die zur Selbsterziehung hätte führen können.

Beide – Oedipus und Richard – kommen an einen Punkt, an dem sie mit sich selber ins reine kommen. Oedipus, als er sich das Augenlicht genommen hat und mit Antigone durch die Lande pilgert, Richard, als er in Pomfret im Kerker sitzt und seine ganze Regierungszeit überdenkt.

An diesem Punkt sieht Oedipus die Unabänderlichkeit des Orakelspruches ein, Richard findet den Grund seiner Absetzung bei sich selbst.

Ich glaube, daß dieser Wendepunkt ein besonders wichtiger ist. Er baut sich auf der ganzen Erkenntnis- und Erfahrungstiefe des Menschen auf und steht wie ein Ausrufezeichen in seinem Leben. Hier kann die wahre Selbsterziehung beginnen. Ohne die Erkenntnis wäre die Selbsterziehung schablonenhaft und falsch, der Mensch würde an Einbildungen statt an Erkenntnis arbeiten.

Das, glaube ich, ist etwas sehr Wichtiges, das wir an diesen Beispielen lernen können.»

Der Bewußtseinsschritt von der Antike zu Shakespeare ist deutlich: Ödipus sucht sein Selbstverständnis in einem – noch – von Göttern bestimmten Schicksal. Richard fühlt sich in seinem Königtum von Gottes Gnaden sicher und lernt erst unter Schmerzen, daß dies eine Hülle geworden ist, die er hätte mit seiner Ich-Kraft ausfüllen müssen. Es genügt nicht, im Leben nur eine Rolle zu spielen!

Der Schritt zu Brecht ist zugleich ein Schritt in die Gottferne, und das wird den Lehrer im allgemeinen zögern lassen, vor der 11. Klasse ein Stück zu behandeln, das aus einer materialistischen Weltanschauung erwachsen ist. Wenn wir hier trotzdem das *Leben des Galilei* als moderne Stufe der Selbstfindung des Menschen vorschlagen, so deshalb, weil hier ein Stück neuzeitlicher Forscherbiographie dramatisiert ist, an der exemplarisch gezeigt werden kann, wie sich der Lösungsprozeß des naturwissenschaftlich denkenden Verstandes von der Allmacht der Kirche vollzogen hat – jedenfalls bis zu einem gewissen Grade (der Widerruf). Aus dem Geschichtsunterricht des 9. Schuljahres werden dem Schüler die Bedeutung und vielleicht auch einige Biographien der Wegbereiter des neuzeitlichen Denkens bekannt sein (Kopernikus, Kepler, Galilei und andere).

Die Besprechung von Brechts *Galilei* wird sich ganz auf die anschauliche Handlung konzentrieren und noch nicht auf Weiterführendes zu Brecht eingehen (Theorie des epischen Theaters usw.). Diese Handlung, die ja auch mit humoristischen Spitzen gewürzt ist, enthält vieles, was den Zehntkläßler unmittelbar anspricht, weil es aus dem Leben gegriffen ist. Die große Schlußauseinandersetzung zwischen dem alten Galilei und seinem ehemaligen Schüler Andrea («Wehe dem Land, das Helden nötig hat!») werden zwar nicht alle Schüler ganz nachvollziehen können. Aber die Forderung nach einem hippokratischen Eid der Naturwissenschaftler trifft wiederum das Thema der Jugendlichen, liegen doch die Folgen von verantwortungslosem Handeln im Bereich von Wissenschaft und Technik heute auf der Hand.

Der Bogen einer solchen Epoche über die «Selbstfindung» könnte auch anders gespannt werden, wenn man ihn in Schillers *Maria Stuart* einmünden ließe. Ähnlich wie Richard findet auch Maria erst im Tode zu ihrem wahren Selbst, aber von ihr strahlt Ich-Kraft auch auf ihre Umgebung aus. Kontrastierend dazu zeigt uns Schiller in mehreren Gestalten unechte Selbstsicherheit (Elisabeth, Burleigh, Leicester) und vermittelt dadurch ein facettenreiches Bild von dem, was den in sich ruhenden Menschen ausmacht.

Auch Kleists *Michael Kohlhaas* könnte in so eine Epoche einbezogen werden, um daran das übersteigerte Ausleben des Ich zu zeigen; denn bei Kohlhaas erscheint die Ich-Kraft nicht mehr nur positiv, sondern wird zur Egozentrik.

Ein anderer Ausgangspunkt für die Epoche böte sich in *Iphigenie bei den Tauriern* von Euripides an, wo noch deutlicher als im *Ödipus* sichtbar wird, wie die Menschen von den Göttern geführt werden (Athene greift zur Lösung des Konflikts am Ende vom Dach des Tempels ein). In Goethes *Iphigenie* erleben wir dann, wie die Menschen, in erster Linie die Hauptgestalt, zu eigenem Handeln finden, indem sie sich an Idealen orientieren («Zwischen uns sei Wahrheit!», sagt Iphigenie zu Thoas). Auch hier wird Selbstfindung dargestellt.

Faßt man die Epochenthematik anders, etwa «Der Einzelne gegenüber den gesellschaftlichen Mächten», so ließe sich der Bewußtseinswandel von der Antike zur Gegenwart auch durch einen Vergleich der *Antigone* von Sophokles und von Anouilh herausarbeiten, wobei aber wohl einige Nuancen der modernen Fassung, beispielsweise über das Erwachsen-Werden, von den Zehntkläßlern noch nicht ganz nachempfunden werden können.

Epochenthema: Das Hineinwachsen in die eigene Verantwortung

Eine weitere Erfahrung des Oberstufenschülers im Älterwerden ist, daß man ihn stärker als vorher für sein Handeln verantwortlich macht und daß er diesen Erwartungen nicht immer entsprechen kann. Das hängt natürlich von den erst langsam erwachenden Persönlichkeitskräften ab. Will man diesen Vorgang indirekt im Unterricht aufgreifen, so eignen sich dazu zwei moderne Werke, die man durchaus auch schon im 10. Schuljahr – allerdings eher gegen Ende – hereinnehmen kann: Thornton Wilders Stück *Unsere kleine Stadt* und die kaum beachtete Novelle von Stefan Andres, *Die Vermummten*.

Das Theaterstück *Unsere kleine Stadt*, als Prototyp eines modernen Schauspiels bekannt, gibt ja nicht nur ein mit leichter Hand gezeichnetes Abbild unseres Alltagslebens. In die Handlung verwoben ist das Heranwachsen zweier junger Leute, Emily und George, die zugleich mit ihrer aufkeimenden Liebe entdecken, daß man das Leben bewußt gestalten muß, daß man darin Verantwortungen übernehmen muß. Am Tag der Hochzeit schrecken sie noch einmal für einen Moment davor zurück, jetzt erwachsen sein zu müssen. Wir werden als Zuschauer Zeuge der inneren Not, die die beiden befällt. Das ist zunächst ein seelisches Problem, das wir nachvollziehen können. Wilder überhöht diesen Gesichtspunkt aber ins Geistige: Er läßt den dritten Akt in der Welt der Toten spielen! Vom Standort der Ewigkeit fließen die meisten Taten der Menschen nicht aus der eigentlich nötigen Verantwortung («Die Menschen verstehen nicht», klagt Emily, auf ihr Leben zurückblickend). Gerade daß ein moderner Dichter es hier wagt, die Frage des Weiterlebens nach dem Tode auf die Bühne zu bringen, kann für den Zehntkläßler durchaus wegweisend sein.

Die Vermummten von Stefan Andres ist die Geschichte von Nikla und Hanni, den zwei ungleichen Brüdern, und Cari, der Tochter des befreundeten Ortsvorstehers – das Schicksal dreier junger Leute von der Mosel aus dem Anfang unseres Jahrhundert.

Bei einem unglücklichen Fastnachtsscherz erschrecken Nikla und Hanni, als Lindwürmer verkleidet, Caris siebenjährigen Bruder Vitus dermaßen, daß er einen Schock erleidet und in seiner geistigen Entwicklung stehenbleibt. Er muß später in einer Irrenanstalt untergebracht werden. Die Übeltäter entkommen jedoch unerkannt. Aber nur Nikla macht sich Vorwürfe; für Hanni ist die Sache mit der Beichte aus der Welt geschafft. «Das kann man niemandem sagen», so sieht es Nikla. Voller Scham zieht er sich vor Cari zurück, deren Neigung er spürt, ist aber immer zur Stelle, wo es etwas zu helfen gibt. Er möchte durch andere Taten ausgleichen, was nicht wieder gutzumachen ist. Als zur nächsten Fastnacht die verkleidete Jugend mit ihren Scherzen im Dorf abgewiesen wird, randalieren einige aus Rache auf dem Hof des Ortsvorstehers, wobei es zu einem tödlichen Unfall kommt: ein Fremder stürzt in eine Jauchegrube. Auch dieses Unheil lastet sich Nikla als Folge der vorjährigen Ereignisse an. Für den Ortsvorsteher aber ist die berufliche Existenz im Dorf ruiniert, und er zieht fort. Cari geht als Magd auf die Mühle zu Nikla, Hanni und deren Mutter Ann, die einmal ihren Vater hätte heiraten wollen – ein weiterer Faden des Schicksalsnetzes, das sich um Cari und die Brüder immer enger zieht. Als Nikla merkt, daß Vitus die Anstalt nicht guttut und wie Cari darunter leidet, holt er den behinderten Jungen auf die Mühle und kümmert sich rührend um ihn – von Cari dankbar-liebend wahrgenommen, ohne daß sie weiß, daß dies für Niklas Gewissen ein weiterer Wiedergutmachungsversuch ist. Trotzdem bringt er es Jahre hindurch nicht über sich, Cari seine Schuld zu gestehen und um sie zu werben, so daß das Mädchen schließlich –

verzweifelt – Hannis leichtfertigem Antrag nachgibt. Empört geht Nikla dem heimkehrenden Bruder entgegen, um ihm einen Denkzettel zu verabreichen. Als er an einer Gefällstrecke auf das Pferdefuhrwerk trifft und den Kutscher schlafend sieht, läßt er das Fahrzeug laufen, ohne die Bremsen anzuziehen und dadurch den vorauszusehenden Unfall abzuwenden. Daß der Kutscher dabei zu Tode kommen würde und daß es nicht Hanni, sondern Caris Vater ist, hat Nikla nicht absehen können. Eine neue Schuld drückt ihn und treibt ihn aus der Mühle. Erst als er hört, daß Hanni Vitus mißhandelt und selber krank darnieder liegt, kehrt er zurück, um nach dem Rechten zu sehen. Der Tod des Bruders macht ihm dann aber den Weg zu Cari frei, der er sich nun zögernd erschließt.

Was es heißt, für etwas verantwortlich zu sein, Verantwortung zu übernehmen, dafür gibt die Erzählung von Stefan Andres mannigfache Gesichtspunkte. Der Fastnachtsscherz der beiden jungen Männer ist an sich nichts, was aus dem Rahmen fällt, zumal er dem jungen Mädchen gelten sollte und nicht deren kleinem Bruder. Freilich, die grausigen Kostüme gingen etwas über das Maß hinaus. Also: eine nicht sehr verantwortungsvolle Unternehmung zweier Jugendlicher! Die Folgen allerdings erfordern eine innere Stellungnahme von den Tätern, und nur der eine ist bereit, die Verantwortung für das Geschehene zu tragen. Er tut das in doppelter Weise: einmal, indem er es ganz mit sich allein abmachen will, vor allem, damit Cari nie erfährt, daß so Nahestehende ihr diesen Schmerz angetan haben. Zum anderen, indem er wortlos einspringt, wo Hilfe im Hause der betroffenen Familie nötig ist, und jedem Dank ausweicht. Vor Niklas Gewissen reihen sich aber auch diejenigen Ereignisse aneinander, die als Folge der ersten «Schuld» geschehen sind und die ohne diese nicht eingetreten wären: der Tod in der Jauchegrube und der Unfall von Caris Vater. Niklas Verantwortungsbewußtsein kann ein ganzes Schicksalsnetz umgreifen; es besitzt Dauer, und dadurch bildet sich in Nikla menschliche Reife. Erst am Schluß erfährt er, daß man die Verantwortung für eine Schuld nicht unbedingt in sich verschließen muß, sondern daß es Menschen gibt, die eine Last mit einem zu tragen bereit sind. Cari ist solch ein Mensch! Durch seine starre Verschlossenheit «aus Verantwortungsgefühl» hat Nikla ihr noch weiteres Leid zugefügt, indem er sie in seelische Einsamkeit getrieben hat. «Ich hätte Hanni nicht zu heiraten brauchen», faßt sie das später versöhnlich zusammen. Das alles sind Fragen, die Jungen und vor allem auch Mädchen dieses Alters ansprechen und zum Nachdenken über ihre eigenen Probleme anregen.

Unter einem anderen Gesichtspunkt könnten *Die Vermummten* auch die Parzival-Epoche in der 11. Klasse weiterführen: Wir finden auch in der Erzählung von Andres das torhafte Schuldig-Werden, das Durchtragen der Verantwortung in innerer Einsamkeit, die stille Suche, das Warten-Können verbunden mit Entsagung und schließlich das zarte Eingestehen der Schuld, die Beichte, als Voraussetzung für die Vereinigung. Bei Andres spielt sich das freilich alles auf der menschlich-gemüthaften Ebene ab, aber sie ist echt und dadurch pädagogisch wirksam, gerade für Jugendliche diesen Alters.

Anmerkungen

1 Vgl. hierzu Dan Lindholm, *Götterschicksal – Menschenwerden*, Stuttgart ⁶1992.

2 Ausführliche Darstellungen hierzu: Reinhart Fiedler in *Erziehungskunst* 12/1976 und 1/1977 sowie Heinrich Schirmer, *Bildekräfte der Dichtung. Zum Literaturunterricht der Oberstufe*. Stuttgart 1993, s. 140ff.

3 Thema: Oedipus und Richard II. – Vergleichen Sie diese beiden Gestalten!

ASTRID VON DER GOLTZ

Das «Zauberwort» –
Zur Selbst- und Weltbegegnung des
Jugendlichen im Poetik-Unterricht
der 10. Klasse

Nun wirklich das Leben kennen lernen! Das ist die Sehnsucht eines
Schülers, einer Schülerin der 10. Klasse. Aber was heißt das? Einfach
nur immer Neues erfahren? Manche sehen zu Recht mit einem gewissen Respekt auf Gleichaltrige, die, indem sie in eine Berufslauf-
bahn eingetreten sind, den Schritt «ins Leben» schon vollzogen haben. Von der Schule müssen die Zehntkläßler erwarten dürfen, daß
sie, wenn schon langsamer, so doch in äußerlich wie innerlich umfas-
senderer Weise diesen Schritt vorbereitet, als es naturgemäß bei jeder
frühen Spezialisierung möglich ist. Unmittelbar werden die Schüler
solchen Fächern wie Geographie, Physik, Technologie, Sozialkunde
und sogar auch Geschichte – was immer diese auch sonst noch ber-
gen mögen – zugestehen, daß sie die Kenntnis von der Welt erweitern
und bereichern, daß sich vielleicht mit ihrer Hilfe gar Fähigkeiten der
Lebenspraxis entwickeln lassen. Zu solchen Fähigkeiten aber gehört
als grundlegendste die, mit sich selbst umzugehen. Der Jugendliche
braucht Hilfen, um das, was ihn jetzt noch «in der Hand hat», selbst
in die Hand zu bekommen, um so der Welt wirklich begegnen zu
können.

Hier nun ist auf eine besondere Eigenart des Lehrplans der Waldorfschulen hinzuweisen. Nicht nur bringt er immer neue Stoffe,
sondern er baut darauf, daß der Oberstufenlehrer etwas aufgreift,
etwas anspricht, was die Jugendlichen nur momentan vergessen haben, was viel früher angelegt wurde. Über Jahre sind aufgenommene
Bilder, Klänge mit dem sich entwickelnden jungen Menschen mitge-
wachsen, haben etwas von ihm selbst angenommen. Nun steht er

erstaunt und wie befremdet vor dem, was er, vom Unterricht angeregt, aus der eigenen Seele holen kann.

So werden in der 10. Klasse mit dem nordischen Völsungen- und dem deutschen Nibelungenstoff Erinnerungen an die 4. Klasse geweckt, aber nicht nur, damit der Jugendliche in diesen Stoff erneut eintauchen kann, sondern um ihm Veranlassung zu geben, die auf einmal rätselhaft gewordenen Bilder buchstäblich und in umfassenderem Sinne in die eigene Sprache zu übersetzen – haben sie doch mit ihm selbst zu tun.

Indessen fordert dieser Übersetzungsvorgang ein Abrücken von den Inhalten, um ihnen nun erst zu begegnen. In diesem schönen Wort «begegnen» steckt zugleich Gegensatz und Vereinigung. Das heißt Verständnis, was nur durch Entgegenstellung zu finden ist. Solcher Umgang des jungen Menschen mit dem Stoff überhaupt ist zugleich Umgang mit sich selbst, führt zum freien Umgang mit Weltinhalten, schafft die Werkzeuge dazu.

Auf eine ganz neue Weise kann der Zehntkläßler jenem Bereich begegnen, der Waldorfschülern durch vieles Rezitieren, aber auch durch vieles Hören von der ersten Klasse an nahe ist, in den einzutauchen sie gewohnt sind: die Poesie.

Wenn wir uns mit der Lehre von der Dichtkunst, der Poetik befassen, so verlangt das zunächst zwar das unmittelbare Erlebnis durch oft wiederholtes Sprechen und Hören. Aber nun kommt ein zweites hinzu: Wir lösen uns vom Genießen wieder los, konfrontieren uns gleichsam mit dem, was wir so empfunden haben, fragen, was das Empfinden uns da offenbart. Wir müssen durch ein Schmerzerlebnis der Entfremdung gehen, um zu Entdeckungen zu kommen, die uns erstaunen und weiterführen. Es geht um die Einführung in die objektiven Gesetze der Dichtkunst.

Unerschöpflich die Möglichkeiten des Einstieges in eine Poetik-Epoche! Es scheint geradezu, als hätten sich die althochdeutschen Merseburger Zaubersprüche erhalten, damit sie am Anfang dieser Poetik-Epoche stehen können. Diese Stabreime des ersten der beiden Sprüche, mit entsprechender Wucht und Strenge vorgetragen, machen die Schüler schlichtweg glücklich.[1]

Nach dem gemeinsamen Sprechen dieser Stabreime bemerken wir zwei Teile. Der erste erzählt: Baldurs Fohlen verstauchte sich den Fuß. Alle anwesenden Götter «besprachen» ihn. Erst Wotan fand die heilende Formel (zweiter Teil), die nun auch von Menschen in ähnlichen Fällen angewandt werden kann. Offensichtlich aber konnte der Heilungszauber im Alltag nur eintreten, wenn derjenige, der ihn bewirken wollte, ihn vorher mit Göttergeschehen in Verbindung brachte. Jetzt fallen den Schülern Märchenzaubersprüche ein. Die berühmten, früher gesprochenen Eichendorff-Verse[2] tauchen auf, träumerisch auf trochäischen Wogen, um in ein strahlendes Erwachen zu führen:

> Schläft ein Lied in allen Dingen,
> die da träumen fort und fort.
> Und die Welt hebt an zu singen,
> triffst du nur das Zauberwort.

Nun – vollkommen neu – das eruptiv jambische Gedicht von Gottfried Benn:[3]

EIN WORT

> Ein Wort, ein Satz –: Aus Chiffren steigen
> erkanntes Leben, jäher Sinn,
> die Sonne steht, die Sphären schweigen,
> und alles ballt sich zu ihm hin.

> Ein Wort – ein Glanz, ein Flug, ein Feuer,
> ein Flammenwurf, ein Sternenstrich –
> und wieder Dunkel, ungeheuer,
> im leeren Raum um Welt und Ich.

«Dunkel ungeheuer»: die Jungen besonders scheinen es zu kennen. Was ist es aber, was da aufsteigt mit dem Wort? Ist die Sprache, die Dichtung im Grunde «Zauber»?

Beim Stabreim des althochdeutschen Zauberspruches kommt alles auf die strenge Einhaltung der mindestens drei Stäbe (meist noch eine Nebenbetonung), auf das Fallenlassen aller unbetonten Silben an. Es ist jedes Mal wie ein langer Anlauf, den der eigentliche Sprung braucht. Wie ist das merkwürdige Betonungsgesetz entstanden? Daß es aus unserer Sprache geschaffen wurde, ist eine Entdeckung, über die sich derjenige freut, der sie gemacht hat. Durch langes Suchen kommt man auch darauf, daß das Deutsche die Wurzel betont, daß sein freier Satzbau es ermöglicht, daß ich jeweils, je nachdem was ich sagen will, jedes Wort betonen, die anderen fast verschwinden lassen kann. Begeisternde Experimente! Man fragt sich, wieso man das nicht längst bemerkt habe. Von da aus kommen wir auf die Bilder der Sprache. Die wurden ja schon in der 8. Klasse behandelt. Aber nun stoßen wir auf solche, die durch die Lautentwicklung verschleiert wurden.[4] Wir kommen zur Sprachentwicklung überhaupt.

Welche Poesie die Sprache als solche schon enthält, wird immer wieder bemerkt. Sehr wichtig ist die Entdeckung, daß der Dichter oft den Zauber der im Wort selbst liegenden Poesie erst enthüllt. All das kann hier nur gestreift werden. Es wird deutlich, welche Ökonomie der Lehrer halten muß, in sechs Wochen Kunstunterricht, Sprach-kunst-Unterricht!

Wie der Stabreim aus den nordischen Sprachen, aus der deutschen Sprache entstanden ist, ist ja das Metrum aus der griechischen Spra-che hervorgegangen. Der Dichter erhöht gestaltend seine ihm tief vertraute Substanz: die Sprache. Vom Metrum aus kann man von der vorwiegend mit der Lyrik beschäftigten Epoche kurz zur Epik ab-schweifen: über den Hexameter zu Homer. Da muß man aber ganze Gesänge in der Übersetzung vorlesen, um die Unerschöpflichkeit der auf den Verswogen strömenden Bilderwelt erlebbar zu machen. Wir müssen es wirklich genießen, wie scheinbar unbedeutende Vor-gänge hier ebenso liebevoll ausgedehnt beleuchtet werden wie höch-stes Göttergeschehen. Ein Vorblick auf die vielleicht der 11. Klasse vorbehaltenen Gattungsgesetze der Epik!

Wir verweilen ausgiebig bei den griechischen Versmaßen, wobei wir darauf kommen, daß in der deutschen Sprache Länge zur beton-ten, Kürze zur unbetonten Silbe wurde, daß seit der Goethezeit der griechische Vers aus der deutschen Sprache heraus wiedergeboren wird, einen neuen Charakter erhalten hat.

Auch bei der Beschäftigung mit dem einzelnen Gedicht sind wir bei der Betrachtung der Form nur scheinbar in einer äußerlichen Betrachtung begriffen. Wesentliche Dichtungen sind so entstanden, daß der Dichter empfunden hat, wie eine solche Versgestaltung gleichsam über ihm schwebt, ihn durchpulsend und durchklingend, noch ehe das Wortgefüge da ist. Er hört das Gesetz, erfährt es als das seinige und läßt aus einer Bewegung, mit der er sich verbunden hat, in Freiheit die eigene hervorgehen – ist doch sein Instrument vom aufgenommenen Klang nur gestimmt, um mit Notwendigkeit den eigenen Ton, der Sinn und Bild mit sich führt, hervorzubringen. Fein hinhörend, nehmen wir wahr, wie das metrisch streng Ablaufende fast unmerklich von einer Eigenbewegung umspielt wird, in der der individuelle Rhythmus des Gedichts zu hören ist.

Freilich gibt es – entgegengesetzt einem solchen Prozeß des Dichters – den, der von innen nach außen führt. Wir entdecken den Freien Rhythmus, frei, nicht weil er kein Gesetz hätte, sondern weil das noch chaotisch in der Seele Erlebte nach der objektiven Gestalt dieses Erlebens strebt oder weil dasjenige, was sich dem empfänglichen Gestaltungswillen des Dichters aus einer Landschaft, einem Menschen, einem anderen Wesen oder Vorgang überhaupt entgegen regt, sich verleiblichen will – frei gefundene Bindung.

Noch war von einer Bindung des Dichters nicht die Rede, die – populär gesehen – das eigentliche Kennzeichen der Verskunst ist, von dem bis zu Reklamesprüchen profanierten, vielgeschmähten Reim. Die unmittelbare Wiederholung bestimmter Lautfolgen im Paarreim kann tatsächlich eine Schlagkräftigkeit erzielen, die banal wirkt. Eben diese Schlagkräftigkeit begeistert Conrad Ferdinand Meyers Hutten nach Zweifeln über sein Dichtertum zu dem feurigen Bekenntnis:[5]

> *Ich bin ein Verseschmied! So nennt man mich!*
> *Am Feuer meines Zornes schmiedet ich*
> *Rüstung und Waffen zu des Tags Bedarf.*
> *Und, wahrlich, meine Schwerter schneiden scharf.*

Aber der Reim hat ja noch ganz andere Möglichkeiten. Was wacht da alles in uns auf! Schon drei- bis fünfjährige Kinder strahlen denjenigen an, der in Reimen zu ihnen spricht. Und wie sie sich gern verstekken, nur um sich finden zu lassen, beglückt sie die Wiederkehr des Klanges im Reimwort, das sie am allerliebsten selbst aussprechen. Wer sich nur dem Rhythmus anvertraut, den treibt der Strom auf immer neu einsetzenden gleichen Wellenbewegungen fort. Im Reim bedeutet Wiederholung nicht Weiterlaufen, sondern Wiederfinden. Wir haben zunächst die naive Freude an dieser Wiederkehr und daran, daß ein neues Wort die Erinnerung an ein schon gehörtes wachruft. Diese Erinnerung ist um so zauberhafter, je mehr sie in der Schwebe gehalten wird, je mehr sie sich zunächst versteckt durch andere, eingeflochtene Reimverschlingungen.

Welche mannigfaltigen Varianten des Reimes lassen sich entdekken: Es ist hier nicht Raum, sie auch nur aufzuzählen. Es ist kaum in
einer Epoche Raum, sie zu behandeln. «Seltsam und freundlich»
nennt die Griechin Helena den deutschen Reim, als er zum ersten
Mal an ihr Ohr dringt.

> ... *Ein Ton scheint sich dem anderen zu bequemen,*
> *und hat ein Wort dem Ohre sich gesellt,*
> *Ein anderes kommt, dem ersten zu liebkosen.*
>
> (Faust II, 3. Akt, V. 9370)

Im lyrischen Gedicht geht es, allgemein gesprochen, um ein Ineinan-
der-Verweben der Erscheinungen und Empfindungen, um ein Finden von Ich und Welt. Im Reim löst sich die im Wortsinn liegende
Fremdheit zweier Wesen, Dinge oder Vorgänge im Gleichklang, Einklang auf. Im Schein des Schönen verbunden, erinnert sich das eine
im anderen.

Es regt sich in dem uns hier interessierenden Lebensalter bei vielen
jungen Menschen noch ganz anfänglich eine individuelle Beziehung
zur Lyrik, die während der folgenden Jahre dazu führen kann, daß sie
sich bestimmte Gedichte zu Vertrauten machen. Immer mehr entfaltet sich ja das Bedürfnis, frei gewählte Verbindungen zu bestimmten
Menschen, Dingen und Bereichen der Welt einzugehen, ein Bedürfnis, mit dem oft schwer zurechtzukommen ist. Die Gefahr des Brü-
tens aus dem Gefühl heraus, gerade mit den zwischen Glück und
Schmerz bis zur Trostlosigkeit jäh wechselnden Seelenerfahrungen
auf sich selbst verwiesen zu sein, ist nicht gering. In dieser Zeit kann
alles Lebenshilfe sein, was den Heranwachsenden darauf kommen
läßt, sein subjektives Erleben in einem Objektiven wiederzufinden.
Er kann dem, was er rätselhaft gestaltlos in sich trägt, in gültiger
Form begegnen oder auch selbst gestaltend diese Form suchen. Der
Lehrer kann durch Einführung in die Gesetzmäßigkeit sprachkünst-
lerischer Formen zu solchen Erreichnissen der Einordnung Anlaß
geben.

Nachdem man so Lyrik behandelt, Epik gestreift hat, kann man,
wenn man es nicht für die 11. Klasse aufheben will und muß, noch
zur Dramatik übergehen. Auch hier kommt man zu Urformen, die
zugleich Höhepunkte sind. So wird man, nachdem die Entstehung
der Tragödie in Griechenland – auch auf dem Hintergrund dessen,

was der Geschichtsunterricht jetzt bringt – behandelt wurde, zum Beispiel die *Antigone* von Sophokles lesen.[6]

Was interessiert Zehntkläßler zunächst an dieser Frauengestalt? – «Sie ist rebellisch!» Die nachdenkliche Ernsthaftigkeit, mit der diese Antwort gegeben und aufgenommen wird, zeigt, daß man noch etwas unzufrieden ist, mehr fühlt, als man gleich äußern kann. Sagt «rebellisch» alles? Antigone ist nicht wie ihre Schwester Ismene resignierend der Ansicht, daß den Frauen nichts bleibe als Gehorsam gegenüber der Gewalt. Sie ist nicht hörig wie der Wächter, wie selbst der Chor der Greise. – Wir merken, daß wir es auf einmal mit dem Hören zu tun haben. Hört Antigone denn nicht, sie ist ja ungehorsam, weil sie hörsam ist für das, was die anderen nicht in sich aufnehmen können oder nicht in sich aufzunehmen wagen.

Kann man jungen Menschen Wichtigeres zur «politischen Erziehung» beibringen, als was die junge Antigone dem in vollem Mannesalter stehenden Kreon zu erwidern hat, als dieser sie fragt, warum sie allen Todesandrohungen zum Trotz ihren Bruder bestattet habe?

> KREON: *Du sage kurz und bündig ohne Umschweif mir:*
> *War dir der Ausruf unbekannt, der dies verbot?*
> ANTIGONE: *Bekannt! Warum nicht? Offenkundig war er ja.*
> KREON: *Und wagtest dennoch, wider mein Gebot zu tun?*
> ANTIGONE: *War es doch Zeus nicht, welcher dies verkünden ließ,*
> *Noch hat auch Dike, die der Unterwelt gesellt*
> *Ist, je gegeben solch Gesetz den Sterblichen.*
> *Auch nicht so mächtig achtet' ich, was du befahlst,*
> *Daß dir der Götter ungeschriebenes, ewiges*
> *Gesetz sich beugen müßte, der du sterblich bist,*
> *Denn heute nicht und gestern erst, nein, alle Zeit*
> *Lebt dies, und niemand wurde kund, seit wann es ist.*
> *Für dieses wollt' ich nicht dereinst aus feiger Furcht*
> *Vor Menschensatzung mir der Götter Strafgericht zuziehen.*
> *Daß ich sterben werde ... wußt' ich ja.*

Solch eine Herzenssicherheit kann in glücklichen Momenten dem, was im Jugendlichen noch träumend lebt, so unmittelbar begegnen, daß diese Verse ihm – ich meine das wörtlich – aus der Seele sprechen. Begebnissen solcher Art Raum zu geben ist mehr als Belehrung. –

Was aber geht dem zitierten Auftritt voraus? Wie kündigt ihn der Dichter an? Der Chor singt ein Lied auf den Menschen im allgemeinen:

> *Vieles Gewaltige lebt doch nichts*
> *Ist gewaltiger als der Mensch ...*

In jeder Strophe wird auf neue Fähigkeiten und Taten des Menschen hingewiesen: daß er es unternommen und vermocht hat, den Acker zu bebauen, das Meer zu befahren, daß er List anzuwenden versteht, statt physischer Kraft bei der Jagd, bei der Zähmung von Roß und Stier und Klugheit im Heilen von Seuchen, im Ersinnen von Staatsordnungen. Schließlich wird das Denken überhaupt, wird die Sprache als Zeuge angerufen. Noch in all diesen Preisungen gibt sich der Chor als Allwissender hinsichtlich der Größe des Menschen. Nun aber stockt er, unvermittelt in die Handlung hineingezogen. Es naht sich, überführt, Antigone, für deren Wesen und Tat der Chor noch keine Formel hat:

> *Was sehe ich? Erscheint,*
> *von den Göttern gesandt,*
> *Dies Wunder?*

An dieser Stelle wirkt nicht nur der Inhalt auf den jungen Menschen, der unmittelbare Begegnungen mit «dem Leben» sucht. Es wirkt gerade jenes Versagen der Form vor der sie überwältigenden, menschlich individuellen Wirklichkeit des freien Tuns, dessen Erleben nun in ihm um Sprache ringt.

Anmerkungen

1 Der Text des hier herangezogenen Spruches lautet:

Phol ende Uuodan	vuorun zi holza.
Phol und Wodan	fuhren zu Holze (= in den Wald).
dû uuart demo Balderes volon	sîn vuoz birenkit.
Da ward dem Balders-Fohlen	sein Fuß verrenkt.
thû biguol en Sinthgunt,	Sunna era suister;
Da besprach ihn Sinthgunt (und)	Sunna, ihre Schwester;
thû biguol en Friia,	Volla era suister;
da besprach ihn Frija (und)	Volla, ihre Schwester;
thû biguol en Uuodan,	sô hê uuola conda:
da besprach ihn Wodan,	wie er wohl konnte:
sôse bênrenkî, sôse bluotrenkî, sôse lidirenkî:	
wie die Beinrenke, so die Blutrenke, so die Gliederrenke:	
bên zi bêna,	bluot zi bluoda,
Bein zu Bein,	Blut zu Blut.
lid zi geliden,	sôse gelîmida sîn!
Glied zu gliedern,	als ob sie geleimt sein'n!

Aus: *Die Silberfracht – Sprachdenkmäler des Mittelalters*, Frankfurt am Main 1962, S. 24f.

2 Joseph von Eichendorff, «Wünschelrute», in *Werke*, Bd. 1, München 1981, S. 132.

3 Gottfried Benn, *Gesammelte Werke in zwei Bänden*, Wiesbaden und Zürich 1968, Bd. 1, S. 208.

4 Vergleiche R. Steiner, *Geisteswissenschaftliche Sprachbetrachtungen*, GA 299, Dornach ⁴1981.

5 Conrad Ferdinand Meyer, «Huttens letzte Tage», in *Sämtliche Werke*, München 1952, S. 989.

6 Sophokles, *Tragödien*, nach der Übertragung von Johann Jakob Christian Donner, München 1956 (Goldmann Taschenbuch).

DIETRICH ESTERL

Sprachliche Versuche der Schüler
als Weg zur Poetik

Viele Jugendliche, und gerade solche mit einem gewissen künstlerischen Empfinden, zeigen eine fast instinktive Abneigung gegen das gedanklich-analytische «Zerpflücken» eines Gedichtes. Ähnlich geht es ja auch vielen Erwachsenen noch, oft in Erinnerung an Interpretationsversuche in ihrer Schulzeit. Die Frage, wie man mit Sprachkunst umgeht, ohne das Kunstwerk mit den Messern des Intellekts zu ermorden, ist außerordentlich schwer zu beantworten. Ziel soll es aber doch sein, Freude und Verständnis am Umgang mit Kunst zu entwickeln!

In der Waldorfschule rezitieren die Schüler von der 1. Klasse an jeden Morgen gemeinsam Gedichte. Von immer neuen Seiten aus wird an der Gestaltung einer solchen Rezitation gearbeitet, und nach wenigen Wochen haben die Schüler auf diese Weise ganz zwanglos ein Gedicht in- und auswendig gelernt. So sammeln sie im Laufe der Jahre einen ganzen Schatz von Gedichten und auch künstlerisch geformten Prosastücken, und dies bildet ein Fundament, auf dem in der Oberstufe die bewußte Betrachtung sprachlicher Kunstwerke aufbauen kann. Ebenso haben die Schüler von den ersten Klassen an in der Muttersprache wie in fremden Sprachen kleine Szenen und ganze Theaterstücke gespielt und sich in den dramatischen Dialog eingelebt. Und schließlich hat ihnen der Klassenlehrer von Anfang an täglich eine altersentsprechende Geschichte erzählt – von Märchen und Sagen bis hin zu Geschichtsereignissen und Biographien –, so daß die Schüler aus eigenem Erleben wissen, was eine Erzählung ist. Natürlich wurden daneben auch Erzählungen und Dramen gelesen.

Der gewonnene Erlebnisreichtum darf nun nicht urplötzlich zum Objekt einer systematischen Untersuchung gemacht werden. Aber wie soll man sonst sprachliche Qualitäten ins Bewußtsein heben? Es gibt noch einen anderen Weg. Er führt über die Eigentätigkeit der Schüler, über eigene Versuche, Sprache bewußt zu gestalten.

Dieser Weg wird von den Oberstufenlehrern der Waldorfschulen in ganz verschiedener Weise in der sogenannten Poetik-Epoche der 10. Klasse beschritten. Es geht in dieser Unterrichtsepoche um mehr als die Fähigkeit, Metren, Reime, Metaphern und Literaturgattungen erkennen zu lernen. Das begriffliche Instrumentarium der Poetik mag notwendiges Ergebnis sein, aber es ist in gewissem Sinne doch Nebensache. Wichtiger erscheint mir die Übung des Hörens, des Sprechens, also der sinnlichen Erfahrung der Sprachqualitäten, denn Kunst ist immer zunächst sinnliche Erscheinung. Lesen und Schreiben müssen als Übungsformen hinzukommen, aber der gedruckte Text eines Sprachkunstwerkes ist nichts anderes als die Partitur einer Symphonie, die eben auch noch keine Musik ist. Die Hauptaspekte, die es zu erarbeiten gilt, sind Sprachrhythmus, Sprachklang, Sprachbild, Charakter der Wortarten und die Grundgattungen der Sprachkunst.

Bevor ich darstelle, auf welche Weise wir uns diesen Phänomenen zu nähern versuchten, sei ein Blick auf die sprachliche Situation des Zehntkläßlers und die Aufgaben des Deutschunterrichts in diesem Alter geworfen. Der Jugendliche erlebt in den Jahren der Nachpubertät eine Art Krisis der eigenen Sprachfähigkeit. Die in der Kindheit und in den früheren Schuljahren erworbene Sprache muß nun aus dem eigenen, allmählich selbständig werdenden Seelenraum neu erobert und durchdrungen werden. Eine Art Verstummen, der Hang zum Schlagwort, zur Cliquensprache sind Symptome dieses Prozesses, der sich bis ins Organische hinein in der Umgestaltung der Atem- und Stimmorganisation spiegelt.

Man könnte sagen, daß jetzt noch einmal, vom bewußten Ergreifen der Sprache her, ein Fundament des Sprechens und Spracherlebens gelegt werden muß. So ist in der 9. Klasse der grammatikalisch-logische Aspekt der Sprache Gegenstand des Übens und Betrachtens. Im Deutschunterricht der 10. Klasse geht es neben der inhaltlichen Betrachtung der frühen deutschen Dichtung vor allem darum, Werden und Wandel der Sprache im Laufe der Geschichte als Ausdruck des sich wandelnden Bewußtseins der Menschen und der Völker zu erleben. Das Kennenlernen der Sprachgeschichte, des Bedeutungswandels in der eigenen Sprache, der Zusammenhänge und der

Unterschiede der verschiedenen Sprachen schafft ein Verständnis für das Wesentliche der eigenen Sprache, läßt erleben, daß Sprache mehr ist als ein beliebiger Informationscode.

Erst recht kann dem Schüler die qualitative Seite der Sprache in der Poetik-Epoche deutlich werden, in der es um die Ausdrucksmittel und -formen der Sprache geht. Diese Epoche gehört, streng genommen, nicht zum Deutschunterricht, sondern in die Reihe der Ästhetik- oder Kunstbetrachtungsepochen der Oberstufe, die der Plastik, Malerei, Architektur, Musik und eben auch der Dichtung gewidmet sind. Doch hat die Poetik-Epoche natürlich eine enge Beziehung zum Deutsch- und Literaturunterricht und wird auch oft vom Deutschlehrer gegeben.

Wenn die Schüler in der Poetik-Epoche zu eigenen sprachlichen Versuchen angeregt werden, so tritt eine bestimmte Schwierigkeit auf. Sie liegt an einer Eigenart unseres gewöhnlichen Sprechens und Schreibens, die wir auch an uns Erwachsenen beobachten können. Ein ausgesprochener Satz, eine niedergeschriebene Formulierung nimmt leicht den Charakter des Abgeschlossenen an. Es ist gesagt – also weiter! Noch einmal das Gesagte oder Geschriebene zu betrachten und gar zu verändern, bereitet Unbehagen, sogar Schmerz. Das gilt in besonderem Maße für den Zehntkläßler, der sich eine Formulierung abgerungen hat und eine starke innere Antipathie zu überwinden hat, wenn er dasselbe noch einmal anders sagen soll. Der Rotstift des Lehrers würde ihn verletzen. Aber wenn kurze Versuche recht vieler Schüler vorgelesen werden, so korrigiert sich vieles durch den von allen unwillkürlich angestellten Vergleich. Und man kann auch einen Versuch an die Tafel schreiben und gemeinsam überlegen, wie eine Gestaltungsabsicht noch besser zu verwirklichen ist. So kann Freude am Formen und Feilen entstehen.

Einen fruchtbaren Einstieg in die Aufgabenstellung, *Rhythmus und Klang* der Sprache wahrzunehmen, bietet die Betrachtung von Sprachgebilden, die keine inhaltliche Aussage im üblichen Sinne haben, zum Beispiel:

> *Enne denne dubbe denne*
> *dubbe denne dalia*
> *ebbe bebbe bembio*
> *bio bio buff.*

Dieser kleine schwäbische Auszählvers wirkt ausschließlich durch Rhythmus und Klang. Die Grundphänomene sind leicht erkennbar: Wiederholung und Variation des Klanges, sowohl der Vokale wie der Konsonanten – ein bestimmtes Regelmaß der Betonung – ein «Knalleffekt» am Schluß. Solche Gebilde lassen sich leicht imitieren. Einige Beispiele von Schülern:

Alle malle delle dalle *Ulle wulle schrulle wulle*
delle dalle dombeli *schrulle scholle schiebedach*
elle relle eriko *unke ranke blablabla*
riko riko rutsch. *laber laber bumm.*

(Zu den Beispielen ist zu bemerken, daß dieser Unterricht in einer Stuttgarter Waldorfschule stattfand. Anderswo wird man andere Beispiele wählen oder überhaupt völlig anders vorgehen.)

Mit wenig Mühe lassen sich hier die vielfältigsten Fassungen erfinden. Beobachtet man nun, was beim Produzieren erlebt wurde, so kann ein bedeutsames Grundgesetz des sprachlichen Rhythmus deutlich werden. Man erlebt den rhythmischen Ablauf als «natürlich», auch als leiernd oder einschläfernd. Hier folgt die Sprache dem Urrhythmus der leiblichen Organisation in Atem und Pulsschlag, vier Pulsschläge auf einen Atemzug, vier Betonungen in einem Vers.

Durch Veränderung der rhythmischen Struktur kann man nun wichtige Erfahrungen machen. Möglich ist zum Beispiel die Änderung im Wechsel von betonten und unbetonten Silben:

Ätschele gäbele bäbbele hämmele
Gaggidu hullimu bäh
allema ratata Rübensalat
dummele gammele zack.

Die lebendigere Bewegung wird dennoch vom Vierer-Rhythmus gehalten. Schwieriger wird es, wenn das Verhältnis von Hebung und Vers verändert wird:

Dinkel dunkel duff
wankel winkel wuff,
dummel dammel muff
tinkel tankel buff.

Beim Vorlesen dieser Gebilde werden viele Schüler instinktiv in den alten Viererrhythmus fallen, indem sie am Ende jeder Zeile eine Pause machen. Wird aber richtig gesprochen, so ist die andere Wirkung unmittelbar erlebbar. Der neue Einsatz eines Dreier-Rhythmus treibt weiter, bevor der Atem zur Ruhe kommen kann. Der Rhythmus weckt auf, er schlägt ins Bewußtsein.

Anders bei der *Verlängerung* des Bogens: Hier muß man beim Sprechen eine kleine Willensanstrengung aufbringen, um über den natürlichen Atembogen hinauszugreifen. Nicht umsonst ist dies der klassische Dramenvers.

Die geschilderte Arbeitseinheit macht großen Spaß, besonders durch den Wechsel von eigenem Tun und Zuhören.

Bevor wir diese Linie weiter verfolgen, sei eine andere Aufgabenstellung beschrieben, die von einer ganz anderen Seite ansetzt. Bei den Auszählversen in den verschiedenen Fassungen spürt man schnell, wie Rhythmus und Klang einen wie von außen ergreifen. Denkt ein Schüler zu viel nach, so erlebt er eher eine Hemmung. Die gegenteilige Erfahrung kann man machen, wenn man sich einer Sprachform zuwendet, die unserem Sprachraum eigentlich ganz fremd ist, die aber als Gestaltungsübung überaus fruchtbar sein kann: dem japanischen *Haiku*.

Das Japanische ist eine unflektierte Silbensprache. Sie bewirkt in der dichterischen Sprache dementsprechend ganz andere Formen. So bauen sich die drei Zeilen des Haiku-Gedichts aus 5 – 7 – 5 Silben auf. Ein bekanntes Beispiel aus dem 18. Jahrhundert (Kaga no Chiyo):

Die Windenblüte

Um mein Brunnenseil	*Asagao ni*
ranke eine Winde sich –	*tsurube trarete*
gib mir Wasser, Freund!	*morai mizu.*

Die deutsche Übersetzung folgt hier dem Silbenmaß des Japanischen. Die Knappheit der Aussage, die oft mehr verbirgt als sagt, ist für Jugendliche in diesem Alter von großem Reiz. Stellt man nun Themen, die Natureindrücke wiedergeben sollen, wie das auch der Japaner liebt, so steht der Schüler vor der Notwendigkeit, mit dem Sprachmaterial höchst bewußt umgehen zu müssen, um der geforderten Form von 17 Silben zu entsprechen. Einige Beispiele zum Thema «Frühling»:

Ihr Birkenäste,
Leise wiegt ihr euch im Wind,
Frühlingsglocken gleich.

Frühlingswind, ziehe
die weißen Tücher vom Gras!
Der Krokus wartet.

Unter den schwarzen
Hagebutten drängen jetzt
die Knospen hervor.

Aprilmorgen. – Hoch
in dem weißblauen Himmel
die erste Lerche!

Flog dort auf den Zweig
die Kirschenblüte zurück?
Nein, ein Schmetterling!

Roter Tulpenkelch!
Die ersten Sommertage
werden dich trinken.

Ein Glücksfall ist es, wenn in dieser Epoche ausländische Gastschüler in der Klasse sind und die Aufgaben in ihrer Muttersprache lösen:

The trees sprout tiny
new-green leaves: seeds of summer,
fruit of dark winter.

Gibt man die Thematik frei, so entstehen Zeilen, die dem Lehrer viel über seine Klasse sagen können.

Ich habe alles,
was ich mir gewünscht habe.
Warum traure ich?

Zu viele Worte
erreichen den andern nicht.
Vielleicht genügt eins.

Auch hier gibt es Möglichkeiten der Variation, beispielsweise die, nur mit einsilbigen Wörtern zu arbeiten. Wichtig ist bei dieser Übung das suchende Abwägen des Ausdrucks. Die strenge Form verlangt oft eine Korrektur der ersten Formulierung, sie verleitet aber auch zu überflüssigen Füllwörtern, die dann getilgt, ersetzt werden müssen. Gerade der Prozeß des Wieder-Auflösens einer einmal gefundenen Formulierung ist bei dieser Aufgabenstellung das Wesentliche.

Kehren wir zur Poetik der deutschen Sprache zurück. Dazu nochmals zwei methodische Überlegungen: Gefährlich erscheint es mir, poetische Elemente in eigenen Dichtversuchen zu üben, bevor ein Empfinden für die eigentlichen Sprachqualitäten wenigstens angelegt worden ist. Leicht kommt es dann zum banalen Reimen, zum platten Verse-Schmieden. Auch in der ungebundenen Sprache sind ja alle Elemente künstlerischer Wirkung zu üben und zu beobachten. Es sei hier an Lessing erinnert, der seinen *Nathan* in Versen schrieb, weil ihm die Zeit zur Prosafassung fehlte.

Schon bei den bisherigen Übungen kann den Schülern aufgefallen sein, auf welch unterschiedliche und vielfältige Weise derselbe Inhalt sprachlich gefaßt werden kann. Deshalb ist es durchaus möglich, sich ein inhaltliches Motiv zu wählen, an dem die verschiedensten Möglichkeiten sprachlicher Gestaltung geübt werden. Die Aufmerksamkeit richtet sich dann ganz auf das «Wie» des Sprechens, braucht sich um Inhaltliches nicht immer neu zu bemühen. So haben wir als «Ausgangsmaterial» eine Fabel von Lessing genommen.

DIE SPERLINGE

Eine alte Kirche, welche den Sperlingen unzählige Nester gab, ward ausgebessert. Als sie nun in ihrem neuen Glanze da stand, kamen die Sperlinge wieder, ihre alten Wohnungen zu suchen. Allein sie fanden sie alle vermauert. Zu was, schrien sie, taugt denn nun das große Gebäude? Kommt, verlaßt den unbrauchbaren Steinhaufen!

Man kann hier natürlich schon die verschiedenen Fassungen einer einfachen Nacherzählung miteinander und mit dem Original vergleichen. Wir haben die Beobachtungen an den Auszählversen zu Rhythmus und Klang der Sprache weiter verfolgt und die einzelnen Elemente gleichsam experimentell an der Verwandlung dieses Textes untersucht. Zunächst galt unsere Aufmerksamkeit der *metrisch-rhythmischen* Gestalt. Die folgenden vier Beispiele geben jeweils die Arbeit eines Schülers wieder; jeder Schüler der Klasse fertigt natürlich seine eigene, andere Fassung.

Um wahrnehmen zu können, wie Rhythmus wirkt, müssen die Texte auch gesprochen werden.

Eine alte Kirche, die den Spatzen lang zum Nistplatz diente, wurde von den Menschen ausgebessert. Als die Kirche nun in neuem Glanz erstrahlte, kamen alle Spatzen wieder, ihre alten Nester zu besetzen. Aber diese waren alle zugemauert. Da begannen sie zu schimpfen: Wozu taugt denn nun die große Kirche? Kommt, verlaßt den un-brauchbaren Haufen Steine! ($- \cup - \cup - \cup \ldots$)

Die Kirche in dem Dorf war alt und wurde neu gebaut. Der Lärm vertrieb ein Spatzenvolk von dort, das lang schon Nest an Nest in ihr gelebt. Doch als der Bau in neuem Glanz erstrahlt, da kehren sie zurück. Doch zugestopft ist jedes Loch. «Zu was», so schrien sie, «ist dieser neue Bau nun gut? So kommt, verlaßt den unbrauchbaren Ort!» (∪ – ∪ – ∪ – ...)

Ein Vergleich der *trochäischen* mit der *jambischen* Fassung läßt unmittelbar den Unterschied von steigendem und fallendem Metrum erleben. Der Grundcharakter der Fabel ändert sich, obgleich der Inhalt der gleiche ist. Korrigiert worden sind an den Schülerarbeiten nur die formalen Fehler in bezug auf die Aufgabenstellung.

Hören wir Versuche im *Daktylos* und im *Anapäst*:

Lange bewohnte ein munteres Völklein von Sperlingen in einem Dorfe die Kirchengemäuer, in denen sie Nester erbauten. Die Kirche jedoch war im Laufe der Zeit gealtert und wurde, damit sie nicht einfiel, von Handwerkern wieder gerichtet. Die Sperlinge wurden vom Lärmen vertrieben. Am Tag, als in prächtigem Glanze das neue Gebäude erstrahlte, da kehrten die Sperlinge wieder zur Heimat zurück, die der Baulärm so lange erfüllt hatte. Doch fanden sie alle ihre Nester zerstört, auch kein Loch in der Wand mehr. Da riefen sie alle empört durcheinander: «Wir wollen den Steinhaufen lassen, den nutzlosen!» (– ∪ ∪ – ∪ ∪ ...)

In dem Bau eines Doms, da verbrachte ein Volk von vergnügten, geschwätzigen Sperlingen Jahr schon um Jahr. Doch es kam dann der Tag, da der Bau von den Bürgern der Stadt neu gebaut werden sollte. Die Spatzen verließen den Ort, denn der Lärm war zu groß. Als die Kirche in Pracht und im Glanze erstrahlt, da beschaun auch die Spatzen das Werk, doch kein Loch in der Wand läßt mehr Raum für ein Nest. «Welch ein Quatsch», rufen sie, «ist der Bau, ohne Sinn, ohne Zweck! Wir verlassen den nutzlosen Ort.» (∪ ∪ – ∪ ∪ – ...)

Neben dieser Arbeit sollten charakteristische Beispiele von Gedichten und Prosatexten gehört werden, die die Verwendung bestimmter Rhythmen und ihre Wirkung verdeutlichen. Dabei läßt sich die schwierige Frage angehen, was der Unterschied von Takt und Rhythmus ist. Fachbegriffe wie Zäsur, schwebende Betonung und so weiter ergeben sich aus der Beobachtung der Phänomene.

Im nächsten Arbeitsschritt geht es um die Wirkung des *Sprachklanges: Vokal, Konsonant, Melodie.* Wie verschieden die gleiche Aufgabe gelöst werden kann, wollen wir wenigstens an einem Beispiel zeigen, indem wir zwei Fassungen mit dominierendem «i» nebeneinanderstellen. Gerade beim *Klang* der Sprache ist es für die Schüler wichtig zu erleben, welchen Reichtum an Formulierungen die Sprache ermöglicht.

Die Sperlinge lieben die italienischen Kirchen. Sie nisten hier immer, denn die vielen Risse bieten Nistplätze für die Sperlingsfamilien. Im Winter wird die Kirche renoviert. Die Sperlinge fliegen in dieser Zeit in die Inselwildnisse. Im Frühling ziehen sie wieder in die italienischen Gebiete zurück. Sie sind verwirrt, weil sie ihre Nistplätze nicht wiederfinden. Irgendein Tier zwitschert verdrießlich: «Wie irre, die Kirche so widerlich zu verzieren!»

In den Ritzen einer winzigen Kirche nisten viele Spatzenkinder. Die Kirche ist windschief. Viele Mitglieder der Kirche sind gewillt, sie wieder herzurichten. Die Vögel fliehen die Kirche, vertrieben vom Wirbel der Zimmerleute und Gipser im Kirchenschiff. Schließlich ziert die Kirche wieder frisch und niedlich die Mitte des Orts. – Die Vögel fliegen wieder hin. Sie finden Ritzen und Schlitze mit Gips versiegelt. Sie schimpfen: «Wie sinnlos ist diese Kirche! Niemand ließ ihr Ritzen zum Nisten! Wir ziehen lieber ins wirkliche Paradies.»

Heitere Meisen weilten seit Zeiten in einer kleinen Meierei. Weil einiges eingefallen sei, heiße es einzugreifen, meinte der greise Meister. Bei der Arbeit weichen die kleinen Meisen. Bei der Einweihung eilten die meisten Meisen herbei, weil sie ihr Heim wieder bereit meinten. Leider zeigten sich keine Zeichen einer Bleibe. «Ei», keiften die meisten, «keiner kann mehr hinein! Ein einseitiger Einfall der reichen Einheimischen. Wir reisen weiter!»

An Dach und Wand einer alten Kathedrale besaßen Spatzen zahllose Nester zur Rast. Langsam war der Bau verfallen. Da faßte der Rat des Landes den Plan, den Verfall aufzuhalten. Arbeiter kamen, brachten Balken für Dach und Wand. Das alles verjagte die Spatzen. Als die Kathedrale prachtvoll verwandelt dastand, kamen die Spatzen an, sahen aber, daß alles anders war. «Schade», klagten und jammerten sie, «was man da gemacht hat. Man kann da nur Schande sagen!»

Man erlebt hier durch die Übertreibung die besondere Ausdrucksfarbe des Vokalklangs, allerdings auch, wie in der Einfarbigkeit ein anderer Klang ganz besonders wirksam werden kann.

Ein hoher Dom bot einem Vogelvolk Wohnung. Doch drohten Chor und Sockel des Doms zu verrotten. So beschloß man, sofort vorzusorgen. Schlosser und Maurer zogen herbei, behoben sorgsam die Not. Schon bald zog das Menschenvolk zum Dom und zollte großes Lob. Sofort flog auch das entflohene Vogelvolk zum Orte und wollte die gewohnten Wohnungen kontrollieren. Doch Loch an Loch war verstopft. «So!» grollte jeder Vogel, «wo sollen wir wohnen? Wir wollen uns von solch totem Orte trollen!»

Turmfugen einer Burg schufen jungen Spatzen guten Unterschlupf. Die Burg wurde untersucht und mußte umgebaut werden. Alle Fugen wurden zugeputzt. Unsere Spatzen mußte andre Zuflucht suchen. Die munteren Plusterkugeln suchten und lugten ungeduldig, um in die uralte Unterkunft zurückzuschlupfen. Umsonst! Und voll Wut und Unmut rufen sie: «Nur Unfug! Wozu der Verputz? So unklug unsere Stuben zu verhunzen!» Und der bunte Zug suchte unter Ulmen Unterschlupf.

Es sei bekannt, daß die Klasse nach einiger Zeit von den Sperlingen genug hatte. Jetzt hätte es natürlich auch ein anderes Thema gegeben, aber manche waren auf den Geschmack gekommen, zum Beispiel Fassungen im schwäbischen Dialekt zu versuchen. Bei den weiteren Übungen waren die Spatzen dann fast selbstverständlicher Gegenstand, weil die Absicht, die Vielfalt der Ausdrucksmöglichkeit zu erfahren, immer mehr verstanden wurde.

En de Ecke und Erkerle vo St. Sebald hen an Menge Vegele Neschder g'het. Die Mensche hen jetzt g'merkt, daß d' Wend und Fenschder nemme schee ausg'säh hen; se hen elles ausbessre welle. Henderher hen d' Vegel die Neschder nemme fende kenne. Se hen endsetzlich g'schempft: «Elles Lettekäs! Mer wellet ebbes Bessers! Net den Dreck von denne elende Mensche.»

Obe im Ortskontor wohnt en Vogel mit seine Jonge. Em Oktober hot der Otto, der Trottel 's Loch verstopft. «Sonscht rompelt's so dort drobe», hat er grommelt. Oms nom kommt's Vogelvolk vors verstopfte Loch, ond wo sonschd fürs Onderkomme g'sorgt war, isch nix wieder z'finde. «Mischd», schimpfet die Viecher «mir flieget wieder ins Kirchle. Die bietet sichere Nischdplätz.»

Man sieht, es gibt der Möglichkeiten viele, und wir wollen Fassungen mit *Alliterationen* vielfacher Art hier auslassen, um beim Leser nicht vorzeitig alle Aufnahmefähigkeit für weitere Spatzenvarianten zu «verstopfen».

Im nächsten Arbeitsschritt haben wir zunächst die in vielen Wörtern enthaltene, nicht mehr bewußt wahrgenommene *Bildhaftigkeit* untersucht, dem Satz Jean Pauls folgend: «Jede Sprache ist ein Wörterbuch verblaßter Metaphern.» Dann haben wir uns mit den verschiedenen Möglichkeiten des bildhaften Ausdrucks beschäftigt: Vergleich, Metapher, Allegorie, Personifikation, Symbol, Chiffre.

Bei der Übung des Vergleichs an unserem Text geriet manches leicht ins Uferlose. Es wurde erlebt, wie schwer ein treffender, wirklich vertretbarer Vergleich zu finden ist. Wir begnügen uns hier mit einem Beispiel zur *Metapher* und *Personifikation*.

Im ächzenden Dachstuhl eines romanischen Kirchleins, einst Perle des Orts, schließlich eine abgetakelte, vernachlässigte Schönheit, nisteten unzählige Sperlinge. Ein Gasthaus war es ihnen, offen und freigiebig. Doch Gewissensqual und Ordnungssinn weckte die Menschen und trieb sie, das alte Schatzkästlein wieder aufzuputzen. Wo die Vögel sich zuvor mit offenen Armen empfangen sahen, verschwand nun jeder Zuschlupf hinter Schloß und Riegel. Das freundliche Gasthaus hatte sich in eine uneinnehmbare Festung verwandelt. Wut packte die alten Bewohner, die sich ihres Bürgerrechts beraubt sahen, und sie riefen: «So macht man das Paradies zur Wüste!»

Es ist erstaunlich, wie solche Übungen dann den Blick für die Erscheinungen im dichterischen Text gleichsam erfahrungsgesättigter erschließen. Daß diese Art der Übung mit viel Humor und Lockerheit geführt werden muß, dabei aber immer wieder strenge Beobachtung und Klärung des Phänomens verlangt, wird man sich vorstellen können. Pedanterie und Trockenheit können schnell die Lust an der Tätigkeit ersticken. Früher oder später wird man Aufgaben auch nur für Gruppen von Schülern stellen, dann gegenseitig die Ergebnisse anhören und in der sprachlichen Wirkung beurteilen.

So kann man erarbeiten, wie die Sprache jeweils einen anderen Erlebnisbereich des Menschen anregt, je nachdem, welche *Wortart* dominiert.

Viele Vögel, Sperlinge, Spatzen, Dohlen und Schwalben, hatten Nester auf Balken und Mauerwerk, in Ritzen und Löchern einer Kirchenruine. Der Bau wurde nach der Renovierung zum Schmuck der Gemeinde. Lärm und Betrieb des Umbaus aber nahm den Tieren die Heimat. Der Prachtbau ließ bei der Rückkehr der Vögel kein Nisten mehr zu. «Zum Teufel», so das Geschrei der Vögel, «mit dem Steinhaufen ohne Nutzen und Zweck!»

Man erlebt hier, wie das *Substantiv* die Vorstellung anspricht, dabei aber mehr anschaulich oder blaß, abstrakt sein kann. Ganz anders wirken *verbaler* und *adjektivischer* Ausdruck:

Sperlinge nisteten und brüteten in einem Kirchendach. Der Bau ächzte und stöhnte in allen Fugen und drohte einzufallen. Handwerker kamen und räumten, hämmerten, putzten, bis alles glänzte und strahlte. Die Sperlinge flohen den Lärm, kehrten aber zum neuen Bau zurück, umflogen ihn, suchten die Zugänge, wollten ihre Nester bauen, fanden aber kein Loch. Sie schimpften und schrien: «Wie verschandeln die einen Bau! Laßt uns fliehen und suchen, wo wir besser unterkommen können!»

Freche, muntere Sperlinge hatten gemütliche Nester im verfallenen, dunklen Dach einer winzigen, alten Kapelle. Das baufällige, windschiefe Kirchlein wurde neu und prächtig wieder hergestellt. Die vom lauten Lärm verschreckten und verwirrten Vögel suchten eilig das Weite. Als der neue Bau glänzend und sauber dastand, kehrte die vertriebene Vogelschar froh und neugierig zurück, um die alten, gewohnten Nistplätze zu suchen. Doch kein offener Ritz, kein kleinstes Loch war zu finden. Die enttäuschten, zornigen Spatzen schrien empört: «Kommt, wir verlassen diese unnütze, häßliche Ruine!»

Erleben im Willenshaft-Bewegungsmäßigen oder im Bereich des Gefühls, der Empfindung, unterscheiden die beiden Texte deutlich. Sie können Anlaß zu feineren Beobachtungen bieten, zum Beispiel zum Unterschied von Adjektiv und Partizipformen oder von flektiertem Verb, Infinitiv und substantiviertem Verb.

Von hier aus böten sich auch Möglichkeiten, in syntaktische Fragestellungen hineinzugehen, doch damit ist man bereits im Bereich der
Stilistik im engeren Sinne, die in den folgenden Klassen weiter zu verfolgen ist.

Wenden wir uns noch der *Gattungsfrage* zu, der *Epik, Dramatik,
Lyrik.* Auch dazu lassen sich Textformen erarbeiten. In der epischen
Form haben wir uns im bisherigen Üben vor allem bewegt. Das *Dramatische* wird erfaßt, wenn der Text in szenisch-dialogische Form
gebracht wird:

– *Kommt ihr Sperlinge nicht vom alten Kirchenbau drüben? Warum
sucht ihr jetzt plötzlich Nistplätze bei uns?*
– *Freilich, wir nisteten dort und hatten es herrlich.*
– *Warum bleibt ihr dann nicht dort?*
– *Weil die Menschen kamen und den ganzen Bau erneuern wollten.*
– *Das ist doch gut! Dann habt ihr schönere Wohnungen.*
– *Keineswegs! Alle Fugen und Ritzen sind zu, und wir können
nirgends mehr hineinschlüpfen. Die ganze Kirche ist nur noch ein
unbrauchbarer Steinhaufen.*

Einige Grundprobleme des Dramatischen können an solch einer
kleinen Szene deutlich werden, so der Wechsel des Aspekts verschiedener Sprecher, die Notwendigkeit zeitlicher Ordnung durch Bericht und gegenwärtige Handlung oder die Notwendigkeit, den
Handlungsort festzulegen.

Bei der Betrachtung des *lyrischen* Sprechens kommen wir schließlich zum eigentlichen «Gedicht». Man wird in der 10. Klasse mit
Grundbegriffen zufrieden sein, zum Beispiel mit der Unterscheidung
von Natur-, Gedanken-, Liebeslyrik. Immer spricht hier das lyrische
Ich heraus. Die Sprache wird zum Instrument, Wirklichkeit zu
gestalten, ohne Absicht der Mitteilung oder des Austauschs.

So kann, um die Sprechhaltung deutlich zu machen, die Aufgabe
hier lauten, ein «Klagelied der Spatzen» oder eine «Ode an die Spatzen» zu schreiben, zunächst ohne Zwang zu festem *Metrum*, zu bestimmter *Strophenform* und zum *Reim*. Danach kann, wer will, versuchen, nach festgelegten Formen zu arbeiten. Da freilich erlebt man
sehr deutlich, wie schwer es ist, alle bisherigen Einzelelemente so in
eines zusammen zu «dichten», daß eine wirklich künstlerische Einheit entsteht. Aber gerade das Anstoßen an der Unvollkommenheit

der eigenen Versuche kann einen Sinn für die Qualitäten echter Dichtung wecken.

Wir bringen hierzu keine Beispiele, sondern wollen zum Schluß noch eine letzte Frage anschneiden, die nach der eigentlichen Gedichtinterpretation. Jeder Schüler der Klasse hat sich eine eigene Anthologie erworben (*Lyrische Signatur*, Urbanek). In ihr haben wir nach Beispielen für die jeweils behandelten Aspekte gesucht. Daneben sollten die Schüler selber nach Gedichten suchen, die ihnen gefallen oder die Fragen in ihnen wecken. Diese haben wir gegen Ende der Epoche betrachtet, ohne systematisches Interpretationsschema. Kennenlernen und Wahrnehmen üben war die einzige Absicht. Als eine Art *Vorbereitung für die eigentliche Interpretation* soll noch ein Arbeitsschritt beschrieben werden.

Den Schülern wurde mit den Worten des Lehrers ein Naturbild geschildert: *Septembermorgen.* Dann sollten sie diese Schilderung in zwei, drei Sätzen selber fassen. Wir haben dann an der Wandtafel vier der «Gedichte» gemeinsam betrachtet, jedes Wort geprüft, verändert, haben weggelassen, was unnötig erschien. So entstanden zweite Fassungen, eventuell dritte.

Zunächst ein erster Gedichtversuch in drei Fassungen:

> *An einem frühen Herbstmorgen liegt der Nebel über dem Tal.*
> *Die ersten Sonnenstrahlen durchbrechen den Schleier.*
> *Langsam steigt der Nebel auf,*
> *nur der funkelnde Tau bleibt auf den Wiesen zurück.*

> *Der Herbstnebel liegt über dem Tal.*
> *Die ersten Sonnenstrahlen durchbrechen den Schleier.*
> *Der Nebel zieht davon,*
> *auf den Wiesen bleibt funkelnder Tau.*

> *Herbstnebel über dem Tal.*
> *Die ersten Sonnenstrahlen brechen*
> *durch den steigenden Schleier.*
> *Tau funkelt auf den Wiesen.*

Ein weiterer Versuch in zwei Fassungen:

> *Noch ist weißer Nebel*
> *über der schlafenden Welt.*
> *Die Sonne kommt.*
> *Sie gießt ihr Strahlenlicht*
> *über die Wiesen und läßt die Welt*
> *in frischem Glanz erstrahlen.*
>
> *Weißer Nebel umhüllt*
> *die träumende Welt.*
> *Die Sonne kommt.*
> *Sie gießt ihr Licht über die Wiesen,*
> *taucht die Welt in hellen Glanz.*

Nach diesen Arbeitsschritten habe ich selbst an die Tafel geschrieben:

> *Die Welt ruht noch im Nebel,*
> *Wald und Wiesen träumen noch.*
> *Bald, wenn die Schleier fallen,*
> *Siehst du die Welt*
> *und den unverstellten blauen Himmel*
> *in warmem Golde fließen.*

Wer Mörikes Gedicht *Septembermorgen* im Ohr hat, wird die hier gegebene Alltags-Abfolge seiner Wörter als barbarisch empfinden. Für die Schüler, bei denen diese Voraussetzung nicht zutraf, war die Prosafassung als Folie gedacht, von der sich die künstlerische Fügung der Worte und Klänge zu einer rhythmisch-schwingenden Sprachmelodie abhob:

SEPTEMBERMORGEN

> *Im Nebel ruhet noch die Welt,*
> *Noch träumen Wald und Wiesen:*
> *Bald siehst du, wenn der Schleier fällt,*
> *Den blauen Himmel unverstellt,*
> *Herbstkräftig die gedämpfte Welt*
> *in warmem Golde fließen.*

Jetzt brauchte man zu diesem (mündlich vorgetragenen) Gedicht nichts mehr zu sagen. Das Wunder der vollkommenen Form spricht sich dem wacher gewordenen Sprachempfinden gegenüber selber aus. Mit solcher Interpretation durch vorbereitende Gestaltungs- und Wahrnehmungsübung arbeiten wir an einer Form der Urteils- bildung, bei der der Erkenntnisprozeß im tätigen Bemühen und im lebendigen, phantasiebelebten Empfinden wurzelt.

Im Rezitationsteil zu Beginn jedes Morgens haben wir an Ge- dichten zur Sprache gearbeitet: Goethe, Eichendorff, Hebbel, Benn, Domin, Bobrowski, Meister. So erlebten die Schüler im Spiegel des modernen Gedichts die Problematik des Sprachbewußtseins in un- serem Jahrhundert, damit vorgreifend auf Themen der 11. und 12. Klasse. Während der ganzen Epoche haben wir anstelle des Mor- genspruchs den Spruch Rudolf Steiners für den altsprachlichen Un- terricht gesprochen, den die Schüler inzwischen an vielen Waldorf- schulen nicht mehr kennenlernen. Er weist aber auf das eigentliche Ziel jedes Bemühens um Sprache hin: durch den Reichtum der sprachlichen Bilder die Welt tiefer und voller zu fassen, durch die Ausdruckskraft der Sprachmusik zum Wesen des Begegnenden vor- zudringen, in der Liebe zum Wort des eigenen Menschseins gewahr zu werden.

11. Klasse: Vertrauen in die eigene Seele gewinnen

Voraussetzungen

Der Übergang vom 10. ins 11. Schuljahr ist nicht einfach das Aufsteigen in eine höhere Klasse; es ist der Eintritt in ein anderes Lebensalter. Immer wieder beobachtet man ja als Lehrer nach den Sommerferien, daß eine Klasse sich verändert hat, in den unteren Klassen vor allem äußerlich: die Kinder haben einen Wachstumsschub getan. Aber schnell merkt man, daß sich in diesen sechs Wochen auch innerlich manches verändert hat. Das mag unterstützt werden durch bestimmte Ferienerlebnisse, das Freisein vom «Rollenzwang», der innerhalb der Klasse hemmend wirkt.

Eine 11. Klasse tritt einem aber zu Beginn des Schuljahres in besonderer Weise «neu» gegenüber, vielleicht nicht gleich am ersten Tag bemerkbar, aber spätestens innerhalb der ersten Wochen: eine seelische Beruhigung hat sich eingestellt; manches von Tumult und Zweifel aus den ersten Oberstufenjahren ist zurückgegangen. Das Ich scheint etwas stärker in die Seele des Jugendlichen einzugreifen, diese ordnend und klärend. Jetzt werden nicht einfach forsche Urteile gefällt, sondern die Empfindung spricht mit bei allem, was an Welterfahrung und Gedanken an den Elftkläßler herandringt. Er entdeckt gewissermaßen seinen eigenen Seelenraum, begibt sich auf eine seelische Forschungsreise, auch in bezug auf seine Mitmenschen. Freundschaften, die jetzt entstehen, haben eine andere Qualität, möchten das Seelische des Partners ausloten.

Diese neue Situation erfordert vom Lehrer (und allen Erwachsenen, die mit diesen jungen Menschen umgehen) eine besondere Behutsamkeit, ja, man darf sagen, Ehrfurcht gegenüber dieser keimhaft sich entfaltenden Individualität. Nicht mehr den «Meister» sollte der Lehrer herauskehren, sondern den ebenfalls Suchenden, wobei es nicht darauf ankommt, das Ziel schon festzulegen, sondern sich «auf den Weg» zu machen.

Für derartige Seelen- und Lebenswege finden sich in der Literatur verschiedene «Urbilder», und der Lehrer sollte sie immer wieder neu mit den Schülern lesen lernen. Dabei darf er nicht auf bestimmte Antworten warten, die sich mit «seiner» Interpretation decken, sondern er sollte das sich aussprechen lassen, was in den Schülern an verborgenen Fragen lebt. Gerade in scheinbar «abwegigen» Antworten schwingt vielleicht die innere Not eines Schülers mit, auf die der Lehrer unter Umständen im weiteren Verlauf des Unterrichts – indirekt – eingehen kann. Hüten wird er sich vor dem Zu-Ende-Interpretieren, denn damit legt man das im dichterischen Bild frei Ausgesagte fest, bringt es zur Erstarrung. Interpretieren ist im Grunde ein materieller, unkünstlerischer Weg. Die Aufgabe bestände darin, eine «imaginierende Methode» zu entwickeln, die das Bild – und damit das Geheimnis – bestehen läßt. Der Elftkläßler, der gerade in die Rätsel der menschlichen Seele eintaucht, nach innerer Freiheit sucht, braucht einen Unterricht, der ebenfalls freiläßt, in dem er aber doch seine innersten Fragen wiederfindet, allerdings so, daß er sie losgelöst von sich selbst, wie von außen, anschauen darf – eben in der Gestalt einer Dichtung.

Die latenten Fragen, die der Jugendliche in diesem Alter hat, stammen aus dem Bedürfnis, den Kräften der eigenen Seele vertrauen zu können: Wer bin ich? Wie werde ich zu einem freien Menschen? Auf welche Kräfte in mir und im anderen darf ich mich wirklich verlassen? Wie wird die Liebe zu einer aufbauenden Macht? Für all das ist der Parzival-Roman des Wolfram von Eschenbach *die* große Menschheitsdichtung, die deshalb im Mittelpunkt des Deutschunterrichts des 11. Schuljahres steht. Sie ist keineswegs nur ein mittelalterlicher Ritterroman, sondern ein Werk, das in mancher Hinsicht geradezu prophetisch für unsere Gegenwart bestimmt zu sein scheint – bis hin zu den Bedingungen für eine innere Schulung.[1]

Anmerkung

1 Vgl. hierzu:
Bernd Lampe, *Gralssuche und Schicksalserkenntnis*. Bd. 1: *Parzivâl*, Dürnau 1986. Bd. 2: *Gâwan*, Dürnau 1987, Bd. 3: *Anfortas*, Dürnau 1991.
Rudolf Meyer, *Zum Raum wird hier die Zeit. Die Gralsgeschichte*, Stuttgart ³1980; Walter Johannes Stein, *Weltgeschichte im Lichte des heiligen Gral. Das neunte Jahrhundert*, Stuttgart ⁴1986.

REINHART FIEDLER

Parzival

Der junge Parzival

Durch weglose Wildnis reitet er dahin. Gedankenverloren läßt er den Zügel hängen, doch geduldig trägt ihn sein Pferd über umgestürzte Baumstämme und durch mooriges Gelände in unbestimmte Richtung. Der einsame Reiter ist ein junger König. Eins der Reiche, über die er gebietet, hat er sich selbst erkämpft: Er befreite die belagerte, hart bedrängte Stadt und gewann die schöne junge Königin zur Gemahlin. Aber nach einiger Zeit des reinen Glückes an ihrer Seite brach er wieder auf, um einmal nach seiner Mutter zu sehen und auch wohl um neue Abenteuer zu suchen. Die Liebe zu Condwiramurs begleitet ihn, und unablässig sehnt er sich nach ihr. Er weiß noch nicht, daß er sie erst nach vielen Jahren wiedertreffen wird. Und er weiß noch nicht, daß seine Mutter längst gestorben ist.

Herzeloyde überlebte den Augenblick nicht, als ihr einziges Kind sie verließ. Er hatte sich nicht einmal mehr umgedreht und gewinkt, so unbändig war er von dem Willen beseelt, ein Ritter zu werden. Und gerade das hatte sie verhindern wollen. In der Waldeinsamkeit, in die sie sich nach dem tragischen Tod des Gatten mit wenigen Getreuen zurückgezogen hatte, durfte nie von Ritterschaft gesprochen werden. Seine königliche Herkunft wurde ihm verheimlicht, unwissend wuchs er auf. Und als er durch Zufall doch einmal vier Rittern in ihren glänzenden Rüstungen begegnet war, erschrak sie zutiefst und mußte ihn schließlich ziehen lassen. Aber sie kleidete ihn in grobes Sackleinen, Hemd und Hose aus einem Stück, und hoffte, daß er, von den Menschen als Narr verlacht und verspottet, zur Mutter zurückkehren werde.

Nicht einmal seinen Namen hatte er erfahren! Guter Sohn, lieber Sohn, schöner Sohn sei er genannt worden; daran erkannte ihn Sigune, eine Verwandte, und sagte ihm, er heiße Parzival, das bedeute: recht mitten durch. Auf seinem Ritt in die Welt hatte er unwissend eine edle Fürstin belästigt und beraubt und einen jungen König in unritterlichem Kampfe getötet und sich seiner roten Rüstung bemächtigt. Schließlich war er auf der Burg des alten Gurnemanz unterwiesen worden, wie man ordentlich zu Pferde sitzt und mit eingelegter Lanze gegen den Feind reitet und welche Regeln ein rechter Ritter wohl zu beachten habe. Dann befreite er die schöne Condwiramurs. Und nun reitet er durch unwegsames Gelände dahin – ganz allein.

Ist der junge Parzival, von dem Wolfram von Eschenbach in seinem Epos erzählt, nicht so recht ein Bild für den jugendlichen Menschen in dem Alter, das die Schüler in der 11. Klasse gerade durchleben? Wer möchte nicht genauso frei und ungebunden aufgewachsen sein wie er? Wer wäre nicht dankbar für eine derart liebevolle mütterliche Fürsorge, und wer fände es nicht dennoch tief berechtigt, daß man um des eignen Lebenszieles willen Elternhaus und Heimat kurzentschlossen verläßt? Gänzlich unerfahren und fast ein Kind noch, kaum daß ihm der erste Bartflaum sproßt, setzt Parzival seinen Willen durch und wird nach kurzer Zeit ein weithin berühmter Ritter. Und ist es wirklich so schlimm, daß er keine höfische Erziehung genoß und nie einem Herrn als Knappe diente? Unverbildet, unbelastet von jeglicher Tradition, nur auf sich selbst gestellt, vermag er ganz aus dem eigenen Wesen zu handeln. Gewiß, anfangs erweist er sich als ungeschickt und töricht und wird schuldig an Leid und Tod anderer Menschen, aber in seiner kindlichen Unschuld merkt er es gar nicht. Das Leben mit allem, was es bringen mag, liegt vor ihm. Tatenfroh reitet er in die Welt.

Es ist erstaunlich und überrascht immer wieder von neuem, wieviel leichter sich die Schüler mit dem Schicksal dieses jungen Ritters verbinden können als mit den Gestalten des Nibelungenliedes, das in der 10. Klasse besprochen wurde. Beide Dichtungen stammen aus dem Anfang des dreizehnten Jahrhunderts. Aber mit Parzival fühlen sich die Jugendlichen innerlich verwandt, in seiner Biographie erkennen sie durch das mittelalterliche Gepräge hindurch die Signatur der Gegenwart, er nimmt in einer gewissen Urbildlichkeit die Problematik des modernen Menschen voraus, er ist der Erstling einer neuen Zeit, in der Betrachtung seines Suchens und Ringens ahnen sie etwas von den eigenen Lebensaufgaben. Dort waltete Gruppenhaftigkeit und Blutsbindung, hier ist Eigenverantwortung und Freiheit möglich; dort bestimmte dumpfes Seelengewoge und dunkles Schicksalsverhängnis das Leben der Menschen, hier handelt ein einzelner Mensch aus persönlicher Gewissensentscheidung und ringt sich schließlich zur königlichen Ichhaftigkeit seines höheren Wesens durch. – Der Jugendliche tut in diesem Alter ja oft schon selbst einen kühnen Vorgriff auf sein eigenes Ich, das ihm voll erst später zuteil werden kann. Etwas Großes und Reines leuchtet aus der Zukunft in sein Leben herein. Die Ideale, für die er sich mit ganzer Kraft einsetzen möchte, stehen so deutlich und so greifbar nah vor seiner Seele. Aber die Lebenssicherheit, die schon errungen schien, erweist sich allzu oft noch als trügerisch. Es ist, als habe er bei der Stromüberquerung erst eine Insel erreicht, die er schon für das andere Ufer hielt, und tief betroffen wird er gewahr, daß ihn die gefährlichsten Wasserstrudel noch vom festen Lande trennen.

Wohin ist Parzival unterwegs? Er weiß es nicht. Er weiß nicht, daß König Artus ihn in die Tafelrunde aufnehmen möchte. Er weiß nicht, daß der Gralskönig mit seinen Rittern ihn erwartet, denn Parzivals Name leuchtete an der Gralsschale auf: Er ist berufen, das unsägliche Leid des Königs zu wenden und selbst König zu werden, wenn er die Prüfung besteht und unaufgefordert die erlösende Frage stellt! So reitet er einsam durch den herbstlichen Wald und weiß nicht, daß ihm eine Schicksalsentscheidung unmittelbar bevorsteht, die seinem ganzen Leben eine neue Richtung geben wird. In unbewußter Demut hat er sich der Gralsburg genähert, die niemand findet, der sie willentlich sucht. Wird er sich bewähren? Wird er sich der Berufung würdig erweisen? Wird er die Gunst der Stunde bewußt zu ergreifen und festzuhalten imstande sein?

Merkwürdig ist die Lage der Burg geschildert, die Parzival am Abend erreicht. Noch nie ist er an einem Tag so weit geritten wie heute; ein Vogel hätte Mühe, die ganze Strecke zu erfliegen. Dreißig Meilen im Umkreis ist Wasser und Land völlig unbewohnt. Leicht kann man dort in die Irre reiten. Und täte sich die Burg nicht von selbst auf, müßte man schon hineinfliegen oder sich vom Wind hineinwehen lassen. Im Rittersaal erlebt er Wunder über Wunder und verharrt in ehrfürchtigem Schweigen. Er bemerkt, daß der Burgherr offenbar unter qualvollen Schmerzen leidet. Er hört die versammelten Ritter laut weinen und klagen, als ein Knappe die blutende Lanze hereinträgt. Und er sieht den Gral in den Händen der jungen Königin, umgeben von vierundzwanzig Jungfrauen, und erlebt das Speisungswunder mit, das davon ausgeht. Schließlich wird ihm ein kostbares Schwert als Gastgeschenk überreicht. Jetzt müßte er fragen! Jetzt hätte er die erlösende Frage stellen müssen! Warum tut er es nicht? Er hat doch ein reines, liebefähiges Herz, das anderer Menschen Leid mitzuempfinden vermag!

Als er einst Sigune traf, den erschlagenen Geliebten im Schoß, hat er sie aus seinem natürlichen Mitgefühl heraus mit Fragen geradezu bestürmt: wer den Ritter getötet habe und mit welcher Waffe es geschehen sei und ob sie ihm denn gar nicht sagen wolle, wer ihn erschlug; er wolle gern mit dem Mörder kämpfen. Warum bleibt er jetzt auf der Gralsburg so stumm? Inzwischen hat er gelernt, wie sich ein rechter Ritter in höfischer Zucht benehmen soll: Gurnemanz ermahnte ihn, nicht so viel zu fragen. Diese überkommene Lebensregel einfach zu durchbrechen, ist sein Ich noch nicht stark genug. Und so geht der bedeutsame Augenblick unwiederbringlich vorüber. Als Parzival am anderen Morgen erwacht, ist die Burg leer. Die Ritter sind offenbar schon aufgebrochen. Er folgt ihren Spuren, die sich aber bald in der Wildnis verlieren. So reitet er unverrichteter Dinge davon.

Es ist erschütternd zu sehen, wie ein unzeitgemäßer Erziehungsgrundsatz einen jungen Menschen daran hindern kann, seine Schicksalsprüfung gleich beim ersten Mal zu bestehen. Oder war ihm der Mund verschlossen durch die Schuld, die er unwissend auf sich lud? Nun irrt er jahrelang durch die Welt, bis er einst wiederfinden wird, was er fast schon besaß. Eigenwillig und unerbittlich, tiefen Gotteshaß im Herzen, so sucht er auf leidvollen Wegen den Gral, bis er wiederum – diesmal aber in bewußter Demut – seinem Pferd den Zügel hinter die Ohren legt und sich von der göttlichen Welt führen läßt. Und so ist er nach unermüdlichen Kämpfen nicht nur Sieger über viele Feinde, sondern auch Sieger über sich selbst.

In welcher Zeit ist das Parzival-Schicksal zu denken? Wo haben wir den historischen Hintergrund zu suchen, vor dem sich das Geschehen abspielt? Wolfram schrieb das Epos um 1200 (zwischen 1197 und 1210), und deutlich erscheinen die Rittergestalten vom Glanz des damaligen höfischen Lebens umstrahlt. Aber wenn wir uns von einem Hinweis des Dichters leiten lassen, gelangen wir in eine viel frühere Zeit. Nach dem Tode Herzeloydes heißt es: «Ach, daß sich ihr Geschlecht nicht bis auf den elften Sproß zu uns fortpflanzte! Es gäbe weniger treulose Menschen.»[1] Nehmen wir an, die dritte Aventiure sei im Jahre 1200 niedergeschrieben worden, und gehen von da elf Generationen (zu je dreißig Jahren) zurück, so kommen wir in die Zeit um 870.

Im Jahre 870 wird der Vertrag von Mersen geschlossen; die beiden Enkel Karls des Großen, Karl der Kahle und Ludwig der Deutsche, teilen sich «Lotharingien». Der Zerfall des Karolingerreiches ist in vollem Gange. Aber die allmähliche Aushöhlung und Auflösung der Herrschergewalt des fränkischen Königs und römischen Kaisers setzte schon viel früher ein. Die schlimmste Phase während der Regierungszeit Ludwigs des Frommen begann wohl mit jener denkwürdigen Mondfinsternis in der Heiligen Nacht des Jahre 828. Auch durch andere unheimliche Ereignisse wurden die Gemüter der Menschen beunruhigt: Man hatte dem Kaiser «Getreide gebracht, kürzer als Korn, und doch nicht rund wie Erbsen, von dem man sagte, es sei vom Himmel gefallen.»[2] Kurz vor Ostern des nächsten Jahres «trat in tiefer Nacht ein so gewaltiger Erdstoß ein, daß alle Gebäude davon einzustürzen drohten. Und diesem folgte ein heftiger Sturm, der nicht nur kleinere Häuser, sondern selbst die kaiserliche Pfalz zu Aachen durch seine Gewalt so sehr erschütterte, daß er sogar die bleiernen Platten, mit denen die Kirche der heiligen Gottesmutter Maria gedeckt war, zum größten Teil abriß».[3] Nach den Kämpfen gegen die Dänen und Sarazenen schienen sich nun die Normannen auf neue Plünderungszüge vorzubereiten.

Schlimmer noch waren die heimlichen Ränke gegen den Kaiser selbst, die «wie ein Krebsgeschwür um sich griffen».[4] Dahinter standen Ludwigs ältere Söhne, die mit der neuen Erbteilung zugunsten ihres jüngsten Bruders, eines nachgeborenen Sprosses aus zweiter Ehe, nicht zufrieden waren. In der Fastenzeit des Jahres 830 kam es zum offenen Ausbruch der Verschwörung; der Kaiser wurde in Haft genommen und die Kaiserin gezwungen, ins Kloster zu gehen. Nach vorübergehender Aussöhnung und neuen Unruhen standen sich schließlich die Heere des Vaters und der Söhne im Sommer 833 auf dem «Lügenfeld» zwischen Straßburg und Basel gegenüber. Aber noch vor der Schlacht gingen die Soldaten Ludwigs, durch Versprechungen verlockt oder durch Drohungen eingeschüchtert, in so großen Scharen zu den Söhnen über, daß sich der alternde Kaiser auf Gnade und Ungnade ergab. In schmachvollster Weise wurde er gezwungen, waffenlos und im groben Büßergewand öffentlich seine angeblichen Schandtaten zu bekennen.

Doch der Streit schwelte weiter und führte nach dem Tode Ludwigs (840) zu neuen Kämpfen der Söhne untereinander, bis man sich in Verdun vertraglich auf eine Reichsteilung einigte (843). Angesichts so wirrer politischer Verhältnisse und einer derart geschwächten Regierungsgewalt konnten die Städte und Klöster in den Flußgebieten des Reiches vor den verheerenden Raubzügen der Normannen nicht genügend geschützt werden, und wiederholt mußte ihr Abzug durch hohe Tributzahlungen oder gar durch Landverleihungen erkauft werden.

Im Jahre 870 geht das berühmte Konzil in Konstantinopel zu Ende. Denn nicht nur in weltlicher Hinsicht waren Unruhe und Unsicherheit eingerissen; auch von religiösen Fragen wurde die Christenheit nachhaltig erschüttert. Ergießt sich der Heilige Geist aus dem Wesen des Vatergottes? Oder ist der Geist eine heilbringende Wesenssubstanz, die gleichermaßen vom «Vater» und vom «Sohne» ausgeht? Der lange gärende Streit zwischen Ost und West wird nun endgültig zugunsten des «filioque» entschieden. Damit erscheint die dritte Person der heiligen Dreifaltigkeit in gewisser Weise als ein dem Vater und dem Sohne untergeordnetes Wesen. Und das hat zur Folge, daß man auch im Hinblick auf die menschliche Wesenheit den geistigen Teil vernachlässigt und nur noch von Leib und Seele spricht. «Wie der Geist im All, so wurde auch der Geist im Menschen degradiert.»[5] Emil Bock macht darauf aufmerksam, daß der Heilige Geist aus dem Christus-Ereignis heraus eine neue Gestalt angenommen habe: er wirkt jetzt im Ich der Menschen. Von diesem Gesichtspunkt aus «ist das Wort ‹filioque› ein wunderbarer Schlüssel für die große Wendung im geistigen Wirken überhaupt, die durch das Mysterium von Golgatha eingetreten ist. Aber wie hat sich der Westen dieses Schlüssels bedient?»⁶ Im 11. Kanon der 27 Konzilsbeschlüsse heißt es, daß der Mensch, wie das Alte und Neue Testament lehren und wie es alle gottesgelehrten Väter und Lehrer der Kirche bekräftigen, nur eine verständige und vernünftige Seele habe («unam animam rationabilem et intellectualem habere hominem»), daß es aber einige gebe, die, auf die Erfindungen der Bösen eingehend, zu solcher Frevelhaftigkeit herabgesunken seien, unverschämterweise den Lehrsatz vorzutragen, er habe zwei Seelen («duas eum habere animas»). In der frühen Christenheit war die Anschauung von der Dreigliederung des Menschen in Leib, Seele und Geist noch selbstverständlich, und kein Geringerer als der Apostel Paulus spricht ganz deutlich von *pneuma*, *psyche* und *soma*, wenn er den Brüdern wünscht, der Gott des Friedens möge sie heiligen «durch und durch» (1. Brief an die Thessalonicher 5, 23). «Verdammt also das Konzil dem Wortlaut nach schlauerweise nur die Lehre von den zwei Seelen, so verketzert es dem Sinne nach nichts anderes als die Anerkennung des Geistes neben der Seele als eines zweiten nicht leiblichen Wesensgliedes im Menschen.»⁷ Und Rudolf Steiner spricht wiederholt von der «Abschaffung des Geistes», die damals in der Hagia Sophia zu Konstantinopel beschlossen worden sei.⁸

Aber in der Zeit um 870 ist auch das Gespräch zwischen Trevrizent und Parzival zu denken, zwischen dem Einsiedler, der um das Geheimnis des Grales weiß, und dem Ritter, der viereinhalb Jahre durch die Welt irrte. Beide entstammen dem Gralsgeschlecht; Trevrizent und Herzeloyde sind Geschwister des siechen Königs Anfortas. Die Gralsritter mit der weißen Taube als Wappen auf den Satteldecken hüten auf ihrer Burg das Geheimnis des Heiligen Geistes, und täglich empfangen sie vom Gral, wessen sie als Menschen auf Erden bedürfen. An einem Karfreitag ist es, als Parzival mitten im verschneiten Wald in der Höhle des frommen Einsiedlers am Feuer sitzt und davon hört, daß sich alljährlich an diesem Tag der Heilige Geist selber in Gestalt einer weißen Taube vom Himmel herabschwingt und aus der Substanz des Christus-Opfers die Wunderkraft des Grals erneuert. Er wird eingeweiht in die «Wissenschaft vom Gral»⁹, wie sich die Menschenseele verbinden kann mit dem Geiste der Welt. – Der junge Ritter sammelt Eibenzweige für sein Pferd und der Einsiedler Wurzeln und Kräuter für das gemeinsame Mahl. Danach findet Parzival die innere Kraft, dem Oheim zu bekennen, daß er schon einmal auf der Gralsburg war, aber die entscheidende Frage nicht stellte. Nach vierzehn Tagen reitet er innerlich gestärkt von dannen.

Zwischen Arlesheim und Niedermünster

Wo mag die Gralsburg gestanden haben? In welcher Gegend Europas sind die Menschen zu suchen, unter denen sich das Parzival-Schicksal vollzieht? Emil Bock meint, ein Zentrum der Gralsströmung habe sich wohl «im Ausstrahlungsbereich befunden um den so wichtigen europäischen Drehpunkt herum, den das Rheinknie bei Basel bildet, wo sich die Vogesen, der Schwarzwald und der Schweizer Jura treffen».[10] Und in der Tat gibt es manche Anhaltspunkte, die diese Ansicht bestätigen.

Da hauste im siebten Jahrhundert auf seiner Feste Hohenburg in den Vogesen der mächtige Eticho, Herzog des Elsaß, ein grausamer und jähzorniger Mann. Daß seine Ehe jahrelang ohne Erben blieb, hatte ihn noch mehr verbittert. Endlich brachte seine Gemahlin ein Kind zur Welt. Als er aber hörte, es sei ein Mädchen und noch dazu blind, wollte er es sofort mit eigener Hand töten. Eine Amme konnte mit dem Kind fliehen, und in der Waldeinsamkeit wuchs es unter der Obhut freundlicher Nonnen zu einer schönen Jungfrau heran. Bei der Taufe wurde sie wie durch ein Wunder sehend und erhielt den Namen Odilie («Tochter des Lichtes»). Später kehrte sie auf die väterliche Burg zurück, aber das Gemüt des Herzogs hatte sich noch mehr verdüstert und verhärtet, obwohl ihm inzwischen ein Sohn geboren worden war; und als er sie gar mit einem seiner wilden Gesellen zu verheiraten gedachte, beschloß sie, heimlich zu fliehen. Sie wollte ins Kloster ihrer Kindheit zurück und wanderte durch die dichten Wälder nach Süden; sie war schon nach Basel gekommen, mied aber die Stadt und strebte das Birstal aufwärts. Da fühlt sie, daß der Vater sie verfolgt! Außer sich vor Wut ist er der Tochter nachgeritten, nur in Begleitung eines Knappen und geführt von seinen Hunden. Odilie überquert mit großer Mühe den Fluß, eilt, von Angst gejagt, einen Bach entlang den bewaldeten Hang hinauf. Sie trifft Menschen und bittet um Hilfe; doch mit Entsetzen muß sie hören, daß sie sich auf dem Dinghof Arlesheim befindet, der zum Besitz ihres Vaters gehört, und so stürzt sie wieder davon, immer weiter dem Bache folgend. Mit letzter Kraft erreicht sie eine der Felsenhöhlen im Hintergrund des Tales, als der Vater mit den Hunden sie einholt. Aber schützend schließt sich der Höhleneingang hinter ihr, während der Herzog, von einem niederbrechenden Stein schwer verwundet, in ohnmächtiger Wut zu Boden sinkt. – Nach seiner Genesung war Eticho ein anderer Mensch. Liebevoll nahm er seine Tochter jetzt auf. Sie aber ließ auf dem väterlichen Burgberg ein Kloster errichten. In tiefer Dankbarkeit für die wundersame Wandlung seines Wesens schenkte er ihr den Dinghof Arlesheim, der um das Jahr 708 (urkundlich belegt) dem zweiten, weiter unten am Berghang gegründeten Kloster Niedermünster überschrieben wurde.[11]

Hier nun spielt sich ein Jahrhundert später ein seltsames Ereignis ab: Zum Erstaunen der Menschen, die auf den Feldern die Ernte einbringen, trabt ein Kamel einher, verweilt ein wenig und steigt dann unverdrossen über steinigen Grund und durch Waldesdickicht den Hang hinauf und strebt wie in geheimer Absicht dem Kloster zu. Auf seinem Rücken trägt es eine kostbare Last, denn der edle Fürst Hugo von Tours hat ihm neben heiligen Schriften ein von Meisterhand geschaffenes, reich verziertes Kreuz aufbinden lassen, geschmückt mit dem Bildnis des Herrn, gegen Regen und Unwetter in einer hölzernen Kiste wohl verwahrt. In der Mitte des Kreuzes befindet sich eine Kapsel, die etwas vom heiligen Blut des Erlösers enthält. Diese kostbare Reliquie hatte sich Hugo für unschuldig erlittene Schmach aus dem Besitz des Königs erbeten; König Karl hatte sie auf einer Reise ins Morgenland von einem Engel empfangen. Aber Hugo fühlte, daß ein solcher Schatz in besondere Hut gehöre und daß der rechte Aufbewahrungsort nur mit Gottes Hilfe gefunden werden könne. So war das Kamel auf den Weg geschickt worden und lief durch die fränkischen Lande, kam auch in die Stadt Paris, wo es mit den Schellen, die lustig an seinem Halse klangen, großes Aufsehen erregte, und eilte weiter in das elsässische Gebiet. Fünf Ritter folgten ihm von ferne, um zu sehen, wo es nach Gottes

Willen seine Bürde ablegen werde. Vor dem Kloster Niedermünster bleibt das fromme Tier endlich stehen, stampft mit den Füßen auf die Erde und klopft mit dem eisernen Ring ans Tor. Hocherfreut öffnen die Nonnen und geben der Blutsreliquie in der Klosterkirche einen würdigen Platz.

Die Legenden von der heiligen Odilie[12] und vom Ritter Hugo[13] deuten (neben anderen Überlieferungen) auf ihre Weise darauf hin, daß im Elsaß und in den benachbarten Gebieten im neunten Jahrhundert Menschen gelebt haben müssen, die zur Gralsströmung gehörten und Hüter eines esoterischen Wissens waren. Die Waldlandschaft um Basel herum, so formuliert es Emil Bock einmal, «gibt uns den anschaulichen Hintergrund für die stillen Ereignisse des neunten Jahrhunderts». Er sagt nicht, «daß man einen bestimmten Punkt hinsichtlich der Gralsburg fixieren könnte – die Gralsburg darf man sich wohl überhaupt nicht als einen äußeren Bau vorstellen –», er sagt aber, daß wir, wenn wir von der Landschaft in der weiteren Umgebung von Arlesheim sprechen, «zugleich ahnungsweise den Fuß auf Gralsgebiet setzen!»[14]

Von solchen Fragen bewegt, unternahm ich vor Jahren einmal mit einer 11. Klasse eine Studienreise nach Frankreich und in die Schweiz. Von der Bahnstation Barr aus wanderten wir durch die herbstlichen Wälder zur Klosterruine Niedermünster und stiegen dann weiter zum Odilienberg hinauf. – Vom Birstal folgten wir dem Mühlenbach aufwärts. Durch Arlesheim ist er jetzt unterirdisch geführt, aber die Kanaldeckel wiesen uns den Weg, und wir kamen auch durch die «Bachgasse». Hinter dem Dorf rauschte uns das klare Wasser munter entgegen, und wir gelangten zu den Fischteichen im stillen Talgrund mit seiner zarten atmosphärischen Stimmung. Die Frage, ob in einer der Felshöhlen der Eremitage nicht nur die flüchtende Odilie Schutz fand, sondern vielleicht auch der fromme Trevrizent gehaust habe, als Parzival bei ihm weilte, mußten wir natürlich offen lassen; aber unmöglich schien es uns nicht. – Neben dem «Sonnenhof», der Klinik und dem Krebsforschungsinstitut in Arlesheim besuchten wir auch das Goetheanum im benachbarten Dornach.

Anmerkungen

1 Übersetzung von Wilhelm Stapel: *Wolfram von Eschenbachs Parzival*, Hamburg 1937, S. 75.

2 «Das Leben des Kaisers Ludwig» (Anonymi vita Hludowici imperatoris), in: *Quellen zur karolingischen Reichsgeschichte* (lateinisch-deutsch), 1. Teil, neu bearbeitet von Reinhold Rau, Darmstadt 1955, S. 333.

3 Ebenda.

4 Ebenda.

5 Johannes Geyer, «Ein Konzilbeschluß und seine kulturgeschichtlichen Folgen: Die ‹Abschaffung› des Geistes», in *Erziehungskunst* 10/11, 1964, S. 310.

6 Emil Bock, *Rudolf Steiner. Studien zu seinem Lebensgang und Lebenswerk*, Stuttgart ³1990, S. 359 (Kapitel: «Streit über den Heiligen Geist»).

7 Johannes Geyer, a.a.O., S. 305.

8 Zum Beispiel in *Soziales Verständnis aus geisteswissenschaftlicher Erkenntnis*, GA 191, Dornach 1972, S. 57.

9 Rudolf Steiner, *Die Geheimwissenschaft im Umriß*, GA 13, Dornach ²⁸1968, S. 406f. (Kapitel: «Gegenwart und Zukunft der Welt- und Menschheits-Entwickelung»).

10 Emil Bock, S. 344.

11 Hermann Jülich, *Arlesheim und Odilie*, Arlesheim 1955, S. 8f.

12 a.a.O., S. 47ff.

13 Walter Johannes Stein, *Weltgeschichte im Licht des heiligen Gral. Das neunte Jahrhundert*, Stuttgart 1966, S. 36ff.

14 Emil Bock, «Ephesus und die Gralsburg», a.a.O., S. 406.

CHRISTOPH GÖPFERT

Parzival-Motive – von Schülern gesehen

Ergebnisse einer Epoche in der 11. Klasse

Eine Parzival-Epoche in der 11. Klasse zu veranlagen und über sie zu berichten, dafür gibt es zahlreiche Gesichtspunkte. Jeder Lehrer mag einen anderen Weg einschlagen, mag auf besondere Nuancen Wert legen und wird in einer neuen Klasse den Stoff neu zu greifen versuchen. Auch die Eltern wissen – bei längerer Berührung mit der Waldorfschule –, daß der Parzival einen zentralen Stoff im Laufe der Oberstufe darstellt, und sie werden hier und da auch etwas darüber gehört und gelesen haben. Ja, selbst die Schüler der beginnenden Oberstufe leben gewissermaßen auf diese Epoche zu, manchmal sich etwas mokierend, im Verborgenen aber doch voll geheimer Erwartungen.

In diesem Bericht sollen in erster Linie die Schüler zu Wort kommen. Nicht die Absichten des Lehrers werden dargestellt, sondern das, was er den Schülern vermitteln konnte, jedenfalls insoweit sie selber dazu imstande waren, es wieder ins Wort zu bringen. Was in Klassenaufsätzen unter einem gezielt formulierten Thema oder in freien häuslichen Ausarbeitungen für das Epochenheft aus dem Unterricht festgehalten wurde, ist hier herangezogen. Daß außerdem vieles andere, Intimere sich nur im Unterrichtsgespräch abspielte, nur in Momenten aufleuchtete und sich dem schriftlichen Wort entzog, sei nebenbei erwähnt. Bemerkenswert vielleicht auch, daß die Berichte aus einer jungen Schule stammen, in der erst zum zweiten Mal eine Parzival-Epoche stattfand, wo in der Oberstufe also noch keine «Tradition» (im guten oder schlechten Sinn) besteht; der «Boden» war sozusagen unbelastet und von jugendlicher Ursprünglichkeit.

Trotzdem wird dieser Bericht auch über den Inhalt und den Gang der Epoche etwas aussagen. – Als Text hatten die Schüler die Prosaübersetzung des *Parzival* von Wolfram von Eschenbach von Wilhelm Stapel in der Hand, die – nach einer Zeit des Einlesens – gut verständlich ist und die bildreiche Sprache Wolframs nicht verfälscht. Der schwierige mittelhochdeutsche Text wurde nur in Auswahl und zum gemeinsamen Rezitieren herangezogen.

I.

Eine der Grundfragen, die sich im Laufe der Epoche (oder schon vorher) in jeder Klasse stellt, ist die nach der Aktualität eines so alten «Ritterromans». Die Antwort eines äußerlich recht rauhen Jungen lautet gegen Ende der Epoche so:

Hat die Parzival-Dichtung für die Gegenwart noch Bedeutung?
(Klassenaufsatz)

«Die Parzival-Dichtung von Wolfram von Eschenbach war im Mittelalter äußerst beliebt. Ihre Abenteuerlichkeit, ihre Menschlichkeit und ihre Bewußtseinsgebundenheit haben viele Menschen fasziniert. Doch ich stelle mir die Frage, ob diese Dichtung heute und in der Zukunft noch eine Bedeutung haben kann.

Die Dichtung ist in Bildern geschrieben, und ich glaube, viele Menschen erlebten sie damals wie einen Traum. Für mich ist Parzival konkret eine Art von Bewußtseinserweiterung, sozusagen die Personifizierung eines höheren Bewußtseins. Sie warnt damals schon vor der Entwicklung, die heute in der westlichen Zivilisation eingetreten ist. Es ergibt sich natürlich die Frage, ob die früher lebenden Menschen diese Bilder der Dichtung in sich aufgenommen haben oder ob sie die Dichtung nur als Abenteuergeschichte betrachteten. Ich persönlich möchte das als Frage stehen lassen, doch weisen einige Tendenzen darauf hin, daß früher unter den Menschen diese Bildersprache die Form der Verständigung war, als die Menschen sich noch nicht begrifflich ausdrücken konnten. So kann es sein, daß sie sich untereinander anhand dieser Bildersprache verstanden. Ich meine damit, daß sie wahrscheinlich doch den höheren Sinn dieser Dichtung erkannten.

Für die Menschen heute, in deren Denken, Sprache und Bewegung

149

eine Stagnation aufgetreten ist, hat die Parzival-Dichtung eine sehr große Bedeutung, denn sie könnte die Menschen von ihrem festgefahrenen Ich lösen. Doch leider ist der Mensch heutzutage von Hetze, Streß, Konsumgütern und vielerlei Technik so vollgestopft, daß er diese Bildersprache überhaupt nicht empfinden kann. Der Mensch ist bis oben hin zu, er findet keinen Zugang mehr zu ihr. Das Buch *Parzival* sollte in seiner Art vielen Menschen vorgelesen oder vorgeführt werden, denn dadurch könnte der Mensch endlich lernen, mit dem, was er sich selber erschaffen hat, richtig umzugehen. Ich meine auch, daß der Mensch durch dieses Buch eine Art von Selbsterfahrung machen kann, also sich seiner selber bewußt werden kann. Wir durchdenken zwar Tag für Tag immer wieder, wie wir auf andere Menschen wirken, wie wir handeln, wie wir uns bewegen. Aber ich meine, daß dieses Selbstsehen subjektiv ist, es ist sehr ego-bezogen. Ich glaube, daß dieses Buch uns helfen könnte, daß wir uns selber anders sehen könnten, und mir scheint, daß die Menschen im Mittelalter diese Fähigkeit hatten, die für uns heute kaum noch erfühlbar ist.

Die Bedeutung der Parzival-Dichtung in die Zukunft hinein halte ich für außerordentlich wichtig, allein schon da sie uns den Weg zeigt, wie wir von unserer Stagnation loskommen und wie wir bewußt einen Gedanken zu Ende denken könnten. Denn der Mensch muß wieder erlernen, einen Gedanken zu durchdenken, und daß ihm, während er einen Gedanken denkt, nicht 100 andere Gedanken noch im Kopf herumschwirren, also daß er wirklich emotionell seine Ruhe finden kann.

In unserer Zeit wird das Gefühlsleben des Menschen unterdrückt. In der Parzival-Dichtung wird es dem logischen Denken mindestens gleichgestellt. Warum gibt es denn immer sogenannte schizophrene oder schizoide Kranke? Die werden dann in Häuser gebracht, wo sie noch kaputter gemacht werden. Warum gibt es so viele Psychoanalytiker, die für viel Geld dem Menschen das sagen, was er früher wahrscheinlich selber erkannt hätte. Die Gesellschaft stößt Kranke aus, dabei stammt die Krankheit aber von ihr, und sie selber sieht nicht oder will nicht sehen, daß sie selber krank ist. Gucken wir doch auch unser Gemeinschaftsleben an. Es gibt Kneipen, Diskotheken, in denen man Alkohol oder Musik konsumieren kann, aber dahinter ist nichts mehr. War das denn früher auch so, war früher auch nie etwas

dahinter? Ich meine, daß wir uns in Zukunft wirklich nicht mehr
weiterentwickeln können auf dem Sektor der Technik und des Kon-
sums.

Um das irgendwie sich bewußt zu machen, braucht man nicht unbedingt ein Parzival zu sein oder zu werden; ich glaube, ein bißchen
Nachdenken genügt schon. Jedenfalls ist alles so festgefahren bei uns
selber und in der Gemeinschaft, daß kein menschlicher Fortschritt
mehr erreicht werden kann, wenn wir uns nicht das Fühlen und
Denken zu eigen machen, welches ein anderes Bewußtsein ergibt.»

2.
Wolframs Vorwort: Handreichung für den Leser

«Wenn das Herz aus Zweifel an Gottes Hilfe und sich selbst zusam-
men haust, so muß das der Seele sauer werden. Schmach und Schmuck
zugleich trägt der unverzagte Mann, den zuzeiten Verzagtheit über-
kommt; er ist wie die Elster weiß und schwarz. Doch mag er sich
immerhin getrösten: Himmel und Hölle haben beide Teil an ihm.
Aber der unstäte Mann dient dem schwarzen Banner der Hölle und
wird dunkel wie die Finsternis. Doch wer ohne Wanken treu gesinnt
bleibt, der gesellt sich der reinen und lichten Schar.»

Dieses Gleichnis stellt Wolfram von Eschenbach an den Beginn seines Buches über die Parzival-Sage. Daran anschließend unterhält er
sich mit dem Leser. Er wählt das Bild der Elster, weitet es aus und
überträgt es auf den nicht wankenden Mann. Er weigert sich aber, es
vor den «Zweiflern und Ungetreuen» zu rechtfertigen.

Wolfram macht keinerlei Aussage über den Inhalt des *Parzival*,
sagt nicht, wie er die Gestalt zu verstehen wünscht, sondern weckt
mit zahlreichen Bildern die Aufmerksamkeit des Lesers für seine
Art, Wahrheiten auszusprechen.

In wenigen Sätzen räumt er Vorurteile und Meinungen aus dem
Weg. So macht er zum Beispiel mit dem Bild des Glasstückes, das
man hinten mit Zinn bestreicht, des Spiegels, deutlich, was seine Mei-
nung über den äußeren Schein ist: «Aber ein trüber, schwacher
Schein hat keinen Bestand; darum macht er nur für kurze Zeit wahre
Freude.»

Mit solchen Bildern macht Wolfram klar, daß seine Gleichnisse tiefer liegen als der äußere Schein. Erst dem, der dieses begriffen hat, öffnet sich der Zugang zum Verständnis seiner «Mär», und so fährt der Dichter ohne Erklärung in seinem (eben erläuterten) Stil fort. Er spricht da von einem bunten Spiel, dem nur der folgen könne, der sich nicht «verhockt» und «verläuft», sondern *sich* versteht.

Wenn Wolfram dann auf den «falschen Mann» zurückkommt und dessen «Treue» mit dem ungeduldig aus dem Eis gerissenen Schwanzstummel einer Kuh vergleicht, warnt er nochmals den Leser davor, allzu ungeduldig zu sein. Aber es sagt das Bild des Kuh-schwanzes im Eise außerdem, daß nur der Grund zur Unruhe habe, der zuvor unaufmerksam und faul gewesen ist (wie die Kuh, die es versäumte, ihren Schwanz vor Gefrieren des Wassers herauszuzie-hen). Die Folgen von Ungeduld und Unaufmerksamkeit sind dann die kleinen Verwirrungen, deren der Mensch sich nicht mehr erwehren kann und die ihm (wie die unverjagten Mücken bei der Kuh) zur Plage werden können.

Ein Ausdruck der Zeit, in der Wolfram von Eschenbach lebte, ist es, daß es einer weiteren Erläuterung bedarf, um klarzumachen, daß er den *Menschen* und nicht den Mann allein anspricht. Den Frauen wünscht er den rechten Blick dafür, wem sie ihre Liebe und Treue geben, und verspricht denen, die seinen Rat annehmen, daß sie die-sen Blick haben werden. Die «falsche Frau» samt ihrem falschen Lob vergleicht er mit dünnem Eis, das in der Augustsonne wohl schmelzen mag.

Zum Ende dieses Vorspanns führt der Dichter noch einen sehr interessanten Gedanken über die Werte der Frauen an: da ist von Schönheit und Herz die Rede, von denen erstere zwar in aller Mun-de, für ihn aber unwesentlich sei. Denn das falsche Herz einer schö-nen Frau sei wie ein unechter Stein in echtem Golde. Dem würde er einen echten Rubin mit allen seinen Wundern, in schlechtes Messing eingesetzt, vorziehen.

In diesen Vergleichen und Bildern setzt Wolfram neue Gesetze. Er verlangt von uns, daß wir manche Normen der uns umgebenden Welt aufgeben, uns freimachen von Ansichten und Meinungen, um die Augen für die inneren Gesetzmäßigkeiten öffnen zu können. Er verlangt von seinen Zuhörern innere Wachheit und Aufmerksamkeit, mit der der Mensch sich selbst und seine Umgebung versteht.

Das, was die Schüler sich am Parzival-Stoff am leichtesten erarbeiten können, sind die verschiedenen menschlichen Charaktere. Es ist wie ein Panorama menschlicher Möglichkeiten, was da an uns vorüberzieht; nicht alles Vorbilder, sondern im Gegenteil: auch Menschen mit ihren Schwächen. Aber im Umgehen mit ihren Taten und Schicksalen schult der Jugendliche – sozusagen unterschwellig – den Blick für Seelenqualitäten und für die Aufgabe, die man an der eigenen Seele hat: Der junge Mensch wird zu Selbsterkenntnis und Selbsterziehung geführt.

Gachmuret und Gawan – ein Vergleich
(Klassenaufsatz)

«Will man zwei Menschen vergleichen, so kann man das anhand ihrer Taten und ihrer Gefühle tun, soweit man sich in Gefühle hineinversetzen kann. Man darf nicht einfach ein Urteil, wie ‹gut› oder ‹böse›, fällen, denn fast jeder Mensch hat gute wie auch schlechte Seiten.

So auch Gachmuret: Er wird als ein liebenswerter Mensch dargestellt, der gern zur Hilfe bereit ist und den alle Menschen mögen. So wird ihm aufgrund einer Bitte des Volkes das halbe Königreich angeboten, was er aber ablehnt. Denn er scheint seine Schwächen wohl zu erahnen. Das kann man daraus schließen, daß er sich den Anker als Wappen wählt, der ihn immer daran erinnern soll, daß er einen Ankerplatz für sein ruheloses Wesen finden muß. Andererseits fehlt es ihm an innerer Kraft, diese Ruhelosigkeit wirksam zu bekämpfen. So kann man an vielen Stationen seines Lebensweges beobachten, wie er Dinge tut, die er nicht richtig überdenkt und bei denen er später nicht die Kraft findet, sie richtigzustellen. Das sieht man z.B. beim Verlassen von Belakane. Er speist sie mit einer Lüge ab, weil er nicht die Kraft hat, ihr die Wahrheit ins Gesicht zu sagen. Besonders deutlich wird seine Schwäche allerdings bei der Begegnung mit Herzeloyde. Dort mischt er sich völlig unüberlegt in den Kampf ein und traut sich später nicht, die Folgen seiner Unbesonnenheit zu verhindern.

Gawan ist dagegen ein außerordentlich besonnener Mensch. Das zeigt sich daran, daß er sich in Situationen, in denen Gachmuret wahrscheinlich sofort zum Schwert gegriffen hätte, sehr bremst. Er wird allerdings auch oft auf die Probe gestellt, was sich auf seinen

Charakter sehr positiv auswirkt, denn er muß sich bei jeder dieser Proben zügeln.

Die erste Probe läßt Wolfram durch Kingrimursel geschehen, der ihn unbegründet anschuldigt. Bei der zweiten wird er, wieder unbegründet, durch Obie beleidigt. Bei genauerem Nachdenken findet man auch noch eine dritte Probe: Als Obilot ihn bittet, Minnedienst für sie zu leisten, geht er darauf ein, obwohl er eigentlich ein Jahr lang nicht kämpfen darf. Er hat also ganz genau im Gefühl, wie weit man die gesellschaftlichen Regeln einzuhalten hat und wann man sie brechen darf.

Gawan besteht all diese Proben glänzend, denn niemals handelt er sofort – er kann warten.

Außerdem fällt an Gawan auf, daß er ein sehr ausgeprägtes Seelenleben hat und auch Verständnis für das Seelenleben anderer Menschen aufbringen kann. So z.B. greift er Parzival nicht sofort an, als dieser sich in den Blutstropfen «verdacht» hat, sondern spricht ihn an und erkennt den Grund seines Zustandes. Genauso bringt er Verständnis für Obilot auf.

Man kann also sagen, daß Gawan ein ausgesprochener Seelenmensch ist; bemerkenswert auch, daß man keine negativen Seiten an ihm finden kann.

Stellt man nun Gachmuret und Gawan gegenüber, so stößt man auf eine gewisse Ähnlichkeit. Beide handeln sehr stark vom Gefühl her. Doch steht Gawan auf einer höheren Entwicklungsstufe, die Gachmuret vielleicht auch noch hätte erreichen können, hätte er nur eine stärkere innere Kraft aufgebracht. Obwohl man an Gachmuret sehr viele negative Seiten findet, gewinnt man beim Lesen des *Parzival* den Eindruck, daß er ein wirklich liebenswerter Mensch ist, ebenso liebenswert wie Gawan. Der grundsätzliche Unterschied zwischen beiden liegt wohl darin, daß sich Gawans Gefühl auf einer höheren Ebene befindet, daß es ihm immer das Richtige sagt, während Gachmurets Gefühl noch mit vielen Mängeln behaftet ist.

Gawan stellt also im *Parzival* einen Menschen dar, den es heute nur noch sehr selten gibt; es existieren heute fast nur Menschen, die wie Gachmuret sind. Es stellt sich also die Frage, ob die Menschheit heute noch Menschen hervorbringen kann, die sich wie Gawan verhalten – oder ob sogar noch mehr nötig ist.»

Gerade weil die Parzival-Dichtung einen so hohen Rang hat, sollte man sie nicht losgelöst von ihrem geschichtlichen Hintergrund behandeln. Dabei ist es wichtig, den Bogen weit genug zu spannen, denn in der Gralsströmung gipfelt eine Entwicklung, die in der Megalith-Kultur Westeuropas beginnt, über Jahrhunderte in einem Kreis um «König Artus» im Verborgenen weiterwirkt und im neunten Jahrhundert mit einem christlich-esoterischen Impuls bestimmte Menschen dieser Gegenden neu ergreift.

Die Artus-Stätten liegen meist am Meer oder auf Inseln. Sie waren nicht nur Wehrbauten, sondern zugleich Einweihungsschulen. Hier konnte die keltische Bevölkerung noch die hinter den Elementen Erde, Wasser, Luft und Licht webenden göttlichen Wesen erleben.

Obgleich es sich also um historisch greifbare Strömungen handelt (man kann das an den großen Staufern, den Katharern oder Karl IV. festmachen),[1] sind mit Tafelrunde, Gralsburg und Klingsorschloß bestimmte übersinnliche Machtzentren gemeint, die auch im Innern des Menschen wirksam werden können. Darin liegt die überzeitliche Bedeutung dieses Stoffes, was für die Schüler durchaus einsehbar werden kann. Einige Aufsätze seien nachfolgend wiedergegeben:

Megalithkultur, Artusrunde, Gralsströmung
(Gemeinschaftsarbeit mehrerer Schüler)

«In der Parzival-Erzählung begegnen uns zwei bestimmte Strömungen, von denen die eine das zum Alten Hingewandte und die andere das zum Neuen Strebende repräsentiert. Es handelt sich um die Artusströmung und die Gralsströmung. Beide Tendenzen gehen aus einer gemeinsamen Entwicklung hervor, deren Verlauf man mit den Stichworten: Megalithkultur, Artusrunde, Gralsströmung skizzieren könnte. Eines geht also aus dem anderen hervor.

Die Megalithkultur ist die älteste der drei und stammt noch aus vorchristlicher Zeit. Sie war um 2000 v. Chr. in den Gebieten anzutreffen, die später von Kelten besiedelt wurden, also in Irland, Schottland, Südengland und der Bretagne. In diesen Gebieten sind uns noch heute Reste der Megalithkultur («Großstein-Kultur») erhalten. Es handelt sich dabei vor allem um Steinkreise und Steingräber – daher der Name. Solche Steine findet man beispielsweise in Schottland in sehr großer

Zahl. Das Besondere an diesen kreisförmigen Anordnungen großer Steine ist, daß sie viele seltsame Gemeinsamkeiten besitzen, die uns auf bestimmte Gesetzmäßigkeiten hinweisen.

So ist die Anzahl der Steine eines Kreises fast immer ungerade, meist 7, 9, 11 oder 13. Vorwiegend wurden Granite, aber auch Sandsteine verwendet; einige stammen nachweislich aus sehr fern gelegenen Gebieten. Dies spricht für eine große Sorgfalt bei der Auswahl der Steine. Denn wenn man einen riesigen Granit 200 km weit transportiert, muß ein besonderer Grund vorliegen.

Die Steine eines solchen Kreises haben alle verschiedene Formen, Farben und Größen, sind also von einer großen Vielgestaltigkeit, die beabsichtigt zu sein scheint. Oft verhält es sich so, daß ein Stein durch seine tischplattenartige Abflachung besonders hervortritt. Manchmal sind kleine muldenförmige Vertiefungen in ihn eingelassen. Vermutungen zufolge stellte er eine Art Opfertisch oder Altar dar. Flankiert wird dieser besondere Stein von zwei größeren, den größten des Kreises. Die seitlich folgenden Steine werden immer kleiner, der kleinste steht dem «Opferstein» genau gegenüber. Eine seltsame Tatsache ergibt sich, betrachtet man diesen kleinsten Stein über den Opferstein hinweg: seine Spitze scheint gerade den Horizont zu berühren! Oft bezeichnet er damit den Aufgangspunkt eines besonders markanten Sternes oder der Sonne.

Oft liegen diese Steinkreise auf einer Erhöhung. Man hat festgestellt, daß die weitere Umgebung wie eine diesen Steinkreis umhüllende ringförmige Erhebung aufgefaßt werden kann. In dieser Tatsache kommt vielleicht das Bedürfnis oder das Empfinden eines Umhüllt- und Eingebettetseins zum Ausdruck. Bei der näheren Untersuchung vieler Steinkreise (deren berühmtester Stonehenge ist) haben Wissenschaftler erstaunliche Entdeckungen gemacht: die Menschen, die sie errichteten, mußten in unglaublicher Weise mit dem Kosmos verbunden gewesen sein. Denn es stellte sich heraus, daß die Steinkreise meist genau nach astronomischen Erscheinungen ausgerichtet waren. Zum Beispiel ergaben sich bei bestimmten Sonnenstellungen (oft zu den Zeiten der Sonnenwende) anscheinend genau berechnete Lichtverhältnisse. So fällt die Sonneneinstrahlung am 21. Juni in Stonehenge genau auf den sogenannten ‹Opferstein› – die Sonne liegt ihm bei Sonnenaufgang genau gegenüber.

Vermutlich sind die Steinkreise Kultstätten gewesen. Mir erscheint es besonders wichtig, daß man mit Hilfe solcher Kulturüberreste etwas von der Grundstimmung, dem Grundempfinden dieser Menschen erkennen kann. Sicherlich hatte der damalige Mensch noch eine sehr starke Beziehung zu allem, was an kosmischen Kräften und Naturgesetzen um ihn herum wirkte. Möglicherweise bedeuteten die Steinkreise eine Hilfe, sich noch mehr mit diesen Kräften zu verbinden. Der Mensch versuchte, durch sie sein Verhältnis zu dem, was ihn umgab – zur Erde – auszudrücken und zu verstärken.

Die Druiden, die Priester jener Zeit, stellen die Erfahrungen und Forschungen, die sie mit Hilfe der Steine machten, in den Mittelpunkt ihres Lebens mit der Natur. Die Einwirkung der Sonnen- und Mondkräfte, das Walten der Elementarwesen müssen sie durch redliches Studium und inneres Schauen empfunden und erkannt haben. Es ist unwahrscheinlich, daß sie das Zusammenspiel der Naturkräfte und seinen (für uns) sonderbaren Hintergrund ebenso intellektuell, wie wir es heute tun, begriffen haben. Die vielen Kultstätten, die in Zusammenhang mit Sonne, Mond, Planeten und Tierkreis stehen, aber auch mit Erd-, Bilde- und Elementarkräften, weisen deutlich darauf hin, daß diese Kultur eine ernsthafte und tiefe Auseinandersetzung mit nicht-sinnlichen Kräften der Natur war, die der Mensch sonst unbewußt aufnimmt.

Im Zusammenhang mit der Geschichte scheint mir die Megalithkultur eine Art Übergangsphase zweier ‹Empfindungs- oder Bewußtseinszeiten› zu sein. War den Menschen anfangs die Fähigkeit des übersinnlichen Schauens der Natur- und Götterkräfte wie selbstverständlich gegeben, so bedurfte es in der Zeit der Megalithkultur schon eines eher äußeren Bewußtseins (Beobachtung), um diese Kräfte zu erkennen. Dennoch waren die Menschen noch enger mit der Elementarwelt verbunden als in der darauf folgenden Zeit. Das heißt also: vor der Megalithkultur – natürliches und offenes Empfinden der kosmischen Kräfte (instinktives Hellsehen, gefühlsmäßiges Verstehen); während der Megalithkultur – äußeres Bemühen und Verinnerlichung der Naturkräfte (aktive, bewußte Aufnahme, noch gefühlsmäßiges Verstehen); und schließlich als Folge der Megalithkultur die Artusströmung, die ebenso wie die Megalithkultur die Bemühung um den ‹Inhalt› der Dinge in sich trägt, aber schon mehr engere, äußere Hilfsmittel und Maßstäbe benötigt, um den Ursprung der Dinge zu erfassen.

Es ist eine interessante Tatsache, daß in eben diesen Gebieten der Megalithkultur und der späteren keltischen Kultur die Reste der Artus-Strömung zu suchen sind. Hier finden sich die Artussagen, die anscheinend alle von demselben König und seinen Rittern berichten.

König Artus' Tafelrunde

König Artus' Tafelrunde findet man in vielen mittelalterlichen Erzählungen wieder. Sie spielt eine große Rolle in der damaligen Zeit. Sie ist eine historische Erscheinung, da man Überlieferungen über sie besitzt, wobei Artus nicht eine einzige Person war, sondern ein Titel für den Führer der Tafelrunde. Das geht daraus hervor, daß Artusburgen aus verschiedenen Jahrhunderten gefunden wurden.

Die Tafelrunde des ‹Artus› setzt sich aus zwölf Rittern zusammen, die außer der Fähigkeit, Streitigkeiten durch Kampf zu schlichten, auch die Gabe besitzen mußten, innere Streitigkeiten anderer Menschen zu klären. Sie mußten also auch das sein, was man heute einen Psychologen nennt. Diese inneren Streite findet man jedoch nicht direkt in den damaligen Erzählungen wieder; sie werden durch Kämpfe mit Riesen, Drachen und anderen Ungeheuern zum Ausdruck gebracht. Die Tafelrunde entstand aufgrund dieser inneren Unruhen, die sich damals zu häufen begannen, denn es hatte sich gerade eine große Veränderung vollzogen: Das Christentum war eingezogen. Es verlangte eine gewisse innere Selbständigkeit von den Menschen, die bei dem alten Glauben nicht nötig war, da dieser ihnen immer sagte, was zu tun war. Als dann die Menschen diese innere Selbständigkeit aufbrachten, zerfiel die Tafelrunde, und es bleiben uns heute nur noch Überlieferungen und alte Burgen, die an diese sehr außergewöhnliche Einrichtung erinnern.

Die Artusritter schulten sich für ihre Aufgabe, indem sie die Rhythmen der Natur beobachteten. Die Ordnung des Kosmos war ihnen Vorbild für die menschlich-soziale Ordnung, die es zu begründen galt. Sie trafen sich dazu im Verborgenen. Nur sie untereinander wußten, wer zu ihnen gehörte. Das sollte sie vor Mißbrauch ihres Status schützen. In der Sage war jeder der zwölf für einen bestimmten Tugendbereich ‹zuständig› (wie Treue, Ritterlichkeit usw.).

Die Ritter der Tafelrunde waren ausgesuchte und geschulte Männer. Sie besaßen auch eine Mysterieneinweihung. Gerade in den Jahrhunderten der Wandlung, als besonders im keltischen Bereich die Menschen merkten, daß sie ihre Götter nicht mehr wie früher erreichen konnten, waren die Artusritter wichtig. Dazu kam das für dieses Gebiet fremdartige römische Christentum. Viele Menschen verkrafteten diesen Umschwung nicht, und in ihren Seelen entwickelte sich ein Chaos. Die Artusritter hatten die Aufgabe, diesen Menschen zu helfen und das seelische Chaos zu ordnen.

Ähnlich wie der Mensch der Megalithkultur schöpfte die Artusströmung ihre Kraft also aus der Verbindung zur Natur. Aber sie geht noch einen Schritt weiter, denn nun wird das Seelische bereits mit einbezogen. Die Artusströmung geht aus der Megalithkultur sozusagen nahtlos hervor. Sie ist, wenn man so will, ein weiterer Schritt in der menschlichen Entwicklung.

Das, was uns im *Parzival* schließlich als Gralsströmung begegnet, stellt einen weiteren Schritt dar. Es kommt etwas hinzu, das in der Artusströmung noch nicht eine so bedeutende Rolle spielt (spielen kann): das christliche Element. Mir erscheint es so, als würde der Mensch immer genauer, konkreter: erst lebt er vollkommen mit der Natur, eigentlich in ihr; all seine Kraft bezieht er aus ihr. Langsam kommt er dahin, sich als etwas zu erkennen, das in Verbindung mit der Natur und ihren Gesetzen imstande ist, sich selbst Kraft zu geben. Und schließlich kann er seine Quelle auf eine noch höhere Stufe heben: eine christliche Kraft keimt in seinem Innern auf.»

Ist die Gralsburg eine mittelalterliche Königsburg?
(Klassenaufsatz)

«Königsburgen gab es überall im Mittelalter. Sie waren groß und mächtig und in den meisten Fällen sehr gut befestigt. Die Frage ist, ob es jemals materiell eine Gralsburg gegeben hat. Sie wird zwar wie eine gewöhnliche Burg beschrieben. Aber wir haben uns gefragt, wie die Gralsburg wirklich aufzufassen ist.

Parzival reitet allein los, ohne zu ahnen, wohin. Er läßt sein Pferd frei laufen. Er kommt durch einen dichten und märchenhaften Wald. An einem See trifft er einen Fischer. Dieser sagt ihm, er solle zu einer Burg reiten, er werde nachkommen und sein Wirt sein. Doch solle er aufpassen, da der rechte Weg leicht zu verfehlen sei und man sich verlaufen könne. Parzival befolgt den Rat des Fischers und kommt zu der Burg. Die Burg ist sehr gut befestigt. Sie hat hohe Mauern und Zinnen, einen Burggraben, über den eine Zugbrücke geht, und Parzival sieht sofort, daß man schon ein Vogel sein müsse, wenn man unerlaubt in sie eindringen wolle.

Man kann nun ganz äußerlich sagen, daß diese Gralsburg eine ganz gewöhnliche Burg ist. Doch gibt es Textstellen, an denen man bei sorgsamer Betrachtung sehen kann, daß die Burg vielleicht doch nicht äußerlich sichtbar ist. Sie kann auch etwas sein, das im Innern der Menschen ist. Als Parzival nämlich zum zweiten Mal in den Gralsbezirk kommt, begegnet ihm ein Ritter. Dieser sagt, man könne die Gralsburg nur erreichen, wenn man berufen oder wenn man durch den Tod gegangen sei. Also müssen auf der Gralsburg auch die Seelen bereits Verstorbener sein. Da Parzival aber nicht tot ist, muß eine besondere Art von ‹Schlaf› vorliegen. Es heißt ausdrücklich, Parzival sei allein geritten. Das ist ein Weg, den man nur allein gehen und auf dem man sich leicht ‹verirren› kann, eben vielleicht ein Trancezustand. Dafür braucht man eine Vorbereitung, damit man nicht daran zugrunde geht. Diese hat Parzival, wie man später sieht, noch nicht. Er kann die Grenzen der Gurnemanz-Erziehung nicht sprengen.

Als Parzival in den Burghof reitet, findet er einen unbenutzten Kampfplatz vor. Das ist merkwürdig für mittelalterliche Ritterburgen, da dort normalerweise viel gekämpft wird. Auch die Ritter sind merkwürdig. Sie scheinen voll Jammer zu sein.

Parzival kommt das alles sehr fremd vor. Doch wird er freundlich aufgenommen. Man weist ihm ein Zimmer und gibt ihm einen Umhang der Burgherrin. Bald danach kommt Parzival in einen Saal. Dort sitzt der Fischerkönig vor einem großen Feuer, in Decken gehüllt. Er scheint krank zu sein. Das Essenszeremoniell beginnt. Tische und Stühle werden aufgestellt, und Ritter kommen. Dann wird eine blutende Lanze hereingetragen und im Raum herumgeführt. Alle Ritter sind bei diesem Anblick voll Jammer. Junge Mädchen halten Kerzen und Lichter. Zum Schluß wird eine Schale gebracht. Das ist der Gral. Ein Schein, heller als der der Kerzen, geht von ihm aus. Er wird von einer besonders reinen Jungfrau gehalten. Sie wird die Gralsträgerin genannt. In der Erzählung heißt es weiter, jeder könne sich aus der Schale nehmen, was er nötig hat.

Nun kann man sich schon vorstellen, daß beim Essen ein großes

Zeremoniell war. Der Schein, der von der Schale ausgeht, ist jedoch nicht gewöhnlich. Er ist wohl nicht äußerlich gemeint, genausowenig wie die Speisen, die man aus ihr nehmen kann. Es ist ein innerer Schein, und die Speisen für die Seele und den Geist sind ebenfalls innere Speisen. Jeder empfängt eine Kraft von der Schale, die ihm hilft und ihm seelischen Halt gibt, so daß er sich hinterher wie erneuert fühlt.

All dies hätte Parzival veranlassen müssen zu fragen. Doch dachte er an die Gurnemanz-Erziehung und tat es nicht. Als Parzival am nächsten Morgen aufwacht, ist er allein. Er findet ein Schwert vor seinem Bett. Als er niemanden in der Burg trifft, reitet er wieder hinaus. Der Kampfplatz ist nun zertreten, und eine Ritterschar scheint hinausgeritten zu sein. Als Parzival die Zugbrücke überquert hat, wird sie hochgezogen, und ein Knappe ruft ihm nach, welch ein Narr er gewesen sei, nicht zu fragen. Er verflucht ihn und sagt, er sei von nun an vom Unglück verfolgt.

Parzival begibt sich weg und hat eigentlich nichts vollbracht. Er reitet hinaus, einer Spur folgend, die er dann verliert. Er hat versagt. Vielleicht war er noch nicht reif genug. Seine Vorbereitung war zu kurz. Zu der Zeit weiß er noch nicht, daß er berufen ist, der Gralshüter zu werden.

Wolfram von Eschenbach wollte die Rätsel des Grals nicht offen erzählen. Er stellt dem Menschen auch heute die Aufgabe, sich in diese Bilder hineinzudenken, ohne sich zu ‹verdenken›. Es ist auch heute noch schwer, das Rätsel, das uns der Gral gibt, ganz zu lösen und zu verstehen.»

Parzival als roter Ritter
(Klassenaufsatz)

«Parzival ist auf seinem Schicksalsweg, und die Mutter hat keinen direkten Einfluß mehr auf ihn. Doch was sie ihm in seiner Kindheit an Erfahrungen, an Kenntnissen und Anlagen gegeben hat, ist nicht verloren für ihn. Es werden ihm dadurch Erschwernisse und außergewöhnliche Fähigkeiten gegeben. So ist eine besonders schwierige Zeit für ihn, als er ganz neu mit den Realitäten der Welt bekannt gemacht wird. Jetzt, da er mit seiner Reinheit und Unerfahrenheit in das wirkliche Leben gestoßen wird, bringt er für seine Mitmenschen zunächst echtes Unglück. Erst langsam lernt er, diese Menschen zu verstehen und sein kindliches Wesen so weit abzulegen, daß er nun für sich selber Kräfte daraus zu schöpfen vermag. Dies ist die Zeit des Übergangs zwischen der Welt seiner Mutter und der Welt des Rittertums, des Gesellschaftslebens.

Bezeichnenderweise trägt Parzival in dieser eigentlich heimat- und ruhelosen Zeit zwei Gewänder: zuunterst ein Narrenkleid, das ihm seine Mutter gegeben hat, und darüber eine glänzende, rötliche Ritterrüstung, die er sich selber erworben hat. Hieran sieht man, wie sich das Neue, das noch Unergründete, über das Alte, Vertraute herüberzieht, wie das Alte verdeckt wird, das Neue jedoch noch nicht ganz angeeignet ist, denn die Rüstung braucht das Narrenkleid darunter noch als Halt. Erst als Parzival bei Gurnemanz eine «richtige» Erziehung erhalten hat, legt er das Narrenkleid ab. Er fühlt sich nun der Rüstung gewachsen und ist mit der neuen Welt vertraut.

Das Bild, das Parzival in seiner doppelten Kleidung als Narr und Ritter gibt, und der Weg, den er geht, sind eigentlich in jedem Jugendlichen wiederzufinden: es ist der Mensch, der sich aus der beschützenden Umgebung der Eltern etwas hinausgewagt hat, der in seiner Neugierde, seinem Übermut und der Hoffnung, eine neue, wunderbare Welt entdeckt zu haben, nun mit der Wirklichkeit konfrontiert wird. Dieser werdende Mensch trägt einfach noch viel von seinen Kindheitszügen mit sich, beginnt aber gleichzeitig, auch die neuen Dinge der Erwachsenenwelt zu lernen. So kommt es, daß junge Menschen sich oft ganz «erfahren, erwachsen» gebärden, andererseits jedoch noch eine kindliche Frische und Lebenskraft besitzen. Ein Mensch dieses Alters muß durch die Zwiespältigkeit und Zweideutigkeit in sich selber in Konflikte geraten. Wie diese Konflikte gelöst werden können, darauf weist uns zum Beispiel ein Märchen wie *Dornröschen* hin.»[2]

Trevrizents Erziehung an Parzival
(Klassenaufsatz)

«Genau wie zu Beginn der Erziehung durch Gurnemanz befindet sich Parzival, als er Trevrizent begegnet, in einem Tiefpunkt. Die erste Krise war mehr seelischer Natur; es war ein Punkt erreicht, an dem Parzival unbedingt eine Erneuerung an sich erfahren mußte, um nicht in der bestehenden gesellschaftlichen Ordnung unterzugehen.

Gurnemanz' Erziehung half ihm da ein Stück weiter, konnte aber seit der Gralsbegegnung nicht mehr ausreichen. Das Seelische, das Herzeloydes Erziehung in Parzival angesprochen hatte, mußte durch Gurnemanz zunächst geordnet werden. Jetzt, in seinem Zweifel an Gott und in seiner Situation als Schuldbeladener, befindet sich Parzival an einem *geistigen* Tiefpunkt. Hilfe kann ihm nur noch geben, was auf der Ebene des Gralsreiches steht. Dazu aber braucht Parzival eine wegweisende Anleitung, die ihn seine Zweifel an Gott verstehen und verwandeln läßt.

In dieser Situation finden wir Parzival, als die Begegnung mit dem Einsiedler Trevrizent stattfindet. Die Umgebung, in der der Einsiedler sich aufhält, sein ganzes Wesen, haben großen Anteil daran, daß Parzival sich von innen heraus dazu gedrängt fühlt, sich jemandem anzuvertrauen. Sein Geständnis: ‹Auch trage ich großen Haß gegen Gott›, ist der Auslöser für das folgende Gespräch. Trevrizent bemerkt, in welchem seelischen Zustand sein Gegenüber sich befindet. Er spürt auch eine gewisse Hilflosigkeit, die der eines Kindes ähnlich zu sein scheint. Er erkennt, daß es seine Aufgabe ist, in Parzival eine Basis für dessen weiteren Weg zu legen. Ich glaube, Trevrizent sieht genau, daß in Parzival Grundlagen und Kräfte geistiger Art vorhanden sind, die es zu wecken und zu ordnen gilt. Der Einsiedler – auch ‹guter Mann› genannt, was einen Hinweis darauf gibt, daß Wolfram hier einen Katharer meint – beginnt mit der Erschaffung eines neuen Bildes von Gott. Parzivals Vorstellungen davon konnten bisher nur recht vage gewesen sein, da seine ganze Unterweisung in dieser Richtung sich in den bildhaften Darstellungen seiner Mutter erschöpfte. Nur durch diese Unklarheit und Unbewußtheit kam Parzival zu seiner Verschuldung. Auch dies verdeutlicht Trevrizent: er stellt die Welt der Gedanken als eine ‹lichtlose Finsternis› dar, in die nichts einzudringen vermag außer der Gottheit selbst. Diese sei so licht und hell, daß sie durch die die Gedanken umgebende Mauer hindurchzuglänzen vermag. Hiermit präsentiert uns Wolfram von Eschenbach genau die Situation seiner Zeit: der von den Menschen gerade entdeckte Bereich des Denkens wird noch als geheimnisvolles Dunkel empfunden, das zwar starke, aber unheimliche Kräfte birgt.

Trevrizent, der als ehemaliger Gralsritter um den Gral und die Lage auf Munsalwäsche weiß, gibt Parzival nun Auskunft über die

Gralszusammenhänge. Dieser erkennt erst jetzt durch die Schilderung von Anfortas' Schuld die wirkliche Tragweite seines Verhaltens.

Parzival befindet sich zu Beginn des Gespräches in einer höchst unangenehmen Lage: der Einsiedler spricht von dem Mann, der Munsalwäsche betrat, aber die erlösende Frage nicht stellte; er erzählt von dem Frevel, einen Toten zu berauben – Dinge, die Parzival selbst betreffen. Trevrizent spricht davon in einer Weise, die zeigt, daß er nicht weiß, wen er vor sich hat. Diese Sachlage treibt Parzival aber auch innerlich dazu, sich dem Einsiedler vollkommen zu öffnen und, wenn man so will, preiszugeben. Ich glaube, daß Parzival es unter anderen Umständen unterlassen hätte, seine Schuld zu bekennen.

Vierzehn Tage bleibt Parzival bei seinem Onkel. Während dieser Zeit gelingt es Trevrizent, in ihm Kräfte und Anlagen so vorzubereiten, daß er zur Selbsterziehung gelangen kann. Trevrizents Erziehung ist nur die Grundlage, deren Handhabung Parzival dann zur Selbsterziehung führt. Die Erkenntnis der eigenen Schuld, das wirkliche Bewußtsein derselben, macht es möglich, daß Trevrizent die Sünde Parzivals auf sich nehmen darf. Der Mann, der schon vorher sagte: ‹Ich bin der Rat, den Gott dir gewährt›, und der jetzt erklärt: ‹Gib mir deine Sünde her!›, hat damit eigentlich eine Priesterfunktion.»

Eine historische Spiegelung: Die Katharer
(Klassenaufsatz)

«Die Kreuzzüge, die ab dem zwölften Jahrhundert stattfanden, waren nicht nur gegen die islamischen Eroberer Jerusalems gerichtet, sondern auch gegen selbständige christliche Glaubensgemeinschaften, die der Kirche unerwünscht waren. Um ihre ‹Untertanen› fest in der Hand zu haben, erließ die Kirche feste, gesetzliche Vorschriften. Alle, die diese nicht genau befolgten, sondern nach ihren eigenen Glaubensvorstellungen handelten, wurden als Ketzer angesehen, deren ‹verirrte Seelen› es zu retten galt, nämlich durch Läuterung auf dem Scheiterhaufen. Wer sich damals sein Seelenheil sichern wollte, schloß sich einem der Kreuzzüge an.

Eine dieser verfolgten Sekten waren die Katharer. Die Grundlage ihrer Weltanschauung beruht darauf, daß sie nicht glauben konnten, daß Gott *alles* geschaffen habe. Für sie war die Schöpfung ein

Gemisch aus dem von Gott stammenden Guten, Lichten, Reinen und den Versuchungen des Teufels. Letztere bestanden aus dem Materiellen, Äußerlichen, Nicht-Geistigen. Die Katharer hatten es sich nun zur Aufgabe gemacht, diesem zu widerstehen. (‹Katharer› ist auf das griechische Wort für ‹rein› zurückzuführen.) Das bedeutete auch, über das Verlangen des eigenen Körpers Herr zu werden. Sie kleideten sich in schlichte Umhänge und zogen sich manchmal in Höhlen zurück, jedenfalls in die Natur, um von der Welt Abstand zu nehmen. Sie aßen grundsätzlich kein Fleisch und keine Genußmittel, weil diese die Verbindung zum Organischen verstärkten, und fasteten oft tagelang, um ihre Konzentration auf das Geistige, auf die Meditation richten zu können. So gelangten sie zu hohen Erkenntnissen, die für das Menschsein viel wichtiger waren als das erdgebundene materielle Glück der anderen Menschen. Diese Seelenstärke half ihnen, der Inquisition so lange zu widerstehen. Als diese schließlich die Eingänge zu ihren Höhlen zumauern ließ, verzweifelten sie nicht an ihrem Schicksal, sondern sahen es als die endgültige Lösung vom Irdischen an, die letzte Prüfung an sich selbst. Wie ihr geistiger Zustand in den zugemauerten Höhlen war, kann man aus einem Spruch ersehen, den man später an die Wand geschrieben fand:

> Die wir hierher kamen
> Schweigen wir still
> Nennen wir nicht Seinen Namen
> Bleiben wir still
> Beten wir still
> Wer sagen will
> Wer er ist
> Muß sein
> Der Er ist – Amen.[3]

Schon vorher hatten viele Katharer das Leben freiwillig aufgegeben, um ihrer Seele die starke Bindung ans Materielle durch einen altersschwachen Körper zu ersparen. Auch gingen sie nach ihrer Bekehrung zum Katharertum keine Heiraten mehr ein, um nicht noch mehr Seelen in Körper zu bannen.

Die Katharer waren kein Volk, keine Sippe, sondern eine Gemeinschaft von Menschen, die einen hohen geistigen Stand erreicht hatten – durch ihre Unabhängigkeit von der Umwelt, durch ihre selbständigen

Gedanken und durch ihre Bereitschaft, ihre Überzeugung auch wirklich zu leben. Nur ist dieses Leben so purifiziert und vergeistigt, daß es eigentlich nicht mehr in den Rahmen der Natur paßt. Der Geist, der uns zu Menschen macht, hat bei den Katharern eine besondere Blüte getrieben, und das ging nur, indem er sich weitgehend unabhängig von der Natur machte, indem alles andere zurücktreten mußte.

Im *Parzival* wird der Einsiedler Trevrizent der ‹gute Mann› genannt. Diese Bezeichnung kommt wahrscheinlich von den ‹Gutmännern›, wie die Katharer im Volk genannt wurden. Wolfram von Eschenbach deutet damit für die Kundigen unter seinen Zeitgenossen an, daß zwischen der Gralsströmung und den Katharern eine geheime Beziehung bestand.»

5.

Unter den vielen Personen, die in dem Werk Wolframs auftreten und die ihm gerade den schillernden Reichtum geben, steht die Gestalt des Parzival den meisten jungen Menschen ferner. Wohl fühlen sie das Außergewöhnliche und tief Notwendige seiner Entwicklung, aber zu den übrigen Gestalten finden sie leichter Zugang. So ist es auch auffallend, daß nicht von der Gralsburg, sondern eher von Schastelmarveile, dem Klingsor-Schloß, das man als eine Art Gegen-Gral auffassen muß, die größere Faszination ausgeht. Jedenfalls waren ihr mehr Niederschriften gewidmet als der Gralsburg. Sicher spielt der unterschiedliche Schwierigkeitsgrad der beiden Themen dabei eine Rolle, aber wohl auch, daß es sich bei der Gralsburg um geistig-übersinnliche Phänomene handelt, bei Schastelmarveile aber um eine Seelenregion, die dem Jugendlichen vertrauter ist.

Schastelmarveile und Gawan
(Klassenaufsatz)

«Wenn ich mir das Buch *Parzival* ansehe, so sagt mir Gawan etwas, das wert wäre, ihn in einem Buch zu beschreiben. Parzival dagegen bleibt für mich vorerst als Hauptgestalt ziemlich kalt stehen. Gawan hat die besondere Aufgabe, Schastelmarveile zu erlösen. Schastelmarveile bedeutet Wunderburg. Wenn ich sie zuerst beschreibe, kann man schließend Gawan besser verstehen.

Schastelmarveile wird als ein Schloß geschildert, in dem vierhundert Jungfrauen und vier Königinnen wohnen, die sich nicht kennen. Oben im Turm des Schlosses ist eine Säule, in der man den ganzen Umkreis wahrnehmen kann. Vor dem Schloß ist ein Wasser, über das man sich übersetzen lassen kann. Jeden Tag schauen die Frauen aus den Fenstern nach draußen und gucken, was auf dem Hof passiert. Die Probe, die man bestehen muß, um das Schloß zu erlösen, besteht nun darin, ein immerfort in dem Schloß herumfahrendes Bett zu erjagen, zu fangen und zum Stillstand zu bringen. Dann muß man verschiedene Geschosse aushalten. Zuletzt muß man einen gewaltigen Löwen besiegen.

Die Macht, die das Schloß in diesen Zustand gebracht hat, ist Klingsor. Wenn man das vorher weiß, kann man Schastelmarveile besser verstehen. Klingsor übt schlechten Einfluß auf die Menschen aus, indem er sie von innen her kaputtmacht, verwirrt, zerstreut, ablenkt, isoliert und handlungsunfähig macht. Bezieht man diesen Zustand auf Schastelmarveile, so läßt sich eine doppelte Deutung feststellen.

Die eine sieht man, wenn man eine einzelne Jungfrau mit einem Menschen, der in Klingsors Macht steht, vergleicht. Er lebt unter seinesgleichen, versteht sie aber nicht, er lebt an ihnen vorbei. Passiv schaut er in das Leben und ist dem Zufall überlassen.

Eine andere, tieferliegende Parallele kann man aber auch zwischen dem Aufbau des menschlichen Wesens überhaupt und dem Schloß als Ganzem ziehen. Sie scheint etwas weit hergeholt, trifft aber an sich besser. Oben der Turm ist der Kopf des Menschen, das ganze Schloß sein Leib. Im Kopf sind die Wahrnehmungsorgane und das übergeordnete menschliche Denken, mit denen der Mensch alles widerspiegeln kann, was im Leben passiert. Im übrigen ist Schastelmarveile mit lauter Jungfrauen gefüllt, die sich nicht einmal kennen, geschweige denn zusammenarbeiten. Sie sind alle einzeln und passiv. Keine von ihnen kann mit der Säule im Turm umgehen. So geht es auch dem Menschen in Klingsors Macht. Zusammenhanglose Gefühlsbrocken, unbegründete Empfindungen, Gedankenfetzen, die nicht real sind, und kurze, gelähmte Tatimpulse stecken in ihm. Passiv wartet er auf Erlösung. Seine Seele ist voll mit kleinen Fetzen, mit denen er sich nicht identifizieren kann, weil es zu viele isolierte Teile sind.

Auch die Aufgabe, durch die Schastelmarveile erlöst werden kann, paßt in dieses Bild. In der Seele ist eine ständige Unruhe, die man besänftigen muß. Gawan schafft es durch Konzentration und Gebet, das Bett zum Stillstand zu bringen. Kaum hat man sich in der Seele gesammelt und zu Gott gewandt, so kommen haufenweise Anschläge aus der Außenwelt. Um sie zu ertragen, braucht man ein sehr ‹dickes Fell› und vor allem Ruhe. Man muß die unberechtigten Angriffe mit Fassung hinnehmen, bis der andere ‹ausgepulvert› ist. Erst sind es grobe und materielle Dinge, nach einer Weile aber, wenn man mit ihnen einigermaßen zu Rande ist, kommen scharfe Spitzen, geistige Anschläge. Sie treffen den Menschen nicht nur von außen, sondern gehen leicht bis an den Kern der Persönlichkeit, wenn man sich nicht gut in der Gewalt hat.

So geht es auch Gawan. Mit seinem extra dicken Schild wehrt er die Steine und Pfeile ab. Er bleibt ganz ruhig liegen und entgeht so mancher Wunde. Ein paar trägt er zwar doch davon, aber er hat die Probe bestanden, indem er ausgeharrt hat. Als letztes kämpft er mit einem großen Löwen. Der Löwe wird oft als Symbol für das Gefühl des Menschen verwendet. So ist es wahrscheinlich auch hier. Das erste, was der Löwe tut, ist, Gawan ein Loch in den Schild zu schlagen, denn ein dickes Fell nach außen nutzt gegen die eigenen Gefühle wenig. Trotzdem besiegt Gawan den Löwen. Mit den wilden Gefühlen hat er aber auch gleichzeitig die anderen Gefühle getötet. Er fühlt vorerst nichts mehr, er ist bewußtlos.

Langsam kommt dann wieder Leben in den Menschen. Die zersplitterten einzelnen Impulse und Empfindungen erkennen sich als zusammengehörig und beginnen, tätig zu werden. Sie helfen, die Wunden des Kampfes zu heilen. Man steigt in den Turm und kann ‹die Welt mit neuen Augen ansehen›.

Wenn ich mir Gawans Biographie klarmache, so muß ich sagen, daß die Befreiung Schastelmarveiles zu keinem bestimmten Zeitpunkt stattfindet, sondern sich über sein ganzes Leben erstreckt. Zu dem Zeitpunkt, als die Erlösung geschildert wird, ist er ungefähr dabei, den Löwen zu besiegen. Das Bett der Unruhe hat er schon ganz am Anfang stoppen können, als er Parzival die drei Blutstropfen zudeckte. Die Steinschleudern und Pfeilschüsse sind die vielen ungerechtfertigten Beschuldigungen, die immer wieder auf ihn zukommen. Den Kampf, mit der Vernunft Herr über die Gefühle zu bleiben, hat er in der Begegnung mit Orgeluse ausgetragen. Man könnte die Begegnung mit Orgeluse sogar in die einzelnen Prüfungsteile einordnen.

Wenn man Schastelmarveile auf den eigenen Seelenzustand bezieht, so muß man die Kraft des Gawan auch als eine Kraft in sich selbst ansehen, durch die man sich ‹an den Haaren aus dem Sumpf ziehen kann›. Gawan und Schastelmarveile sind also *ein* Mensch, an dem die Selbsterziehung zur Selbstfindung als Modell dargestellt ist.»

Außer einer derartig geschlossenen Darstellung eines Mädchens, das zu Hause dem im Unterricht Besprochenen nachsinnt, trifft man aber auch in anderen Aufsätzen auf Passagen, die deutlich werden lassen, wie pointiert die jungen Menschen das Problem der im Bann des Bösen verhafteten Seele sehen, wie sie es auf ihre und unsere Gegenwart beziehen. Hoffnungsvoll dabei dann aber auch, wie sie im Grunde nach einer «Gawan-Kraft» rufen, um die Zukunft neu zu gestalten:

«Diese Burg verkörpert einen Zustand im Menschen, der vor allem heute sehr häufig vorkommt. Die Seele ist zerrissen, und ihr fehlt die ‹Kraft des Gawan›, sie wieder zusammenzufügen. Es ist uns nicht möglich, eine innere Stärke aufzubringen, sich gegen ‹Steine, Speere und Löwen› zu wehren. All das wird durch unsere äußere Umwelt, die wir selber aufgebaut haben, begünstigt. So müssen wir um eine ‹Gawankraft› in uns ringen.»

«Ich glaube, durch diese drei Bilder (ruheloses Bett, Steinregen, Löwenkampf) wird ein großer Teil der Menschheit in der heutigen Zeit treffend charakterisiert. Die große Frage ist, ob diese Menschen den Kampf wie Gawan bestehen können. Ich glaube, viele Menschen heute würden den Kampf verlieren, obwohl sie bestimmt mit diesen Dingen irgendwann im Leben einmal konfrontiert werden. Gerade deshalb finde ich, daß die Bedeutung der Parzival-Dichtung heute mindestens so wichtig ist wie früher, wenn nicht noch wichtiger!

Meiner Meinung nach sollte dieses Buch auch in Zukunft noch eine große Rolle spielen, da die Menschen sich immer mehr auf die Materie konzentrieren, sich vom Inneren aber immer weiter abwenden werden. In diesem Buch werden Probleme geschildert, gegen die der

Mensch heute noch und erst recht in Zukunft zu kämpfen haben wird. Genauso wird aber gezeigt, daß man die Probleme beseitigen kann, vorausgesetzt, man schafft sich einige innere Fähigkeiten, wie Gawan es tat.»

«Denn diese Burg mit ihren 400 Jungfrauen, die nichts voneinander wissen, ist ein Bild für eine menschliche Seele, die durch eine böse Macht, welche durch Klingsor dargestellt wird, zerrissen ist. Nur durch innere Gesammeltheit, durch die Kraft, unberechtigte Angriffe ertragen zu können, und durch den Glauben an Gott gelingt es Gawan, diese zerrissene Seele wieder zusammenzufügen. In allen Lebensabschnitten, die er durchschreitet, bringt er diese Kräfte auf.»

«Man wird im *Parzival* durch Gawan und Schastelmarveile eigentlich sehr hart mit einem Problem unserer Zeit konfrontiert, denn heute gibt es noch viel mehr Seelen, die zerrissen sind. Die Rolle des Klingsor hat dabei unsere heutige Umwelt übernommen. Wolfram von Eschenbach hat das schon aus seiner Zeit erkannt und uns durch Gawan ein Mittel gezeigt, diesen ‹Bann› zu lösen. Doch ist in unserer Zeit noch ein Mensch in der Lage, diesem ‹Bann› mit einer solchen Kraft entgegenzutreten wie Gawan? Die Antwort auf diese Frage sollte jeder Mensch bei sich selbst suchen und überlegen, ob es den Menschen unserer Zeit nicht vielleicht doch noch einmal möglich sein wird, diese Kraft aufzubringen.»

«Man mag sich wohl die Frage stellen, warum Wolfram von Eschenbach in seine Parzival-Erzählung die Abenteuer des Gawan so ausführlich mit hineingenommen hat. Doch kann man bald entdecken, daß diese beiden Geschichten einen tieferen Zusammenhang haben als nur, daß sie von befreundeten Rittern handeln.

Die Parzivalsage schildert differenziert das Werden eines Menschen, Aufgaben und Ziel seines Lebens. Genauer wird hierbei die Entwicklung seines *Geistes* beschrieben, das Bestreben, zur geistigen Reinheit zu gelangen, eben: den Gral zu erreichen.

Das Leben des Gawan wird etwas weniger genau dargestellt. Wir lernen ihn erst kennen, als er Parzival aus dem tranceartigen Zustand bei den drei Blutstropfen im Schnee in die Wirklichkeit zurückholt. Schon hier erweist sich Gawan als Seelenkenner. Er besitzt zu diesem Zeitpunkt schon Lebenserfahrung, Tugenden und Kenntnisse. Sein weiterer Weg führt ihn zur *seelischen* Ordnung und Reinheit, durch die er dann Überblick über einen großen Teil des Weltgeschehens erlangt.

Nun, gehören zum Menschen nicht Seele *und* Geist? Bilden Parzival und Gawan nicht zusammen *einen* Menschen, der versucht, zu einem Ziel zu gelangen, einen Menschen, der auf die Erde gesandt ist, um zu erkennen und zu handeln? – Wolfram von Eschenbach versucht in seinem Roman, eine Antwort auch auf solche Lebensfragen zu finden.»

Anmerkungen

1 Siehe Ernst Uehli, *Die drei großen Staufer. Friedrich I. Barbarossa – Heinrich IV. – Friedrich II.*, Dornach ²1979; Walter Nigg, *Das Buch der Ketzer*, Zürich ⁶1981; Michael Eschborn, *Karlstein, Das Rätsel um die Burg Karls IV.*, Stuttgart 1971.
2 Weiterführendes in dem Kapitel «Die Bildsprache der Märchen», S. 172ff.
3 Fritz Rahn, *Der Kreuzzug gegen den Gral*, Stuttgart 1964, S. 296.

CHRISTOPH GÖPFERT

Die Bildsprache der Märchen als Übungsweg

In den ersten beiden Jahren des Oberstufe sucht der Jugendliche
Weltbegegnung, auch in der Literatur. Wie das an verschiedenen
Werken geschehen kann, ist beispielhaft geschildert worden. Fast
immer sind es konkrete Situationen, die den Schülern in Dramen
oder Erzählungen entgegentreten, auch wenn sie in einer vergangenen Zeit angesiedelt sind. Für diese «reale» Welt hat der Jugendliche
dieses Alters unmittelbares Verständnis; er sucht sie ja auch in seinem
persönlichen Leben jetzt stärker als früher auf, um dort eigene Erfahrungen zu machen.

Im Hinblick auf das spätere Jugendalter (und auf das Leben überhaupt) darf der Mensch bei diesem Realismus aber nicht stehen-
bleiben, und der Lehrplan fordert bereits mit dem Nibelungenlied,
vor allem aber beim *Parzival* ein ganz anderes Weltverständnis: der
Leser muß sich nämlich einlassen auf die bildhafte Art, in der hier
erzählt wird. Wollte man das Erzählte hier als äußere Wirklichkeit
nehmen, müßte man diese Werke als Phantastik beiseite legen, denn
Zwerge, Drachen und Wunderburgen kann es so nicht gegeben
haben.

Auch uns Erwachsenen fällt es oft schwer, diese Bilderwelt zu
entschlüsseln; wieviel mehr den Jugendlichen! Und doch würden wir
an einer wesentlichen Aufgabe unseres Jahrhunderts vorbeigehen,
wenn wir uns nicht eine neue Fähigkeit aneigneten, mit der wir diese
gleichnishaften Aussagen «lesen» können. Denn in ihnen spricht sich
– ähnlich wie zur Zeitenwende in den Reden Jesu – etwas aus, was
über den Verstand hinausreicht. Mächte aus einer spirituellen
Dimension drängen aber in der Gegenwart wieder an uns heran.

Diese Fähigkeit kann man üben – auch mit Schülern –, und das
beste Mittel dafür sind die Märchen. Ihre Bilder stammen aus

derselben Welt, aus der alle übersinnlichen Offenbarungen entsprungen sind, und man wird bald merken, wie bestimmte imaginative Motive immer wiederkehren. Man muß sich an ihre Bedeutung mehr empfindend herantasten. In der 10. Klasse wird man im Zusammenhang mit der Nibelungen-Epoche beginnen, das eine oder andere Grimmsche Märchen mit den Schülern zu betrachten: in der Alten Geschichte sind die Mythen herangezogen worden. Bei all dem kann man auf dem aufbauen, was an Kenntnissen vom Klassenlehrer angelegt worden ist und was jetzt ins Bewußtsein gehoben wird, um es zu «verstehen». Die Bilder müssen gewissermaßen «übersetzt», in Lebenstatsachen überführt werden, so daß nun auch in Begriffen darüber gesprochen werden kann. Für den *Parzival* sind die Schüler noch mehr auf die Fähigkeit angewiesen, in diese Bilderwelt einzutauchen, denn sie werden den Geheimnissen des Romans leichter auf die Spur kommen, wenn sie sich von den Märchenbildern, die ihn durchziehen, leiten lassen. Daß Märchen für die Jugendlichen ein Übungsweg sein können, um zum Verständnis imaginativer Bilder zu kommen, wird aus Schüleraufsätzen unmittelbar ersichtlich.

Vom Märchen «Das Wasser des Lebens» (Schüleraufsatz)

«In der Zeit ihrer Entstehung hatten Märchen eine ganz andere Bedeutung für den Menschen als heute. Das drückt sich schon darin aus, daß Märchen heute fast ausschließlich Kindern erzählt werden, während früher die Erwachsenen sie sich untereinander erzählten.

Lange Zeit wurden Märchen nur von Mund zu Mund weitergegeben; als man sie aufzuschreiben begann, war das ein Zeichen für eine im Menschen vorgehende Veränderung: er wurde unfähig, diese Bilder in seinem Gedächtnis zu bewahren, da er allmählich die innere Beziehung zu ihnen verlor. Früher hatte er ein ganz tiefliegendes, vielleicht fast unbewußtes Verständnis für sie. Nun entschwand dieses; zurück blieb das nun für ihn unverständliche Bild. Der Mensch begann in Bahnen zu denken, die für die Bedeutung dieser Bilder keinen Raum ließen, da sie im Grunde nicht wirklich verstandesmäßig zu ergreifen sind. Denn die Märchen kann man ansehen als Ausdruck eines ganz inneren Ahnens der Weltzusammenhänge, eines Erfühlens der Weltgesetze.

Wendet man sich heute einem Märchen auf eine Weise zu, die diese Bilder zu ergründen sucht (und damit auch etwas von dem Wesen der damaligen Menschen), so lassen sich erstaunliche Wahrheiten entdekken. Mit ihrer Hilfe können wir unter Umständen zu einem besseren Verständnis auch unserer selbst finden.

Wie viele andere Märchen beginnt auch das Märchen *Das Wasser des Lebens* mit einem Krankheitszustand. Damit kann verschiedenes gemeint sein: zum Beispiel ein aus dem Gleichgewicht geratener Teil der menschlichen Seele. Nur ein einziges gibt es, das den kranken König heilen kann: das Wasser des Lebens. Dies erfahren die drei Königssöhne von einem kleinen, alten Mann. Hier begegnen wir einem bekannten Märchenbild: der alte Zwerg, der hier wohl auch für ein Wesen steht, das noch Ahnungen und alte Weisheiten besitzt. Sein Wissen haben die ‹neueren› Menschen nicht mehr.

Die zwei ältesten Söhne werden auf der Suche nach dem Wasser des Lebens von dem Zwerg verflucht, dem sie hochmütig die Auskunft verweigern. Sie sind nicht bereit, auch das Kleine zu schätzen. In ihrer Oberflächlichkeit und ihrem Egoismus übersehen sie das Wirken geistiger Kräfte, deren Ausdruck der Zwerg sein könnte. Sie bleiben dadurch völlig im Materiellen stecken. Ein Bild dafür sind die zusammengerückten Berge. Ihr allzu gerader, verschlossener Blick hat die Königssöhne in eine Sackgasse geführt. Ob dies dem heutigen Menschen so gänzlich unbekannt ist?

Nur der jüngste Bruder zeigt Aufgeschlossenheit gegenüber diesem Fremden, was ihn zur Aufnahme von Kräften fähig macht, die ihm daraufhin angeboten werden. Er bekommt eine eiserne Rute und zwei Brotlaibe, mit denen er sich Eintritt in das Schloß verschaffen kann, in dem sich das Wasser des Lebens befindet. Daß weder ein ‹reales› Schloß noch echte Löwen gemeint sein können, ergibt sich schon aus der Tatsache, daß der Prinz das Tor mit drei Rutenschlägen öffnen und zwei Löwen mit dem Brot beruhigen kann. Möglicherweise steht das Brot als Bild für etwas, das man opfern oder zumindest umwandeln muß, um Eintritt in das Schloß zu erlangen.

Dieses Schloß sehe ich als den geistigen Bereich überhaupt an. Daß der Königssohn um 12 Uhr das Schloß wieder verlassen muß, um nicht für immer darin gefangen zu sein, deutet vielleicht darauf hin, daß man immer den Bezug zur ‹realen› Umwelt, zum ‹Irdischen› behalten muß. Sonst läuft man Gefahr, im geistigen Bereich zu ‹entschweben›.

Ebenfalls ist bei der Beschäftigung mit der nicht-materiellen Welt große Wachsamkeit nötig, die in unserem Beispiel der Königssohn noch nicht besitzt. Daher verspätet er sich, und dadurch kommt er nicht unverwundet aus dem Schloß: das zuschlagende Tor nimmt ihm ein Stück seiner Ferse. Er ist zwar wieder in die ‹greifbare Welt› zurückgekehrt, aber von nun an ist er mit der ‹nicht greifbaren Welt› durch Verschiedenes verbunden: außer dem Wasser des Lebens besitzt er ein Schwert, das ihn immer siegen läßt, und ein Brot, das nie alle wird. Außerdem ist es seine Bestimmung, nach einem Jahr wiederzukommen und die Prinzessin des Schlosses zu erlösen.

Dieser Zeitraum von einem Jahr zeigt, daß der Prinz noch nicht reif genug ist, in das Schloß ganz Einzug zu halten. Das kommt auch dadurch zum Ausdruck, daß er einmal zuviel Vertrauen zeigt, als er nämlich die Warnung des Zwerges vor seinen bösen Brüdern in den Wind schlägt. Zum andern gelingt es ihm nicht, die nötige Wachheit aufzubringen – seine Brüder nehmen ihm das Wasser des Lebens ab. Dadurch gelingt es ihnen, den jüngeren Bruder bei ihrem Vater in schlechtes Licht zu stellen: der Vater beschuldigt ihn, er habe ihn vergiften wollen, und gibt Befehl, seinen jüngsten Sohn heimlich zu erschießen. Damit weist der König sozusagen das Gute aus Unbedachtheit und Leichtfertigkeit von sich – wieder eine Aufforderung an uns, nicht dem Schein nachzugehen, sondern den Dingen wirklich ins Herz zu blicken.

Nach einem Jahr zeigt sich, daß die zwei älteren Brüder inzwischen zwar immerhin reifer geworden, aber noch lange nicht würdig genug sind, um das Schloß betreten zu dürfen. Sie zeigen ihre Unreife in ihrer Überschätzung des Materiellen: Sie scheuen sich davor, die goldene Straße zum Schloß zu betreten und dadurch zu beschädigen und verfehlen so ihr Ziel. Der jüngste Sohn aber nutzt die Zeit: Er ist noch einmal ganz Mensch geworden (der Kleidertausch mit dem Jäger drückt das aus) und bereitet sich für den Zeitpunkt vor, von dem an er nicht-materielle und materielle Welt im rechten Verhältnis ‹bewohnen› kann. Er hat schließlich die nötige Reife erlangt und – da er in seiner Sehnsucht die goldene Straße ganz übersieht – findet er den rechten Weg ins Schloß. Sein weiter bestehender Kontakt zur erdgebundenen Wirklichkeit wird im Märchen dadurch ausgedrückt, daß der Vater ihn wieder in Gnaden aufnimmt und daß er andere Menschen an seinen Kräften teilhaben läßt (Befriedung der Länder mit dem Schwert, Sättigung der Menschen mit dem Brot). Schwert und Brot stehen hier, so glaube ich, für geistige Festigkeit und Stärke und für die vom Menschen benötigte seelische ‹Nahrung›.

Ich glaube, das Märchen zeigt uns auch das gesamte Menschenwesen. Wenn wir uns in einem Zustand des erschütterten inneren Gleichgewichts befinden, suchen wir nach einem Weg, das richtige Verhältnis wiederherzustellen. Vielleicht meint das Märchen auch die Erkrankung eines tragenden Teiles der Seele. Auf der Suche nach einem Heilmittel, das zum Beispiel ein neuer Lebensinhalt oder auch eine höhere Erkenntnisstufe sein kann, legen wir uns oft selbst Hindernisse in den Weg. Oberflächlichkeit, materielle Anschauungsweise, Verschlossenheit können solche Hindernisse sein, die uns vom rechten Weg abbringen. Wir übersehen dabei oft, daß es eine gewisse Zeit braucht, um die nötige Reife zu erlangen. Ebenfalls besteht immer die Gefahr, den Bezug zu den Mitmenschen zu verlieren, weltfremd und damit haltlos zu werden.

Von vornherein sind uns Menschen ja bestimmte Kräfte gegeben, die uns, nutzen wir sie richtig, zu weiteren Kräften verhelfen können. Vergeuden wir aber aus Unaufmerksamkeit die angebotenen Hilfen, verfehlen wir das Ziel. Wenn wir aber durch richtigen Einsatz unserer Kräfte zu einem neuen Gleichgewicht zwischen irdischer und geistiger Orientierung (oder zu einer Erneuerung des tragenden Teils der Seele) gekommen sind, so ist das Ziel erreicht.»

CHRISTOPH GÖPFERT

Vertrauen in die eigene Seele gewinnen

Epochenthema: Seelenstärke und Seelenschwäche

Um das Grundthema des 11. Schuljahrs aufzugreifen – Vertrauen in die eigene Seele gewinnen –, eignen sich für die zweite Epoche des Jahres besonders einige Dichtungen, in denen seelisch schwache und seelisch starke Menschen vor uns hingestellt werden. Auch für uns Erwachsene sind diese Werke eine lohnende Lektüre, nicht nur, weil wir als Eltern dann einen Anknüpfungspunkt für objektive Gespräche innerhalb der Familie haben (die die Jugendlichen sich im Grunde wünschen!), sondern auch, weil wir selber ja noch keineswegs gefeit vor seelischen Schwächen sind.

Ein rasanter Einstieg in so eine Epoche kann Kleists Novelle *Die Verlobung in San Domingo* sein, die durch ihren Handlungsreichtum und das Problem der Rassenungleichheit die Elftkläßler schnell fesselt. Angesiedelt in der Zeit, als die Ideen der Französischen Revolution auf die karibischen Inseln übergriffen und die schwarze Bevölkerung zu Gewalttätigkeiten gegenüber den Herren schritt, wird eine zarte Liebesbeziehung geschildert, die die Rassengrenzen unwichtig werden läßt: zwischen der Farbigen Toni und dem Schweizer Gustav. Und doch reicht dann gerade bei dem jungen Weißen, der Vertreter der «höheren Kultur» sein sollte, in einer extremen Lebenssituation das Vertrauen nicht aus, und er kann sich die Handlungsweise Tonis nur als Verrat erklären. So bringt seine seelische Schwäche ihr den Tod, und er kann auch die verspätete Erkenntnis der Zusammenhänge und seiner Schuld nicht durchtragen; er begeht Selbstmord. «Du hättest mir nicht mißtrauen sollen», sind Tonis letzte Worte; sie fassen das Anliegen der Novelle zusammen.

Trotz dieses scheinbar trostlosen Endes entsteht für den Jugendlichen aber keine negative Wirkung. Denn Kleist variiert das Motiv des Vertrauens im Lauf der Novelle durch Rück- und Vorblenden, durch Ahnungen, und man wird als Leser in eine Art übenden Abwägens hinsichtlich der Frage gebracht, wie sich Vertrauen festigt und welche Folgen es hat, wenn man die Kraft dazu nicht aufbringt. Beide Male ist es Gustav, der Ereignisse berichtet, die er selbst erlebt hat und die ihn eigentlich vorbereitet haben sollten, auch seinerseits die Kraft des Vertrauens zu entwickeln. Einmal ist es die Erzählung über die Rache eines farbigen Mädchens, das das Vertrauen seines früheren Herrn ausnutzt, um ihm mit ihrer «Liebe» zugleich eine tödliche Krankheit zu «schenken». Daß Gustav sich nach diesem Vertrauen zu einem «Du» sehnt, zeigt seine unmittelbar anschließende Frage an Toni, ob sie einen solchen Verrat verüben könnte. – Das andere Mal war Gustav unmittelbar betroffen, als nämlich seine frühere Braut ihn vor einem Revolutionstribunal verleugnete, um ihm das Leben zu retten, wohl wissend, daß sie dafür an seiner Statt sterben mußte. Nur der Selbstaufopferung dieses Menschen, die allein aus dem Vertrauen in die Individualität des Geliebten entsprungen ist, verdankt Gustav also sein Leben, und er steht nun mit Toni in einer Situation, in der er das Vertrauen in ihre Individualität haben müßte. Aber er hat diese Kraft noch nicht. Für die Jugendlichen wird aber deutlich, daß man diese Kraft haben kann! In einer glückhaften Stunde wird man vielleicht mit einer Klasse ein Gespräch darüber führen können, wie man sich zum «Wesen» eines anderen Menschen vortasten kann und wie sich Vertrauen begründet.

Stifter stellt in seiner Erzählung *Brigitta* die Frage nach dem Vertrauen anders. Wir lernen Personen kennen, über deren wahres Wesen wir uns – ebenso wie die Gestalten der Novelle – zunächst täuschen. Von dem Weltmann Stephan Murai würde man nicht erwarten, daß er um die eher häßliche und scheue Brigitta wirbt, wo ihm ansehnliche Mädchen in beträchtlicher Zahl zugänglich wären. Er scheint also doch die inneren Werte höher zu schätzen als einen schönen Körper. Die Frage nach den Werten eines Menschen, seinem Charakter, taucht also schon bald im Unterrichtsgespräch auf. Die weitere Handlung zeigt dann allerdings, daß Stephan doch nicht die Seelenstärke besitzt, um von der leidenschaftlichen Ausstrahlung einer anderen Frau unberührt zu bleiben, so daß die Beziehung zu Brigitta abkühlt. In dem

Entschluß zur Scheidung erscheinen dann aber beide Partner als schwach, auch Brigitta, deren Forderung nach bedingungsloser Liebe zunächst wie Seelenstärke aussah. Im Augenblick der Bewährung kennt diese verschlossene Frau jedoch kein Verzeihen.

In ihrer zweiten Lebenshälfte – und das ist für den Jugendlichen nun wichtig – können beide Menschen aber ihre Seelenfähigkeiten verwandeln. Beide gehen – Ähnliches wird im Parzival-Epos beschrieben – durch eine Phase der Entsagung: Stephan Murai reist eine Zeitlang ruhelos durch die Welt, geht keine neue Bindung ein. Brigittas Reaktion erscheint dagegen zunächst etwas verbohrt, wenn sie sich, wie ein Mann arbeitend, in der Verwaltung ihres Gutes vergräbt. Dann aber lernen wir durch die Augen des Erzählers ihr Wirken anders einschätzen: als selbstlos und vor allem als vorbildlich für einen großen Kreis von Menschen. Wirkliche Seelenstärke beweisen beide in den vielen Jahren, wo sie als Gutsnachbarn nebeneinander tätig sind, objektiv, aber doch in einer besonderen Art Freundschaft miteinander vertraut. Beide haben die Kraft, dies auszuhalten und das Geschehene nicht ungeschehen machen zu wollen. Es ist wie eine Frucht dieser Reife, wenn Stephan und Brigitta schließlich angesichts der Lebensgefahr des gemeinsamen Sohnes doch wieder zusammenfinden. Schicksalsverknotungen und -lösungen und ihre Abhängigkeit von der seelischen Entwicklung werden von Stifter vor uns ausgebreitet.

Dichtung entsteht nun aber nicht nur im «leeren Raum». Sie wächst aus einem bestimmten Lebens- und Schicksalsgewebe. Der Elftkläßler ist reif genug, dies auch bei Kleist und Stifter zu «ertragen», obgleich beide im Selbstmord geendet sind. Neben die Biographien von Goethe und Schiller aus der 8. oder 9. Klasse dürfen jetzt auch solche gestellt werden, die nicht in der gleichen Weise urbildhaft sind. Wenn der Lehrer in der richtigen Art die Bestrebungen und Motive von Persönlichkeiten wie Kleist und Stifter erzählend herausarbeitet, wird auch an ihrem Leben deutlich, um welche Ziele es ganz allgemein für den Menschen geht. Man denke an die Gründe für Kleists Ausscheiden aus dem Militärdienst und seine Suche nach dem Absoluten, bei Stifter an seine privaten Schwierigkeiten, die in ihm dann aber jenen umfassenden Erziehungsimpuls reifen ließen, der nicht nur sein ganzes erzählerisches Werk durchzieht, sondern ihn auch zu seiner Arbeit als Schulrat befähigten.[1]

Je nach der Länge der Epoche und den Fähigkeiten einer 11. Klasse wird man diese Betrachtungen mit einem dritten Werk abschließen, das aus dem zwanzigsten Jahrhundert stammt. Allerdings wird man dabei in Kauf nehmen (oder sollte man gerade danach suchen?), daß uns hier eher mißglückte Versuche, sich auf die Kraft der eigenen Seele zu verlassen, entgegentreten. Aber als Gegenbilder sind sie für den Jugendlichen wichtig, will er doch seinen eigenen Weg finden. Vielleicht ist es günstig, nach zwei epischen Werken jetzt ein Drama zu wählen, zum Beispiel Frischs *Andorra* oder Brechts *Der gute Mensch von Sezuan*, obgleich beide Werke auch unter einem anderen Epochenthema behandelt werden könnten. In *Andorra* läßt sich an verschiedenen Gestalten herausarbeiten, wie ihnen die Seelensicherheit fehlt, nicht nur an Andri und dem Lehrer. Jener wird als Jugendlicher in eine Rolle gepreßt und bleibt sich dadurch selbst ein Rätsel, dieser ist eine gebrochene Individualität, die bestimmte Taten vertuscht, um in der Öffentlichkeit als ein anderer zu erscheinen. Immer geht es ja bei Frisch um das Rätsel des Ich: Seine Gestalten wollen aus ihrem Schicksal aussteigen, ein anderer Mensch sein (Stiller, Gantenbein). Die Frage nach dem eigenen Selbst ist aber gerade das, was den Elftkläßler beschäftigt, ihn oft unbewußt quält.

Im *Guten Menschen von Sezuan* stellt Brecht die Kraftlosigkeit der Seele noch drastischer dar: «Gut zu sein und doch zu leben» sei nur möglich, wenn der einzelne vor der Gesellschaft ein doppeltes Spiel treiben, sich in zwei Personen aufspalten würde – wie Shen Te, die in ihrem Handeln ihrem Gefühl folgt, dann aber, als ihr eigener Vetter verkleidet, auftreten muß, um mit kühlem Verstand die Geschäfte wieder ins Lot zu bringen. Was Brecht uns in seinem Stück als Parabel erzählt, ist aber in der Realität nicht durchführbar: Die Individualität ist nicht teilbar, man muß sich als Mensch für *eine* Handlungsweise entscheiden. Und gerade das betrifft den Jugendlichen dieses Alters, wenn er sich sagt: Ich kann so handeln, ich könnte aber auch anders handeln. Was ist für mich der richtige Weg?

Die Unsicherheit des Gegenwartsmenschen wird bei Brecht aber noch weitergeführt durch seine Ironisierung der Götter. Sie sind zu Karikaturen geworden, und der Zuschauer muß sich fragen, ob er diese Diffamierung des Religiösen mitmachen kann. Hier wird man mit den Schülern auch Brechts Theorie des epischen Theaters besprechen können. Ihm geht es ja um eine Veränderung. Die Frage ist nur, wie man diese Veränderung erreichen will: von außen, revolutionär, über die Gesellschaft, wie Brecht es propagiert, oder von innen, evolutionär, durch die allmähliche seelische Reifung des Individuums, wie sie sich etwa bei Parzival vollzieht. Wir berühren hiermit auch politische Entwicklungen, die sich heute abspielen und die die Jugendlichen betreffen beziehungsweise für die wir sie aufwecken müssen.

Andere Epochenthemen

Jede 11. Klasse ist in ihrer Zusammensetzung, ihren Interessen, ihrem «Klima» anders, und auch jeder Lehrer hat andere Impulse, wechselt wohl auch von Jahr zu Jahr seinen pädagogischen Ansatz. So lassen sich außer dem beschriebenen Epochenmodell noch manche anderen Gruppierungen finden, die auf die latenten Fragen des Jugendlichen eingehen. Nur einige Möglichkeiten seien noch skizziert.

Bei einem Epochenthema «Der Mensch vor der Gewalt» könnte man von Büchners *Dantons Tod* ausgehen, dann *Andorra* anschließen und mit der wenig bekannten Erzählung von Erich Fried, *Meine Puppe in Auschwitz*,[2] enden. Mit Büchner wird einerseits dieser wichtige, im Grunde bereits moderne Dramatiker vorgeführt, andererseits zeigt das Stück beispielhaft, wie politische Machtmittel angewendet werden und wie der Mensch ihnen gegenüber zu den wahren Werten finden kann. In *Andorra* wird man jetzt andere Gesichtspunkte herausarbeiten, vor allem aktuelle Bezüge zur jüngsten Vergangenheit herstellen. Die Erzählung von Erich Fried, in nüchterner Prosa geschrieben, ganz von dem persönlichen Erleiden dieses jüdischen Autors geprägt, öffnet anhand der minutiösen Schilderung einer Besichtigung des ehemaligen Konzentrationslagers Auschwitz erschütternde Einblicke in das, was an menschlicher Fühllosigkeit und Grausamkeit möglich ist. Frieds Gedicht *Der Rand,* das von der Ausbreitung des Entsetzens in der Welt handelt, kann in diesem Zusammenhang mit der Klasse rezitiert werden.[3]

Wenn man als Epochenthema «Von der Verantwortung des Wissenschaftlers» wählt, bietet sich wieder ein Dreischritt an: In Büchners *Woyzeck* wird die Erniedrigung des Menschen zum Objekt wissenschaftlicher Versuche (durch den Arzt) und zur manipulierbaren Kreatur (durch den Hauptmann) vorgeführt. Dies zu einer Zeit, als die Verachtung der Menschenwürde noch nicht das heutige Ausmaß erreicht hatte, weil unser technokratisches Weltverständnis noch bevorstand. Brechts *Galilei* leitet unter diesem Gesichtspunkt zu der wichtigen Frage eines hippokratischen Eides für die Wissenschaftler über, durch den nicht mehr alles Machbare erlaubt würde. Heinar Kipphardts *In der Sache J. Robert Oppenheimer* – zwar eher eine Reportage als ein «Schauspiel», das heißt eine Dichtung – macht für den Schüler deutlich, welche konträren Ansichten schon damals zur Atombombe bestanden und wie man mit einem Mann umging, der seinen Fehler eingesehen hat («Wir haben die Arbeit des Teufels getan»). Unweigerlich kommt das Gespräch in der Klasse auch auf die friedliche Nutzung der Atomenergie und ihre Risiken, ein Thema, zu dem die Jugendlichen sehr entschieden Stellung beziehen.

Hat man als Lehrer eine seelisch starke 11. Klasse vor sich, wird man vielleicht auch Werke heranziehen, deren Aussage negativer ist, und das Epochenthema entsprechend formulieren, beispielsweise «Der Angriff gegen die Individualität». Dabei kann der Weg von Grimmelshausens *Simplizissimus* (in Auswahl) als verflachtem Spiegelbild Parzivals über *Woyzeck* zu Brechts *Mutter Courage* führen. Die Verkehrung der Wertmaßstäbe wird dem Schüler erlebbar. Themen wie «Hohle Gesellschaft» oder «Gesellschaftliche Mißstände» ließen sich an Werken von Ibsen oder Gerhard Hauptmann behandeln (*Die Wildente, Die Ratten* oder *Die Weber*).

Aufbauende Kraft aus moderner Geisteshaltung

Unterschwellig durchzieht jede Epoche der 11. Klasse, unter welchem Thema sie auch stehen mag, eine weitere Frage: Gibt es heute Möglichkeiten, an der eigenen Seele zu arbeiten, sie zu stärken, um all dem Negativen in der Gegenwart gewachsen zu sein? Das Interesse der Schüler für Jugendsekten und Okkultismus hängt hiermit zusammen. Eine ganz andere, konkrete Antwort darauf findet sich in Dag Hammarskjölds Tagebuch *Zeichen am Weg*, aus dem man in einem passenden Moment der Epoche einiges einfließen lassen kann.

Einige Beispiele:[4]

Nur berichten, was für andere Bedeutung hat. Nur fragen, was man zu wissen wünscht. Beides auf das beschränken, was der Sprecher beherrscht. Nur diskutieren, um ein Ergebnis zu erzielen. «Laut denken» nur mit dem, bei dem es sinnvoll ist. Laß Plaudern die Zeit füllen und Schweigen die tragende Welle sein für das Ungesagte nur zwischen zwei Gleichgestimmten. Eine gute Diätanweisung für den, der die Wahrheit über «unser eitles Wort» erfuhr. – Aber im Gesellschaftsleben nicht gerade populär.

Sorge nicht, wohin dich der einzelne Schritt führt: nur wer weit blickt, findet sich zurecht.

Was du wagen mußt – du selbst zu sein. Was du erreichen kannst – in dir des Lebens Größe nach dem Maß deiner Reinheit zu spiegeln.

Schweigen ist der Raum um jede Tat und jede Gemeinschaft von Menschen. Freundschaft bedarf keiner Worte – sie ist Einsamkeit, frei von der Angst der Einsamkeit.

Mitten im Gelärm das innere Schweigen bewahren. Offen, still, feuchter Humus im fruchtbaren Dunkel bleiben, wo Regen fällt und Saat wächst – stapfen auch noch so viele im trockenen Tageslicht über die Erde in wirbelndem Staub.

> *Die längste Reise*
> *ist die Reise nach innen.*
> *Wer sein Los gewählt hat,*
> *wer die Fahrt begann*
> *zu seiner eigenen Tiefe*
> *(gibt es denn Tiefe?) –*
> *noch unter euch,*
> *ist er außerhalb der Gemeinschaft,*
> *abgesondert in eurem Gefühl*
> *gleich einem Sterbenden*
> *oder wie einer, den der nahende Abschied*
> *vorzeitig weiht*
> *zu jeglicher Menschen endlicher Einsamkeit.*

Maßstab für die Forderung des Lebens ist nur deine eigene Kraft. Und deine mögliche Tat besteht darin, nicht fahnenflüchtig geworden zu sein.

Ich bin das Gefäß. Gottes ist das Getränk. Und Gott der Dürstende.

Dämonen kommen ungeladen, wenn das Haus leer steht. Anderen Gästen mußt du schön die Tür öffnen.

So war es

Weiter treibe ich
hinaus ins fremde Land.
Beinhart die Erde,
Eisluft beißender kalt.
Berührt vom Winde
meines unbekannten Ziels,
zittern die Saiten
im Warten.

Immer ein Fragender,
werde ich dort sein,
wo das Leben verklingt –
ein klar schlichter Ton
im Schweigen.

Lächelnd, offen und ehrlich –
beherrscht der Körper und frei.
Ein Mann, der wurde, was er konnte,
und der war, was er war –
bereit, im einfachen Opfer
alles zu fassen.

Morgen treffen wir uns,
der Tod und ich –.
Er wird den Degen stoßen in einen wachen Mann.

Wie brennt doch das Gedenken jeder Stunde,
die ich vertan.

Hammarskjöld ist deshalb für die jungen Leute so wichtig, weil hier ein Mann unserer Zeit vorgelebt hat, wie man ein spirituelles Leben führen und doch an hervorragender Stelle im politischen Leben stehen kann. Manche Parzival-Motive tauchen in diesen Aphorismen auf, und wenn die Jugendlichen mit ihnen umgehen, kann man beobachten, wie eine unbewußte Sehnsucht nach dem Übersinnlichen in ihnen lebt.

Die «latenten Fragen» im 11. Schuljahr rühren also an sehr tiefe Geheimnisse des menschlichen Daseins. Sie erhalten, wenn die Jugendlichen das 18. Lebensjahr erreicht haben, eine noch klarere Gestalt.

Anmerkungen

1   Vgl. hierzu Curt Hohoff, *Heinrich von Kleist,* Reinbek 1958 (rororo monographie 1); Urban Roedl, *Adalbert Stifter,* Reinbek 1965 (rororo monographie 86).
2   Erich Fried, *Fast alles Mögliche,* Berlin 1978, S. 104 ff.
3   Ders., *100 Gedichte ohne Vaterland,* Berlin 1980, S. 18.
4   Dag Hammarskjöld, *Zeichen am Weg,* München 1967, S. 26, 27, 29, 49, 58, 79, 84.

BURCKHARDT GROSSBACH

Moderne Thematik bei Lessing und Frisch: «Nathan der Weise» und «Andorra»

Das wichtigste Werk für die Lektüre und Besprechung im Deutschunterricht der 11. Klasse ist ohne Frage der *Parzival*. Die Gründe und auch methodische Überlegungen dazu sind andernorts dargestellt worden, so daß hier nicht weiter darauf eingegangen werden soll.

Was bietet sich jedoch außerdem für den Literaturunterricht des 11. Schuljahres an? Welche Werke gehen in besonderem Maße auf die latenten oder ausgesprochenen Fragen der Jugendlichen im siebzehnten, achtzehnten Lebensjahr ein und repräsentieren vielleicht gleichzeitig ein bedeutsames Stück deutscher Literaturgeschichte? Mit einigen Anregungen und vorläufigen Gedanken soll hier eine Antwort auf diese Frage versucht werden.

Nach den Turbulenzen der Pubertät kehrt mit dem Zeitraum, in den der Übergang von der 10. zur 11. Klasse fällt, sichtlich wieder seelische Ruhe ein, aber es wird auch ein wachsendes Ich-Bewußtsein spürbar. Das Einsamkeitsempfinden, das dem Fünfzehn-, Sechzehnjährigen vertraut ist und ihn häufig bedrängt, das die zunächst als schmerzlich empfundene erste Frucht dieses Ich-Bewußtseins ist, kann sich nun allmählich zu einem bereitwilligen Annehmen der eigenen Individualität mit all ihren Eigenschaften (Schwächen wie Stärken) wandeln. Dadurch wird ein Stand-Punkt erreicht, der einerseits mit einer gewissen Souveränität Beziehungen zu anderen Menschen ermöglicht, andererseits um die verletzliche Innerlichkeit des anderen aus eigener Erfahrung weiß. Man kann von einer Art «Sozialreife» sprechen.

In dieser Situation können zwei Dramen den Jugendlichen nahegehen, die auf jeweils besondere Weise das Verhältnis der Menschen zueinander zum Thema haben: Lessings *Nathan der Weise* und

Frischs «Lehrstück ohne Lehre» *Andorra*. (Die Kenntnis des Inhaltes beider Werke wird im folgenden vorausgesetzt.)

Wenden wir uns zunächst dem Stück von Lessing zu. Die Welt, in die es uns entrückt, scheint ferne zu liegen: Schon der Blankvers liest sich nicht so einfach, und das Personenverzeichnis sowie die Zeit- und Ortsangaben wecken zunächst die Frage: Was kann uns ein solches Stück heute überhaupt sagen? Hat es andere als literaturgeschichtliche Bedeutung für einen gebildeten Menschen? Vordergründig gesehen, ist die zeitliche und räumliche Distanz schon für Lessing nur die Tarnung gewesen, die er wählen mußte, um sich nach dem «Fragmentenstreit» und dem anschließenden Schreibverbot in theologischen Fragen noch äußern zu können: «Ich muß versuchen, ob man mich auf meiner alten Kanzel, auf dem Theater, wenigstens noch ungestört will predigen lassen» lautet seine vielzitierte Begründung. Aber nach der ausführlichen Besprechung des Stückes in der Klasse wird den Schülern auch bewußt, daß gerade die scheinbare Ferne zu unserer Gegenwart die im Drama *Nathan* gezeigten Reaktionen, Vorurteile, bedenklichen oder gar verwerflichen Verhaltensmuster um so zeitloser, allgemeingültiger erscheinen läßt. Jeder Schüler weiß von Rassismus, religiösem Fanatismus, Minderheitenproblemen, von den gegenwärtigen sozialen Spannungen an vielen Orten der Welt, die auf Vorurteile solcher Art zurückzuführen sind. Die «Gastarbeiter» in Deutschland sind noch das naheliegendste Beispiel. Selbstverständlich ist auch das Gleichnis von den drei Ringen auf mehr als nur auf die unterschiedlichen Religionen anwendbar.

Unter diesen als ganz aktuell und für jeden einzelnen von uns als wichtig akzeptierten Aspekten des Stückes stellt sich jedoch für die Schüler im Hinblick auf die Nathan-Gestalt oft die Frage: Ist das ein realistisch dargestellter Mensch? Kann es (heute) eine solch integre, vorbildliche Persönlichkeit überhaupt geben? Eine sehr gründliche Untersuchung, wer dieser Nathan eigentlich ist, wird dann unumgänglich. Auf die Frage: «War er denn schon immer so?» ergibt sich dann, daß auch er einen Läuterungsprozeß durchmachen mußte, daß auch er ganz menschliche Züge trägt. An der Biographie Nathans wird Rudolf Steiners Ausspruch: «Weisheit ist kristallisierter Schmerz» für Elftkläßler nachvollziehbar, konkret. Die Bedeutung von Unglück und leidvoller Erfahrung im Lebenslauf eines Menschen gewinnt eine neue Dimension.

«Das deutsche Toleranzdrama» wird der *Nathan* oft genannt. Was ist wirkliche Toleranz im Umgang mit dem anderen – und was freundliche Gleichgültigkeit, was dagegen liebevolles Interesse für die Individualität des Mitmenschen? Wie Nathan seine Gespräche führt, ist schon sehr lehrreich und vorbildlich – und auch für uns nicht ganz unerreichbar!

Lessings *Nathan* ist das wohl bekannteste und vielleicht auch das bedeutendste Drama der Aufklärung. «Was ist Aufklärung?» Diese Frage in der Formulierung Kants kann sowohl mit Kants Antwort selbst wie auch am *Nathan* überzeugend und eindrucksvoll beantwortet werden. So wird durch die Besprechung dieses Theaterstükkes ein weiterer wichtiger Baustein in das Kultur- und Literaturgeschichtsverständnis der Schüler eingefügt.

In erstaunlich vieler Beziehung ganz ähnlich und doch auch völlig anders, ja gegensätzlich, wirkt Max Frischs *Andorra*. Die Andersartigkeit fällt schon bei der Untersuchung der «Äußerlichkeiten» (die keine sind) sofort ins Auge: Bühnenbild, Einteilung der Handlung, die Benennung der Personen, die Charakterisierung des Handlungsortes – all das paßt nicht mehr in das Klischee von einem herkömmlichen Schauspiel. (Man muß den Begriff des «epischen Theaters» nicht unbedingt an *Andorra* entwickeln, man kann sich aber bei einer späteren Erarbeitung dieser dramatischen Form ausgezeichnet darauf beziehen.) Beschränken wir uns hier auf das Thema «zwischenmenschliche Beziehungen». Im Verlaufe des Stückes wird erkennbar, wie die Hauptperson – ebenfalls Jude, wie es lange scheint – durch die wirklichkeitsfernen Rollenerwartungen seiner Umgebung erbarmungslos umgeformt wird, bis der «Held» (der keiner ist) innerlich wie äußerlich die ihm aufgenötigte Rolle in tragischer Verkennung der Wahrheit auch selbst annimmt.

«Du sollst dir kein Bildnis machen», das heißt kein Vor-Urteil über den anderen bilden. Du sollst nicht zu wissen glauben, wie er ist, ohne ihm die Möglichkeit der Wandlung oder des Andersseins zuzugestehen – zu dieser Erkenntnis kommt nur eine einzige Person in diesem Stück und berührt damit ein wesentliches Moment des Verhältnisses zum Mitmenschen. Ist diese Forderung nicht ein Grundbedürfnis der Jugendlichen in der Entwicklungsdynamik ihrer Altersstufe, ein sehr berechtigter Anspruch besonders an die erwachsene Umgebung? Wie oft erleben sich junge Menschen mißverstanden, unterschätzt, weil sie vor ihr verletzliches, noch in Orientierung und Konsolidierung begriffenes Innenleben ein forsches, lässiges, aggressives, schüchternes oder in anderer Weise schützendes Verhalten schieben, indem sie diesen sich bildenden «Seelenraum» gern verleugnen, ihn gleichzeitig aber für wesentlich halten.

So erweisen sich die von Frisch aufgeworfenen Fragen als außerordentlich evident für die Schüler, und zwar nicht nur hinsichtlich der Vorurteile gegenüber Gruppen, wie es im *Nathan* im Vordergrund steht, sondern vor allem im Hinblick auf die mögliche Voreingenommenheit gegenüber dem individuellen Menschen – und ein solcher wollen die Jugendlichen ja jetzt bewußt werden!

Diese Thematik des zwischenmenschlichen Vorurteils wird ja auch in Frischs Tagebuch angeschnitten,[1] und im Vergleich dazu ist eine entsprechende Äußerung von Bert Brecht[2] sehr interessant und wert, in irgendeiner Form aufgegriffen zu werden, sei es als Thema für eine Unterrichtsstunde, sei es als Aufgabe für die Hausarbeit oder sogar im Klassenaufsatz. Im Kern besteht die entscheidende Frage darin: Ist es ein Zeichen von Liebe und Zuneigung, sich *kein* Bild vom anderen zu machen, damit er sich, ungehemmt von (falschen oder unvollständigen) Vorstellungen, entwickeln kann (Frisch), oder ist es gerade ein Zeichen freundschaftlicher Hilfe, sich ein Bild vom anderen zu machen, und zwar ein positives, das ihm als Vorbild, als erstrebenswertes Ziel dienen kann (Brecht)?

Abgesehen vom Inhalt dieser Frage läßt sich gegebenenfalls aus den beiden Anschauungen schon recht deutlich der Unterschied zwischen Brecht und Frisch ableiten. Und wenn eine Klasse Brecht und das «epische Theater» schon kennt: Warum hat Frisch sein Stück «Ein Lehrstück ohne Lehre» genannt?! So kann an solchen Stellen auch ein wenig Theatergeschichte des zwanzigsten Jahrhunderts verdeutlicht werden.

Wichtig ist schließlich auch ein Vergleich beider Schauspiele unter mannigfaltigen Gesichtspunkten, von denen hier nur einige noch genannt werden können. Beispielsweise: Der Jude hier, der «Jude» da – welches Selbstverständnis entwickeln sie jeweils? Das Geschwisterpaar hier und dort – was bedeutet die Entdeckung der verwandtschaftlichen Beziehung jeweils für die Beteiligten? Die Rolle der Familie: im einen Falle Schlußpunkt einer glücklichen Vereinigung, im anderen – Ausgangspunkt für ein tragisches Zerwürfnis. Der

Symbolgehalt der beiden Schlußszenen – Erfüllung durch Verbindung oder aber seelische wie auch gesellschaftliche Zerrüttung, oder in der schlagkräftigen Sprache der Schüler: «Happy-End» contra «no future».

Der einzelne Deutschlehrer wird selbst noch manche – und auch weitergehende – Gesichtspunkte für die Behandlung der beiden Dramen finden. Es ging hier nur darum, einige Gedanken auszuführen, warum gerade *Nathan der Weise* und *Andorra* einen Platz im Literaturunterricht der 11. Klasse beanspruchen können. Und wer alle drei Werke gut kennt, wird auch verwandte oder ähnliche Motive in den Dramen *Andorra* und *Nathan* und dem Epos *Parzival* finden. So schließen sich diese drei zu einer möglichen Einheit zusammen.

Anmerkungen

1   Max Frisch, *Tagebuch 1946 – 1949*, Kapitel «Du sollst dir kein Bildnis machen», verschiedene Ausgaben (Suhrkamp, Knaur).

2   Bert Brecht, Notizen zur Philosophie 1929 – 1941; z.B. abgedruckt in: suhrkamp tb 199, S. 168ff., Klett – Materialien zu *Andorra* (Klett-Buch Nr. 3551), S. 15f.

ALBERT SCHMELZER

Ödön von Horváth, «Jugend ohne Gott».
Ein Beitrag zum Deutschunterricht
der 11. Klasse

Vor kurzem war eine Schriftstellerin in der Oberstufe der Mannheimer Waldorfschule zu Gast. Nachdem sie einige ihrer Prosastücke und Gedichte gelesen hatte, stellte ein Schüler die Frage: «Warum schreiben Sie so pessimistisch, warum behandeln Sie so viel Negatives?» Ihre Antwort: «Ich versuche, die heutige Welt zu schildern – sie ist eben so.»

Diese Aussage erscheint als symptomatisch für weite Teile der modernen Literatur: Die Darstellung des Scheiterns, des Versagens, des Zerbrechens an einer unmenschlich gewordenen Gesellschaft bestimmt die literarische Atmosphäre des zwanzigsten Jahrhunderts. So verständlich diese Tatsache auch ist, so stellt sie doch den Deutschlehrer bei der Auswahl der zu besprechenden Werke gerade in der 11. Klasse vor Probleme.

In der ersten Epoche sind anhand des *Parzival* entscheidende Lebensfragen im Sinne einer «Biographik» angeschnitten worden. Es ist das Bild eines sich entwickelnden Menschen entstanden, den Schuld und Verzweiflung nicht scheitern lassen und der schließlich zu seinen höchsten Möglichkeiten findet.

Was geschieht aber nun in der zweiten Epoche?

Sicher ist es sinnvoll, die Fragen der menschlichen Entwicklung zu vertiefen. Dafür zeichnen sich zwei Wege ab.

Einerseits kann verfolgt werden, wie Parzival-Motive in der Literatur der folgenden Jahrhunderte auftauchen, und zwar in dekadenter Form, als Karikatur. Geht man diesen Weg, so bietet sich manches an: vom *Simplizissimus* über Fontanes *Effi Briest* zu Hesses *Unterm Rad*.[1]

Alle diese Werke zeigen, wie menschliche Entfaltungsmöglichkeiten niedergehalten und abgewürgt werden. Sie sind gleichsam «gegen den Strich» zu interpretieren, sollen dem Schüler am Gegenbild Orientierungshilfen geben. Daneben steht die Möglichkeit, Entwicklungsromane zu behandeln, welche das Gelingen eines Lebensweges schildern: Goethes *Wilhelm Meister* stellt wohl das klassische Beispiel dar. Sucht man aber in der Literatur des zwanzigsten Jahrhunderts, wird die Auswahl geringer. So sei in diesem Zusammenhang auf Ödön von Horváths Roman *Jugend ohne Gott* hingewiesen als ein Werk, welches zumindest in Ansätzen echte Persönlichkeitsentwicklungen darstellt.

Eine solche Wahl mag erstaunen. Ist Horváth, bekannt vor allem als Dramenautor, nicht der schonungslose und oft zynische Entlarver bürgerlicher Pseudo-Idyllen, voller Skepsis gegenüber sogenannten «höheren Werten»? Sagt er nicht von sich selbst, daß er «doch kein anderes Bestreben habe, als die Welt so zu schildern, wie sie halt leider ist?»[2] Angesichts solcher Urteile und Selbstaussagen erscheint es sinnvoll, zunächst ein kurzes Bild von Horváths äußerst vielschichtiger Persönlichkeit zu gewinnen.

Es ist der 1. Juni 1938. Ödön von Horváth, zu diesem Zeitpunkt sechsunddreißig Jahre alt, wird seit Tagen von Unruhe und Angst bedrängt. Eine Wahrsagerin hat ihm für die letzten Maitage Merkwürdiges vorhergesagt: «Sie werden in Paris das größte Abenteuer ihres Lebens haben.»[3] Horváth, der sich gerade zu Verhandlungen über die Verfilmung eines seiner Werke in Paris aufhält, hat es darauf vermieden, Taxis zu benutzen oder Lift zu fahren – aus Angst. Doch die Maitage sind vorübergegangen, nichts Außergewöhnliches hat sich ereignet. Nun ist er auf dem Weg zu seinem Hotel. Er geht die Champs Elysées entlang und überquert sie in Höhe der Avenue Morigny. Plötzlich kommt, fast aus heiterem Himmel, ein böiger Sturm auf, ein Gewitter tobt über Paris. Horváth sucht Schutz unter einer alten Kastanie, die kurz darauf vom Blitz getroffen wird. Ein Ast bricht herunter und trifft Horváth am Hinterkopf. Er ist sofort tot.

Schon für die Freunde des Schriftstellers, etwa für Franz Werfel, waren die sonderbaren Umstände seines Todes «kein Zufall».[4] Zu genau paßten sie zu der Persönlichkeit Horváths, der die Grenzen des Rationalismus nie akzeptiert hatte. Er selbst scheint Vorahnungen seines Todes gehabt zu haben. Einige Tage vor dem Unfall hatte er einem Bekannten anvertraut: «Vor den Nazis habe ich keine so sehr große Angst ... Es gibt ärgere Dinge, nämlich die, vor denen man Angst hat, ohne zu wissen warum. Ich fürchte mich zum Beispiel vor der Straße. Straßen machen mir Angst.»[5] Horváth hat kein Geheimnis daraus gemacht, daß er gewisse übersinnliche Wahrnehmungen hatte. Wie ernst diese zu nehmen sind, muß wohl fraglich bleiben. Sein engster Freund, der Dichter Franz Theodor Csokor rückt sie in die Nähe des Spiritismus, wenn er etwas salopp von Horváths Arbeit am Roman *Jugend ohne Gott* in Henndorf bei Salzburg berichtet: «Natürlich geschieht das bei ihm, einem Nachtarbeiter, der außerdem im Spukzimmer unseres uralten Gasthofes haust, unter dauernder Mitwirkung einer Gespensterwelt, an die er fest glaubt. Entweder werden nach Eintritt der Dämmerung Klinken von einer unsichtbaren Hand niedergedrückt, rhythmische Klopftöne funken ein metaphysisches Telegramm an die Fensterscheiben, und schaut er dann hinaus, neigt sich über den Brunnen auf der Gegenseite der Straße eine weißgekleidete Frauengestalt und singt eine Melodie ohne Worte – oder kühle Schatten streichen ihm um die Stirne. Am andern Morgen verkündet er dann strahlend: heute nacht waren sie wieder da – die Geister! Er fürchtet sich auch nicht im geringsten davor, eher beruhigt es ihn offenbar, daß ihm ein für ihn vorhandenes Jenseits Zeichen gibt.»[6]

Diese Offenheit gegenüber dem Übersinnlichen war bei Horváth verbunden mit einem unbestechlichen und geschärften Blick für die politischen und sozialen Verhältnisse seiner Zeit. Vieles lernte er im direkten Kontakt mit den sogenannten kleinen Leuten kennen. Ein Bekannter Horváths berichtet: «Kellner, Garderobefrauen, Gastwirte, Straßenhändler, Fischerweiber, Polizisten, kurz: das kleine Volk, es fühlte sich magisch angezogen von Ödön von Horváth und schenkte ihm in einem Fünf-Minuten-Schwatz sofort das ganze Herz.» Und dies sei das Geheimnis seiner Anziehungskraft gewesen: «Horváth war ein märchenhafter Zuhörer.»[7] Sicher wirkte sein gemüthaftes Aussehen vertrauenerweckend: seine große, schwere Gestalt, die ruhigen braunen Augen, seine ungezwungene Fröhlichkeit.

Fassen wir die ersten Eindrücke zusammen: In Horváth tritt uns eine Individualität gegenüber, die auf eigene, unmittelbare Erfahrung baute und die schon darum skeptisch gegenüber Parteimeinungen war. Sich ganz auf sich selbst zu stellen, dazu war Horváth schon früh gezwungen; als Sohn eines ungarischen Diplomaten wechselte er in seiner Jugend Städte, Länder und Sprachgebiete – eine Heimat hatte er nicht. Fiume, Belgrad, Budapest, München, Preßburg, Wien – das waren die Stationen bis zum Abitur. Auch später, als Schriftsteller, wechselte er oft seine Aufenthaltsorte, meist pendelte er zwischen Berlin, Murnau und Wien.

Schwerer als die äußere Heimatlosigkeit aber wog die innere Leere, die er als Angehöriger einer Generation empfand, deren Kindheit in die Zeit des Ersten Weltkrieges fiel: «Wir waren verroht, fühlten weder Mitleid noch Ehrfurcht. Wir hatten weder Sinn für Museen noch für die Unsterblichkeit der Seele – und als die Erwachsenen zusammenbrachen, blieben wir unversehrt. In uns ist nichts zusammengebrochen, denn wir hatten nichts.»[8] So wird es verständlich, daß Horváth in seinen Dramen, für die er 1931 auf Anregung von Zuckmayer den Kleistpreis erhielt, gründlich mit allen vorgetäuschten Werten aufräumte. Nach der Machtergreifung durch die Nationalsozialisten wurden Horváths Stücke vom Spielplan abgesetzt. In den folgenden Jahren scheint Horváth eine tiefe innere Wandlung durchlebt zu haben. Er distanzierte sich von seinem bisherigen Werk, das ihm nicht mehr genügte, und suchte Neues. 1937 entstanden in ganz kurzer Zeit zwei Romane: *Jugend ohne Gott*, der den Untertitel «Frühlingserwachen in unserer Zeit» tragen sollte, und *Ein Kind seiner Zeit*.

In dem Entwurf eines Vorwortes zu *Jugend ohne Gott* schrieb Horváth damals: «Ich überreiche dies Buch der Öffentlichkeit unserer Zeit. Ich weiß, es wird vielleicht verboten werden, denn es handelt von den Idealen der Menschheit. Ein Lehrer, der lesen und schreiben lehrt, von dem handelt es. Es ist ein Buch gegen die geistigen Analphabeten, gegen die, die wohl lesen und schreiben können, aber nicht wissen, was sie schreiben, und nicht verstehen, was sie lesen. Und ich habe ein Buch für die Jugend geschrieben, die heute bereits wieder ganz anders aussieht als die fetten Philister, die sich Jugend dünken. Aus den Schlacken und Dreck verkommener Generationen steigt eine neue Jugend empor. Der sei mein Buch geweiht! Sie mögen lernen aus den Fehlern und Zweifeln! Und wenn nur einer dies Buch liest, bin ich glücklich!»[9] Wie anders klingen diese Sätze als Horváths eingangs erwähnte Äußerung, er habe kein anderes Bestreben, als die Welt so zu schildern, wie sie halt leider ist! Sie deuten an, daß mit *Jugend ohne Gott* Horváth zu einer neuen Dimension seines

Schaffens vorgestoßen ist: neben das, was ist, tritt «das, was sein soll». Indem er diesen Spannungsbogen schlägt, schafft er Raum für die großen Themen des Entwicklungsromans: Schuld, Reue, Wandlung. Gerade darin, so scheint mir, liegt die Berechtigung, dieses Werk in der 11. Klasse zu behandeln.

Prüfen wir diesen Anspruch nun am Inhalt des Romans. Der Lehrer, die zentrale Person des Werkes, lebt in einer Gesellschaft, in der die Phrase herrscht. Schon die ersten Zeilen weisen darauf hin:

«25. März. Auf meinem Tische stehen Blumen. Lieblich. Ein Geschenk meiner braven Hausfrau, denn heute ist mein Geburtstag. Aber ich brauche den Tisch und rücke die Blumen beiseite und auch den Brief meiner alten Eltern. Meine Mutter schrieb: ‹Zu Deinem vierunddreißigsten Geburtstage wünsche ich Dir, mein liebes Kind, das Allerbeste. Gott, der Allmächtige, gebe Dir Gesundheit, Glück und Zufriedenheit!› Und mein Vater schrieb: ‹Zu Deinem vierunddreißigsten Geburtstage, mein lieber Sohn, wünsche ich Dir alles Gute. Gott, der Allmächtige, gebe Dir Glück, Zufriedenheit, und Gesundheit!» [10]

Von Phrasen wimmeln auch die Aufsätze der Schüler über Themen, die von der Aufsichtsbehörde vorgeschrieben sind.

«‹Warum müssen wir Kolonien haben?› … ‹Wir brauchen die Kolonien, weil wir zahlreiche Rohstoffe benötigen, denn ohne Rohstoffe könnten wir unsere hochstehende Industrie nicht ihrem innersten Wesen und Werte nach beschäftigen, was zur unleidlichen Folge hätte, daß der heimische Arbeitsmann wieder arbeitslos werden würde.› Sehr richtig, lieber Bauer! ‹Es dreht sich zwar nicht um die Arbeiter› – sondern Bauer? – ‹es dreht sich vielmehr um das Volksganze, denn auch der Arbeiter gehört letzten Endes zum Volk.›» [11]

Das eigene Denken ist der Herrschaft des Radios gewichen: *«Es lispelt, es heult, es bellt, es girrt, es droht – und die Zeitungen drucken es nach, und die Kindlein, sie schreiben es ab.»* [12]

Doch die «Herren Schüler» schreiben nicht nur die Propagandalügen ab, ihre Willensimpulse sind auch entsprechend geformt: *«Sie pfeifen auf den Menschen! Sie wollen Maschinen sein, Schrauben,*

Räder, Kolben, Riemen – doch noch lieber als Maschinen wären sie
Munition: Bomben, Schrapnells, Granaten. Wie gerne würden sie
krepieren auf irgendeinem Feld! Der Name auf einem Kriegerdenk-
mal ist der Traum ihrer Pubertät.»[13]

In einer solchen Gesellschaft haben echte Gefühle keinen Raum.
Der Lehrer: *«Wir sind alle verseucht, Freund und Feind. Unsere*
Seelen sind voller schwarzer Beulen, bald werden sie sterben. Dann
leben wir weiter und sind doch tot.»[14]

Die Charakterisierung dieser Welt, beherrscht von der tödlichen
Dreieinigkeit der Phrase, der Brutalität, der Gefühllosigkeit steigert
sich zum Bild: *«Es kommen kalte Zeiten, das Zeitalter der Fische ...*
Da wird die Seele des Menschen unbeweglich wie das Antlitz eines
Fisches.»[15]

Wie stellt sich der Lehrer, an dessen innerem Monolog Horváth
uns beständig teilnehmen läßt, zu dieser Gesellschaft? *«Danke*
Gott», sagt er sich, *«daß du zum Lehrkörper eines Städtischen Gym-*
nasiums gehörst und daß du also ohne große wirtschaftliche Sorgen
alt und blöd werden darfst! Du kannst doch auch hundert Jahre alt
werden, vielleicht wirst du sogar mal der älteste Einwohner des Va-
terlandes. Dann kommst du an deinem Geburtstag in die Illustrierte,
und darunter wird stehen: ‹Er ist noch bei regem Geiste.›»[16]

Nur wenn die Phrasen allzu hohl klingen, etwa im Fall des Schülers
N., welcher schreibt: *«Alle Neger sind hinterlistig, feig und faul»*,
wagt der Lehrer vorsichtige Einwände: *«Auch die Neger sind doch*
Menschen.» Doch aus Angst gibt er bald klein bei: *«Ich werde mir*
wegen euch keine Disziplinarstrafe zuziehen, geschweige denn mein
Brot verlieren – nichts zum Fressen soll ich haben, was? Keine Kleider,
keine Schuhe? Kein Dach? Würd' euch so passen! Nein, ich werde
euch von nun ab nur mehr erzählen, daß es keine Menschen gibt,
außer euch, ich will es euch so lange erzählen, bis euch die Neger
rösten! Ihr wollt es ja nicht anders!»[17]

Im Verlauf des Schuljahres findet ein Zeltlager statt, das eigentlich
eine vormilitärische Ausbildung ist. Dort wird einem Schüler ein
Fotoapparat gestohlen. Der Lehrer schiebt darauf nachts Wache, um
den Täter herauszufinden. Dabei entdeckt er, daß sich der Schüler Z.
heimlich mit dem Mädchen Eva trifft, welche eine Bande asozialer
Jugendlicher anführt. Daraufhin bricht er, halb aus pädagogischer
Fürsorge, halb aus Neugier, das Tagebuch des Z. auf.

Doch in den Verdacht, dies getan zu haben, gerät der Zeltkumpan N., der mit dem Z. im Streit liegt. Tags darauf wird der N. tot im Wald aufgefunden. Da der Z. glaubt, Eva habe den Mord begangen, und da er sie schützen will, legt er ein Geständnis ab.

Der Lehrer hat bisher verschwiegen, daß er selbst das Tagebuch aufgebrochen hat und dadurch mitschuldig am Tode des N. geworden ist. Auch beim Gerichtsverfahren zögert er, seinen Fehler zu gestehen, weiß er doch sehr gut, daß der Ausschluß aus dem Staatsdienst unausweichlich wäre.

Doch während einer Verhandlungspause hört er plötzlich eine innere Stimme:

«‹Wenn du als Zeuge aussagst und meinen Namen nennst, dann verschweige es nicht, daß du das Kästchen erbrochen hast.› – ‹Das Kästchen! Nein! Da werd ich doch nur bestraft, weil ich den Dieb nicht verhaften ließ!› – ‹Das sollst du auch!› – Aber ich verliere auch meine Stellung, mein Brot. – ‹Du mußt es verlieren, damit kein neues Unrecht entsteht.› – Und meine Eltern? Ich unterstütze sie ja! – ‹Soll ich dir deine Kindheit zeigen?› – Meine Kindheit? Die Mutter keift, der Vater schimpft. Sie streiten sich immer. Nein, hier wohnst du nicht. Hier gehst du nur vorbei, und dein Kommen bringt keine Freude. – Ich möchte weinen. – ‹Sag es›, höre ich die Stimme, ‹sage es, daß du das Kästchen erbrochen hast. Tu mir den Gefallen und kränke mich nicht wieder.›»[18]

Der Lehrer folgt dieser Stimme, zum erstenmal ringt er sich dazu durch, die Wahrheit zu sagen.

Damit wird der ganze Gang der Handlung umgestülpt. Zunächst einmal erscheint der Lehrer selbst als ein Gewandelter. Bisher hatte er den Gott, der «einen Weltkrieg zuläßt», nur als strafenden Gott sehen können und ihn abgelehnt. Jetzt empfindet er anders: «Morgen oder übermorgen wird die Untersuchung gegen mich eingeleitet werden. Wegen Irreführung der Behörde und Diebstahlsbegünstigung. Man wird mich vom Lehramt suspendieren. Ich verliere mein Brot. Aber es schmerzt mich nicht. Ich habe keine Angst mehr vor meinem Zimmer. Wohnt er jetzt auch bei mir?»[19]

Auch den Mitmenschen gegenüber entfaltet die Wahrheit, einmal ausgesprochen, ihre Kraft. Eva schweigt nicht länger: «Ich möchte *jetzt genauso die Wahrheit sagen wie der Herr Lehrer.»* Nicht der Z. habe den N. erschlagen, sondern ein ihr fremder Junge. *«Ich erinnere mich nur, er hatte helle, runde Augen. Wie ein Fisch.»*[20]

Die Jagd nach diesem unbekannten Jungen bestimmt den zweiten Teil des Romans.

Dabei zeigt sich dem Lehrer – als habe er erst jetzt einen Blick dafür bekommen –, daß die Gruppe der Schüler nicht so homogen militärisch gesonnen ist, wie es ihm zunächst erschienen war. Einige von ihnen haben einen Club gegründet, in dem sie die verbotenen Schriftsteller lesen und besprechen, «wie es sein sollte auf der Welt». Durch den Club erhält er Hinweise auf den wahren Mörder: den T., welcher den Spitznamen «der Fisch» trägt. Es erscheint lohnend, sich den Charakter dieses vernachlässigten Sohnes reicher Eltern zu vergegenwärtigen, schildert doch Horváth in ihm die spezifische Unmoral der Gegenwart:

«Und ich rede von dem fremden Jungen, der den N. erschlagen hat, und erzähle, daß der T. zuschauen wollte, wie ein Mensch kommt und geht. Geburt und Tod und alles, was dazwischen liegt, wollte er genau wissen. Er wollte alle Geheimnisse ergründen, aber nur, um darüberstehen zu können – darüber mit seinem Hohn. Er kannte keine Schauer, denn seine Angst war nur Feigheit. Und seine Liebe zur Wirklichkeit war nur der Haß auf die Wahrheit.»[21]

Bevor aber der Lehrer den T. stellen kann, der sich schließlich selbst das Leben nimmt, muß er erkennen: manche Züge des T. trägt er selbst. Hatte er nicht aus Neugier das Tagebuch aufgebrochen? Hatte er nicht unendlich lange gezögert, für die Wahrheit einzustehen?

Der Roman endet mit einer hoffnungsvollen Perspektive: Der Lehrer beschließt zu emigrieren und an einer Schule in Afrika zu unterrichten. *«Pack alles ein, vergiß nichts! Laß nur nichts da! Der Neger geht zu den Negern.»*[22]

Wenn auch in dieser Zusammenfassung manche Aspekte nur angedeutet werden konnten, so wurde vielleicht doch nachvollziehbar, warum der Roman von Schülern durchweg als packend und aktuell empfunden wird – ganz unabhängig von der Tatsache, daß Horváth ja auf die Zeit des «Dritten Reiches» anspielt.

Aus der Fülle der Fragen, die sich für das Klassengespräch anbieten, seien drei Bereiche herausgegriffen:

1. Welche Phrasen kommen in *Jugend ohne Gott* vor? Was sind typische Phrasen der Gegenwart? Wie kann ich mich so entwickeln, daß ich die Phrase überwinde?
2. Wie ist die Geisteshaltung des T. zu charakterisieren? Wo liegt solche Art von Wißbegierde in der Gegenwart vor? Wie kann ich zu einem Wissen gelangen, das nicht zerstörerisch wirkt?
3. Warum lehnt der Lehrer zunächst Gott ab, später aber nicht mehr?

Vielleicht wird sich im Gespräch manches herauskristallisieren, was sich etwa so andeuten läßt:

Nur durch eigene Erkenntnisbemühungen kann ich mich vor der Phrase schützen. Echte Erkenntnis aber verlangt als Gefühlsgrundlage die Haltung der Ehrfurcht und Verehrung. Erst wenn ich meine eigene Schuld anschauen lerne, gewinne ich ein neues Verhältnis zur göttlichen Welt. – Mit Sicherheit ist jeder dieser Problemkreise in Zusammenhang mit dem *Parzival* besprochen worden, manche Bezüge lassen sich nun herstellen.

Vor einigen Jahren entstand in der damaligen 11. Klasse der Mannheimer Schule der Wunsch, Horváths Roman zu dramatisieren und als Abschlußspiel aufzuführen. Bei dieser Dramatisierung wurde der innere Monolog des Lehrers umgewandelt in den Dialog zweier Gestalten, des Gewissens und der Phrase, welche ihm als Begleiter mitgegeben sind und ihn auf ihre Seite zu ziehen suchen.

So konnte bei der Aufführung der Lehrer erlebt werden als ein Mensch des zwanzigsten Jahrhunderts, der in ständiger Auseinandersetzung lebt mit den Kräften des Guten und des Bösen, die in ihm selbst sprechen.

Sicher hat diese innere Dramatik, die auch im Roman spürbar ist, 1937 zu dem großen Erfolg des Büchleins beigetragen, das gleich nach seinem Erscheinen in mehrere Sprachen übersetzt wurde. Heute, wo wir eine Horváth-Renaissance auf dem Gebiete des Theaters erleben, wäre es doppelt bedauerlich, diesen Roman unbeachtet zu lassen.

Anmerkungen

1 Vgl. dazu Rudolf Steiners Hinweis in der Konferenz vom 9.12.1922. R. Steiner, *Konferenzen mit den Lehrern der Freien Waldorfschule 1919 bis 1924*, Bd. 2, GA 300b, Dornach 1975. Die Anregung, in den genannten Werken von Fontane und Hesse den erstarrten Adel und das intellektualisierte Mönchtum zu studieren, verdanke ich Ausführungen von Herrn Öttermann auf der Tagung der Oberstufenlehrer 1981 in Kassel.

2 Dieter Hildebrandt, *Ödön von Horváth*, Reinbek 1975 (rororo monographie), S. 74.

3 a.a.O., S. 7.

4 Traugott Krischke, *Ödön von Horváth*, München 1980 (Heyne Biographie), S. 9.

5 Hildebrandt, S. 7.

6 Krischke, S. 240f.

7 Hildebrandt, S. 55.

8 a.a.O., S. 15.

9 Krischke, S. 236f.

10 Ödön von Horváth, *Jugend ohne Gott*, Frankfurt am Main 1971 (suhrkamp tb), S. 7.

11 a.a.O., S. 8f.

12 a.a.O., S. 10.

13 a.a.O., S. 21.

14 a.a.O., S. 22.

15 a.a.O., S. 27.

16 a.a.O., S. 8.

17 a.a.O., S. 19f.

18 a.a.O., S. 100.

19 a.a.O., S. 112.

20 a.a.O., S. 111.

21 a.a.O., S. 154.

22 a.a.O., S. 157.

RAINER PATZLAFF

Vom Analysieren zum Imaginieren.
Das Erarbeiten künstlerischer Wissenschaftlichkeit im Literaturunterricht

Erziehen und Unterrichten heißt Zukunft gestalten. Jeder junge Mensch bringt neue Impulse, neue Fähigkeiten und Ziele für dieses Erdenleben mit, und so darf sich unsere Arbeit als Oberstufenlehrer nicht darin erschöpfen, die Heranwachsenden nur in das einzuführen, was schon vorhanden ist auf der Welt; wir müssen versuchen, das Neue, das sich in ihnen ankündigt, gewissermaßen prophetisch vorauszuspüren und ihm durch unseren Unterricht die Wege zu bereiten. Welcher Art sind aber die Zukunftsimpulse, die jetzt herandrängen?

Seit einiger Zeit können wir beobachten, daß sich Jugendliche zunehmend mißtrauisch oder sogar ablehnend verhalten gegenüber dem, was ihnen als höchste Errungenschaft der Gegenwart vor allem in Naturwissenschaft und Technik entgegentritt. Dabei lehnen sie Wissenschaft nicht prinzipiell ab, sondern sträuben sich gegen die Art, wie Wissenschaft heute verfährt; die eisige Kälte rein verstandesmäßigen Analysierens und Sezierens stößt sie ab und wird als unmenschlich empfunden – sicher zu Recht. Natürlich können sie noch nicht äußern, was sie selbst sich als neue, künftige Form von Wissenschaft vorstellen, doch läßt sich aus ihren kritischen Äußerungen deutlich heraushören, in welche Richtung ihre Sehnsucht geht: Sie wünschen sich einen wissenschaftlichen Ansatz, der nicht nur Kopf und Verstand befriedigt, sondern auch das Herz anspricht und so den Menschen als Menschen wieder miteinbezieht, ohne die Exaktheit und Klarheit bisheriger Wissenschaft aufzugeben. Gewiß ein hohes

Ziel, aber eines, von dem man das Gefühl haben kann: Ja, da liegt die Zukunft, das muß erreicht werden!

Haben wir den Schülern in dieser Hinsicht schon etwas zu bieten? Es ist nicht zu verkennen, wie sehr an den Waldorfschulen in den naturwissenschaftlichen Fächern der Oberstufe bereits um neue Methoden gerungen wird und wie sorgfältig man dort den eigenen Wissenschaftsbegriff überdenkt. Doch ist auch für die geisteswissenschaftlichen Fächer, für Sprachen, Deutsch, Geschichte und Kunstgeschichte, mit derselben Strenge die Frage zu stellen: Haben wir schon eine Methode, die in die Zukunft hineinführt, oder arbeiten wir, nüchtern besehen, noch immer mit überkommenen Verfahren, die aus einer ganz anderen, längst vergangenen Bewußtseinsverfassung der Menschheit heraus entwickelt worden sind? – Für den Literaturunterricht wage ich die Behauptung, daß wir einen wirklich neuen methodischen Ansatz noch nicht ausgearbeitet haben. Es gibt verdienstvolle Versuche und viele tastende Schritte, aber einen gesicherten Weg sehe ich weithin noch nicht, jedenfalls nicht in dem Fachbereich, den ich überschauen kann, in der Germanistik. Das liegt nicht so sehr daran, daß die Deutschlehrer es versäumt hätten, nach neuen Wegen zu suchen, als vielmehr in der Tatsache, daß in der literaturwissenschaftlichen Forschung solche zukunftsweisenden Wege noch nicht gefunden worden sind, auch von anthroposophisch orientierten Wissenschaftlern nicht.

Als Beispiele möchte ich zwei *Faust*-Monographien anführen, die 1982 zum 150. Todestag Goethes in anthroposophischen Verlagen erschienen sind. Beide enthalten eine Gesamtinterpretation des Werkes, die mit wissenschaftlichem Anspruch vorgetragen wird. Das eine Buch fällt sogleich durch seine breite Gelehrsamkeit auf: Jede Seite legt Zeugnis ab von der profunden Belesenheit und Bildung des Verfassers, der die gesamte Faust-Literatur überblickt. Seiner soliden Arbeitsweise, seiner wissenschaftlichen Akribie kann man nur Anerkennung zollen. Prüft man aber, unabhängig von dem respektablen Inhalt, die Forschungsmethode, mit der sich hier ein Anthroposoph und Wissenschaftler Goethes Dichtung nähert, dann muß man leider feststellen, daß sie sich nur wenig unterscheidet von der Art, wie Philologen auch sonst mit großem wissenschaftlichem Apparat ein sprachliches Kunstwerk zu durchleuchten pflegen, unter Einsatz aller Mittel der Textkritik und riesiger Wissensschätze.

Die herkömmliche Form der Textarbeit gleicht nicht selten einem Waldlehrpfad. An jedem Baum und jedem Strauch findet der Leser gelehrte Hinweistafeln, die Generationen von Forschern aufgehängt haben, und mit Bienenfleiß werden immer neue hinzugefügt. Das Verfahren ist alles andere als neu; es läßt sich über die Quellenstudien des Humanismus und die Bibelkommentare des Mittelalters zurückverfolgen bis zu den Scholien-Büchern spätantiker Gelehrtenschulen – eine jahrhundertealte Tradition, die von der klassischen Philologie bis in unsere Tage fortgeführt und zum ausgefeilten wissenschaftlichen Zeilenkommentar entwickelt wurde. Der bietet zu jedem Vers und jeder Zeile, oft sogar zu jedem einzelnen Wort, eine Fülle von Erläuterungen, Querbezügen, Parallelen, Zitaten, Überlieferungshinweisen und so weiter, legt also das Gesamtwerk säuberlich in tausend Einzelheiten auseinander, die in diskursiver Art Punkt für Punkt unter die Lupe genommen werden, ähnlich dem analytischen Vorgehen, das man aus den gängigen naturwissenschaftlichen Untersuchungsmethoden kennt. Für das gründliche Erarbeiten von Texten ist es überaus nützlich, ja sogar unentbehrlich. Goethes Dichtungsart aber, die so stark ins Imaginative strebt, wird man damit nicht gerecht.

Das zweite Buch, von dem ich sprechen möchte, ist wie der Gegenpol zu dem ersten. Hier geht es nicht um philologische Filigranarbeit am Detail, sondern die großen Zusammenhänge werden ins Auge gefaßt, die Faust mit der Evolution des Kosmos und der Menschheit verknüpfen. Da ist mikrokosmisch wie auch makrokosmisch alles mit allem verbunden, die spirituellen Dimensionen des Textes werden enthüllt, die okkulten Hintergründe ausgeleuchtet, so daß der Leser das Gefühl bekommt, in jedem Vers des *Faust* steige der ganze Kosmos zu ihm nieder. Das geht im Stil so weit, daß nicht selten in einem einzigen Nebensatz die Lesefrüchte mehrerer Kapitel aus Rudolf Steiners *Geheimwissenschaft im Umriß* beiläufig hingeworfen werden, als handele es sich um Selbstverständlichkeiten. Wohl ist dieses Buch wesentlich anregender und gewinnbringender zu lesen als das andere. Höchst fragwürdig aber erscheint mir die Methode der Betrachtung, die nicht aus der Dichtung selbst hervorgeht, sondern ihr von außen aufgestülpt wird. Goethes Text wird derart mit Anthroposophie übergossen, daß das konkrete Kunstwerk dem Blick entschwindet. So kann ich auch hier methodisch keinen Fortschritt entdecken.

Wie finden wir jenseits dieser Extreme einen Zugang zum *Faust*, der zugleich künstlerisch adäquat wie auch wissenschaftlich exakt ist?

Goethe selbst gibt dazu den entscheidenden Wink. In einem Brief an C. J. L. Iken vom 27. September 1827 äußert er sich über seine Dichtungsmethode, indem er zunächst auf die Arbeit am Helena-Akt zurückblickt und dann allgemein bemerkt: «Auch wegen anderer dunkler Stellen in frühern und spätern Gedichten möchte ich folgendes zu bedenken geben: Da sich gar manches unserer Erfahrungen nicht rund aussprechen und direkt mitteilen läßt, so habe ich seit langem das Mittel gewählt, durch einander gegenübergestellte und sich gleichsam ineinander abspiegelnde Gebilde den geheimeren Sinn dem Aufmerkenden zu offenbaren. Da alles, was von mir mitgeteilt worden, auf Lebenserfahrung beruht, so darf ich wohl andeuten und hoffen, daß man meine Dichtungen auch wieder erleben wolle und werde.»[1]

Mit aller Deutlichkeit spricht Goethe aus, welches Gestaltungsprinzip seinen Werken zugrunde liegt. *Durch einander gegenübergestellte und sich gleichsam ineinander abspiegelnde Gebilde den geheimeren Sinn dem Aufmerkenden zu offenbaren* – diese Worte sind der Schlüssel, der den vielgliedrigen Organismus der Faustdichtung aus seinen eigenen Bildegesetzen heraus zu erschließen verspricht, und damit haben wir einen legitimen Ausgangspunkt für die neue Methode, die zu entwickeln sein wird. Vielfältige Aufgaben und Fragen ergeben sich daraus für die Forschung. Hier kann nur andeutungsweise von ersten Erfahrungen berichtet werden, was sich mit diesem Schlüssel in der Praxis anfangen läßt. Betrachten wir also einmal Goethe nach Goethes eigener Methode!

Die Faustdichtung ist bekanntlich in zwei Teile gegliedert, die ihrem Inhalt nach fast zusammenhanglos nebeneinander stehen, wie zwei verschiedene Werke. Wer eine lineare, folgerichtig ablaufende Handlung erwartet, wird einen Bruch feststellen: Von der Gretchenhandlung des *Faust I* ist im zweiten Teil lange Zeit keine Rede mehr, als habe es sie gar nicht gegeben. Aber Goethe folgt eben nicht der diskursiven Methode; ihm geht es um «einander gegenübergestellte Gebilde», die sich polar zueinander verhalten. *Faust I* und *II* sind solche Polaritäten, die Goethe selbst als *Kleine Welt* und *Große Welt* charakterisiert hat, als Mikrokosmos und Makrokosmos. Die beiden stehen aber nur scheinbar unvermittelt nebeneinander; in Wirklichkeit spielt ein dichtes Gewebe von Beziehungen herüber und hinüber. Ein Beispiel: Faust im Studierzimmer schlägt das Buch des Nostradamus auf. Das erste, was er erblickt, ist das Zeichen des Makrokosmos. Er betrachtet es und erlebt auch etwas dabei, aber für die Handlung des Werkes hätte Goethe sich die Episode sparen können, denn sie bleibt ohne Folgen; Faust fühlt in dem Erlebnis nichts, was ihn im Augenblick in seiner Entwicklung voranbringen könnte. Er blättert weiter zum Zeichen des Mikrokosmos (Erdgeist). Dieses spricht ihn an und bringt nun die Handlung in Gang. So wird also vom *Faust II* das Motiv des Makrokosmos wie eine Zutat hereingespiegelt in den ersten Teil, der ganz im Zeichen des Mikrokosmos steht. Auch umgekehrt spiegelt sich der erste Teil in den zweiten hinein, besonders auffällig dort, wo vor Beginn der Klassischen Walpurgisnacht das verlassene Studierzimmer noch einmal aufgesucht wird, diesmal aber nur als Durchgangsstation, nicht als Keimzelle der Handlung. (Dabei zeigt sich nebenher, daß Faust in beiden Studierzimmer-Szenen Bilder erlebt, jedoch in polarer Bewußtseinsverfassung: Die Zeichen des Nostradamus erlebt er hellwach, den Helenatraum tief schlafend.) Interessant ist auch die wechselseitige Spiegelung am Anfang der beiden Teile: Teil I beginnt in einem Innenraum; Faust ist allein, umgeben von toten Naturwesen. Teil II beginnt draußen in der Natur; Faust ist allein, umgeben von lebendigen Naturwesen. Dann die nächste Szene. Teil I: Faust ist draußen in der Natur unter Menschen (Osterspaziergang). Teil II: Faust ist in einem Innenraum unter Menschen (Kaiserpfalz).

	Faust I	Faust II
1. Szene	Innen allein	Außen allein
2. Szene	Außen unter Menschen	Innen unter Menschen

Die wenigen Beispiele lassen schon erkennen, daß sich die Szenen tatsächlich im Großen wie im Kleinen ineinander abspiegeln. Die Kulisse des engen Studierzimmers oder der freien Natur, die Tatsache, daß Faust allein ist oder unter Menschen, das ist ja jeweils eine bestimmte seelische Geste. Jede einzelne stellt eine Einseitigkeit dar und gibt nicht die volle Lebenswirklichkeit; aber indem sie einander gegenübergestellt und ineinander abgespiegelt werden, entsteht gewissermaßen zwischen ihnen als unausgesprochene Wahrheit das, was der Dichter eigentlich meint, entsteht das geheimnisvoll unergründliche Wesen des Menschen, der alle Einseitigkeiten durchleben kann und doch in keiner von ihnen ganz aufgeht.

Wenn man sich in dieser Art einmal auf den Weg gemacht hat, entdeckt man fortlaufend neue Geheimnisse der Komposition, die bei einem analytischen Verfahren überhaupt nicht in den Blick kommen. Beispielsweise kann einem auffallen, daß Goethe die *Hexenküche*, die im «Urfaust» noch fehlte, später nicht einfach hinzugefügt hat, sondern als polares Gegenstück zur vorangehenden Szene *Auerbachs Keller* gestaltete, um beide Szenen zusammen dann in ein wechselseitiges Spiegelverhältnis zum *Faust II* zu verweben, und zwar folgendermaßen:

Sowohl in Auerbachs Keller wie auch in der Hexenküche geht es um die Wirksamkeit bestimmter Getränke. Mit dem Gelage in Auerbachs Keller hat Faust jedoch nichts im Sinn, und so bleibt die Szene für die Handlung folgenlos, nur eine Durchgangsstation. Die Interpreten werten sie darum als satirischen Einschub, als Theaterspaß, der erheitert, nicht aber essentielle Bedeutung hat. Das erscheint jetzt in einem anderen Licht: Was Faust hier nicht interessiert, nämlich wie Menschen durch magischen Schein manipuliert werden können und in Illusion und Abhängigkeit geraten, das wird im zweiten Teil wieder aufgegriffen in den *Mummenschanz*-Szenen, bei der Schöpfung des Papiergeldes und so fort, und da schaut Faust nicht gelangweilt zu, sondern wird selbst zum Handelnden. *Auerbachs Keller* ist also wie ein Vorgriff, eine Hereinspiegelung von dem, was erst später im *Faust II* zum Thema wird; und wie es dem Charakter der beiden Teile entspricht, spielt sich die Sache hier im Kleinen, in der Enge der Stammtischrunde ab, dort in der Weite der großen Politik. – Bei der *Hexenküche* ist es umgekehrt: Diese Szene setzt die gesamte Gretchen-Handlung in Gang; Faust tritt in den magischen Zirkel ein, nimmt den Trank und beginnt damit die Tragödie. In verwandelter Art taucht die Hexenküche im *Faust II* wieder auf, im Laboratorium, bildet aber dort nur eine Zwischenstation.

Wir beginnen hier eine Betrachtungsweise zu üben, die gründliche, durch analytische Arbeit erworbene Textkenntnis voraussetzt, dann aber über das analytische Zerpflücken und Schilderaufhängen hinausgeht und sich um ein vergleichendes Anschauen oder anschauendes

Vergleichen bemüht. Mit Schülern kann man das leicht durchführen; begeistert entdecken sie immer neue Einzelheiten, die im Kleinen das Große bestätigen, finden aber auch bedeutsame Entsprechungen, Beziehungen und geheime Fäden, die herüber- und hinüberweben, so daß eine Art Atemprozeß entsteht, indem man vom gesamten Werk ins Einzelne und vom Einzelnen wieder auf die großen Gesamtbezüge schauen kann. Die Betrachtung erhält dadurch imaginativen Charakter, denn das Werk wird zu einem riesigen Bild, vor dem man sich verhält wie vor einem Gemälde: Man zerlegt es nicht, sondern geht mit dem Blick hin und her, vergleicht und läßt auf sich wirken und fühlt den inneren Reichtum des Werkes immer größer und größer. Und doch ist es ein absolut exaktes Verfahren, das nichts mit Phantastik zu tun hat, nichts mit Assoziation. Es handelt sich stets um konkret erforschbare Tatsachen und somit um eine Wissenschaft; ihre Methode könnte man als imaginierendes Forschen bezeichnen.

Wenn man sich darauf einläßt, wird einem etwas, was man längst schon zu wissen glaubte, zu einer überraschend neuen Erfahrung, nämlich daß der *Faust* durchsetzt ist mit tiefgründigen Imaginationen, die nicht dem Verstand oder dichterischer Willkür entsprungen sind, sondern dem Leben selbst abgelauscht wurden als seelische Wahrbilder verborgener Tatsachen. In ihnen liegt das eigentlich Spirituelle des Werkes, und wenn man sich ihnen mit der skizzierten Methode nähert, dann schließt sich das Spirituelle aus dem Werke selbst auf und man braucht nicht Gedanken aus der Anthroposophie darüberzustülpen. Auch das sei noch an einigen kleinen Beispielen erläutert. Beim Osterspaziergang betrachtet Faust den Sonnenuntergang und fühlt sich innerlich wie zerrissen: *Zwei Seelen wohnen, ach, in meiner Brust;* er beschreibt, wie die eine zur Erde strebt, die andere zum Himmel. Das innere Erleben hat aber draußen in der Natur seine Entsprechung, denn er sieht den gelbrot glühenden Abendhimmel und die Schwärze der Landschaft darunter, und dieser Eindruck von Gelbrot und Schwarz, von Licht und Finsternis, wird immer intensiver, verdichtet sich, kommt näher und wird zum Pudel, zu einem ganz besonderen Pudel, dessen Schnauze auf die Erde gerichtet ist und dessen Schwanz mit einem Feuerstrudel himmelwärts strebt. So jedenfalls sieht ihn Faust zuerst. Dann aber – und auch das ist wieder ganz imaginativ – bleibt von dem Doppelwesen nur das eine Extrem, nämlich die Schnauze, die sich an die dunkle Erde, an die finstere Materie bindet, und damit hat es Faust zunächst einmal zu tun in der anschließenden Szene. Man kann nun, ohne Rudolf Steiners Aussagen über Luzifer und Ahriman[2] heranziehen zu müssen, das Doppelwesen des Mephisto unmittelbar aus dem Text herausarbeiten, denn Mephisto tritt deutlich sichtbar in einer doppelten Art auf, sogar bis in die Kleidung hinein, die Goethe ausdrücklich angibt. Der erste Teufel, der aus dem Pudel steigt, ist schwarz, hat vielleicht noch eine rote Hahnenfeder auf dem Hut, und stellt sich vor als die Kraft, die es mit der Finsternis, mit Zerstörung und Vernichtung zu tun hat. Mit ihm schließt Faust interessanterweise keinen Pakt (wieder eine für die Handlung folgenlose Episode). Er verschwindet, und dann tritt ein ganz anderer Mephisto herein, von dem Goethe bemerkt, er sei *rot* gekleidet und *goldverbrämt;* er fordert Faust auf, sich von der Erde mit ihrer Mühsal und Enge zu lösen, sich herauszureißen, ein leichtes Leben zu führen. Mit ihm schließt Faust den Pakt, und dieser Mephisto führt seinen neuen Herrn nicht auf dem Erdboden aus dem Haus, sondern:

> *Ein bißchen Feuerluft, die ich bereiten werde,*
> *Hebt uns behend von dieser Erde,*
> *Und sind wir leicht, so geht es schnell hinauf.*

An Mephisto können wir erneut beobachten, daß sich die polaren Gegensätze ineinander abspiegeln: Der schwarze Teufel hat nebenbei auch etwas Luziferisches, am Schluß nämlich, als er hinaus will und nicht über den Drudenfuß kann; da bedient er sich der einlullenden Illusion, die Faust aus seinem Wachbewußtsein heraushebt, und entschlüpft. Umgekehrt zeigt der rote Teufel, den man sich wohl mit einem schwarzen Mantel vorstellen darf, Züge seines Gegenspielers, wenn er den Pakt handfest materiell besiegelt haben will (freilich seinem Wesen entsprechend nicht mit schwarzer Tinte, sondern mit rotem Blut!).

Wie Mephisto Faust gegenüber in zweifacher Gestalt auftritt, tritt auch dem Schüler ein zweifacher Mephisto entgegen. Der erste will ihn in die Schnürstiefel der Pedanterie und Logik zwingen; man hört bis in die Formulierungen hinein den ahrimanischen Geist. Doch dann sagt er plötzlich *Ich bin des trocknen Tons nun satt* (wörtliche Anspielung auf Wagner, den *trocknen Schleicher*) und wechselt den Charakter: Jetzt schmeichelt er der Eitelkeit des Schülers, rät ihm zum frohen Leben und malt ihm den Arztberuf aus als Möglichkeit, einen Titel zu erwerben und seinen Gelüsten zu frönen. Zum Schluß schreibt er dem Schüler ins Stammbuch *Eritis sicut Deus, scientes bonum et malum,* also den berühmten Luziferspruch aus der Paradiesesgeschichte. So stimmen die Dinge dann bis ins Detail hinein.

Eine andere, sehr tiefgehende Imagination, die meines Wissens überhaupt noch nicht untersucht worden ist, ist die des Feuerwassers, der Vereinigung von Feuer und Wasser. Sie reicht weit in die Menschheitsgeschichte zurück und tritt im *Faust* bedeutsam auf, zuerst in Auerbachs Keller, wo das «Feuerwasser» (wie man Alkohol ja auch zu nennen pflegt), auf den Boden verschüttet, in Flammen aufgeht; darauf in der Hexenküche, wo Faust beim Trinken des Verjüngungssaftes bemerkt, wie ihm eine Flamme entgegenschlägt. Herauszufinden, welche Qualität das Feuerwasser in Auerbachs Keller hat und welche in der Hexenküche, ist für Schüler ein spannendes Unternehmen. Da eröffnen sich ganz neue Einblicke, und man versteht viel tiefer, was eigentlich in der Hexenküche geschieht und was mit den Menschen in Auerbachs Keller vorgeht. Und ist man einmal auf die Spur gekommen, dann ergeben sich auch für *Faust II* überraschend neue Fragestellungen; denn das Motiv des Feuerwassers zieht sich durch, vom Regenbogen-Monolog über den Mummenschanz mit seinem brodelnden Kessel bis zur Klassischen Walpurgisnacht, an deren Ende die Vereinigung von Feuer und Wasser expressis verbis gefeiert wird, und weiter noch im Laboratorium, in der Phiole des Doktor Wagner, bis hin zu den Schlußszenen, wo mit Feuer und Wasser gegen die Feinde des Kaisers gekämpft und dem Wasser mit Hilfe von Feuermaschinen Land abgerungen wird. Man hat also da einen Faden in der Hand, der einem das Labyrinth des *Faust II* zu erschließen vermag, aber immer so, daß die Schlüsse dem Werk nicht aufgesetzt werden, sondern es aus seiner eigenen Gesetzmäßigkeit heraus verständlich machen.

Es zeigt sich, daß bei solch einer Arbeitsweise der Lehrer niemals dastehen kann als derjenige, der alles schon weiß und die Schüler langsam nachzieht, sondern nur als einer, der ein kleines Stückchen voraus ist und selbst noch viel von den Schülern lernen kann, die ja auch ihrerseits Entdeckungen machen. So wird der Lehrer angeregt, weiter und weiter zu forschen, und die Schüler merken, hier ist ein Mensch noch auf dem Wege, und wir sind mit ihm unterwegs. Das macht den Unterricht fruchtbar, und man darf dann mit gutem Gewissen die «Faust»-Epoche abschließen mit vielen offenen Fragen; es befriedigt die jungen Leute zutiefst, zu wissen, daß der Stoff nicht erledigt ist, sondern unendlich vertieft werden kann und ins Leben mitgenommen sein will.

Nun ist es allerdings so, daß man die Methode des bildhaften Aufschließens sehr sorgfältig erüben muß, bevor man sie sicher anwenden kann, und dazu bedarf es einer Vorbereitung. Dieses Propädeuticum kann in der 11. Klasse stattfinden, wenn Wolframs *Parzival* erarbeitet wird. Da eröffnet sich ein großartiges Betätigungsfeld. Einen kleinen Eindruck möchte ich auch davon noch vermitteln mit einem Beispiel, das deutlich machen kann, wie gewisse zentrale Imaginationen, hat man sie einmal aufgespürt, wirklich den spirituellen Gehalt des Werkes aufzuschließen vermögen.

Man kann die Schüler nach längerer Beschäftigung mit dem Text auf folgendes aufmerksam machen: Parzivals Lebensweg beginnt in der Einsamkeit der Soltane, wo er aufwächst. Als er ausreitet, um Ritter zu werden, trifft er als ersten Menschen Jeschute, dann seine Verwandte Sigune. Unmittelbar vor dem Artushof trifft er auf Ither, den er mit seinem Spieß ermordet, weil er seine Rüstung begehrt. Durch Gurnemanz wird Parzival dann selbst ein Ritter, verhält sich fortan untadelig und ist auf der Höhe der Zeit. Ein landläufiger Artusroman hätte damit sein Ziel erreicht und würde schließen. Nicht so bei Wolfram: Wie ein Ritt in die Zukunft der Menschheit wirkt der nächtliche Besuch der Gralsburg, bei dem Parzival, eben noch der vollkommene Artusritter, jetzt kläglich versagt. Und nun beginnt eine zweite Serie von Begegnungen: Nach dem Verlassen der Gralsburg trifft Parzival auf Sigune, dann auf Jeschute, und unmittelbar vor dem Zeltlager des Artus schaut er, wie gebannt, auf die drei Blutstropfen im Schnee. Schließlich gelangt er zu Artus.

| Soltane | → Jeschute | → Sigune | → Ithermord | → Artushof |
| Gralsburg | → Sigune | → Jeschute | → Blutstropfen | → Artushof |

Wenn auch die Begegnung mit Jeschute und Sigune im zweiten Durchgang umgekehrt erfolgt, so ist doch die Parallelität der beiden Abläufe so auffallend, daß man sie nicht für zufällig halten kann; das sehen die Schüler sofort. Eine Sache aber bleibt rätselhaft: Wenn die einzelnen Stationen von Wolfram eindeutig parallel komponiert sind, was hat dann Ithers Tod mit der Blutstropfen-Szene zu tun? Die drei Tropfen werden doch von Parzival als Zeichen der Minne erlebt, und Wolfram kann sich dabei gar nicht genug tun, wieder und wieder von Minne zu sprechen; das Wort fällt unentwegt, und ein wenig im Hintergrund wird auch noch vom Gral gesprochen. Hier ist also Liebe das Thema, dort der Mord. Was haben sie gemeinsam? Wolfram sagt über Ither ausdrücklich, daß er von Kopf bis Fuß rot wie Blut war, daß sein Blut in die Erde sickerte und die Blumen rot färbte. Vor der zweiten Begegnung mit Artus sieht Parzival ebenfalls Blut, das auf die Erde geflossen ist, aber er denkt ausschließlich an die reine Minne zu seiner Frau. Es ist zunächst nicht zusammenzubringen, was das miteinander zu tun haben soll. Mord und Minne, Liebe und Haß, das scheint ja das Gegensätzlichste, was man sich vorstellen kann – auch eine Art Feuer-Wasser-Problem.

In dem zentralen IX. Buch seines Epos läßt Wolfram den Einsiedler Trevrizent über den Ursprung des Bösen in der Welt sprechen, und dabei taucht die bisher ungelöste Rätselfrage wieder auf, mit einer gewollt paradoxen Formulierung: Der Enkel Kain habe seine Großmutter entjungfert, heißt es da. Das erscheint so unglaublich, ja lächerlich, daß Parzival nachfragt, und darauf erhält er die Erläuterung: Adam war der Sohn der Erde, denn er lebte von den Früchten der Erde, das war seine Mutter. Adams Söhne Kain und Abel verhielten sich so, daß einer den Bruder um geringen Gutes willen erschlug, und als das unschuldig vergossene Blut auf die Erde fiel, war die Erde ihrer Reinheit beraubt, sie war entjungfert. Wie tief geht doch so ein Bild, wenn man weiß, daß es bei alten Völkern ein Brauch war, die Jungfräulichkeit der Braut und den Vollzug der Ehe am nächsten Morgen bildhaft zu beweisen durch das Bettlaken, auf dem rote Blutstropfen zu sehen waren. Erwähne ich das, erinnern sich manche Schüler plötzlich: Das Bild hatten wir doch schon am Ende von Buch II, als Gachmuret, der Vater Parzivals, fern im Osten ermordet wurde; da wurde als Wahrzeichen das Hemd seiner Frau zurückgebracht, das er aus Liebe in der Schlacht über seiner Rüstung trug, und auf diesem weißen Minnehemd waren die Blutstropfen von seiner Ermordung zu sehen: zusammen mit der Speerspitze, die ihn ermordete, wurde es in die Heimat gebracht. (Die Kenner merken, daß dies alles Gralssymbole sind!) Mord und Minne sind hier in ein und demselben Bild vereint. Was hat das zu bedeuten? Wolfram löst das Rätsel durch den Hinweis, daß die Entjungferung der Erde, mit der die Sünde, das Böse, der Haß in die Welt kam, eines Tages wieder ausgeglichen wurde, dadurch, daß noch einmal unschuldiges Blut auf die Erde floß, das aus höchster Liebe geopfert wurde: durch Christi Tod. Jetzt sind wir im innersten Tempel des Grals. – Das mag genügen, um anzudeuten, wie man, rein vom Bild her, tief in die Hintergründe eines solchen Werkes eindringen kann, aber stets so, daß die Schüler den Eindruck haben, nicht etwas Fertiges zu wissen, sondern von vielen Schleiern einen oder zwei gelüftet zu haben.

Was man in dieser Art in der 11. Klasse geübt hat, läßt sich in der «Faust»-Epoche der 12. Klasse auf einer höheren Ebene fortsetzen. Den krönenden Abschluß kann dann die Besprechung der Lyrik des zwanzigsten Jahrhunderts bilden; hier kommt man ohne die imaginierende Methode überhaupt nicht zurecht, denn die zeitgenössischen Dichter haben viele Gedichte geschrieben, an denen das analytische Verfahren scheitert, weil es nicht mehr möglich ist, mit einem zerlegenden, sezierenden Verstand und diskursiver Arbeitsweise zu irgendwelchen brauchbaren Ergebnissen zu kommen. Ein Beispiel:

ABEND DER WORTE

Abend der Worte – Rutengänger im Stillen!
Ein Schritt und noch einer,
ein dritter, des Spur
dein Schatten nicht tilgt:

die Narbe der Zeit
tut sich auf
und setzt das Land unter Blut –
Die Doggen der Wortnacht, die Doggen
schlagen nun an
mitten in dir:
sie feiern den wilderen Durst,
den wilderen Hunger ...

Ein letzter Mond springt dir bei:
einen langen silbernen Knochen
– nackt wie der Weg, den du kamst –
wirft er unter die Meute,

doch rettets dich nicht:
der Strahl, den du wecktest,
schäumt näher heran,
und obenauf schwimmt eine Frucht,
in die du vor Jahren gebissen.

Das Gedicht ist von Paul Celan.[3] Sprachlich bietet es nichts, was ungewöhnlich oder dunkel wäre; der Satzbau ist geordnet, jedes Wort kennen wir, ein Gedicht aus gut bekannten deutschen Wörtern. Dennoch stehen wir vor dem Gedicht und verstehen zuerst einmal, wie die Schüler sich ausdrücken, nur «Bahnhof». Daraus ergibt sich sogleich eine aufregende Frage: Wenn das Gedicht so ist, daß wir nur Bahnhof verstehen, ist es dann Unsinn, werden wir da zum Narren gehalten? Das Gefühl sagt den Schülern: Nein, wir spüren, daß etwas dahintersteckt; aber wie kriegen wir das heraus? Von da aus ist es nur noch ein Schritt zu der für alle modernen Künste fundamentalen Frage: Wie kann ich ein Urteil gewinnen, was auf diesem Gebiet tatsächlich Scharlatanerie ist und wo wirklich künstlerische Substanz dahintersteht?

Jetzt kann die Methode ihre Feuerprobe bestehen, denn es stellt sich sehr bald heraus, daß bei solchen Bildern, wie wir sie in diesem Gedicht finden, gar nichts anderes hilft, als daß man in einer völlig neuen Weise mit ihnen umgeht, nämlich so, daß man anfängt, mit ihnen zu leben. Und da ist es außerordentlich fruchtbringend, wenn man mit Schülern die Zeit haben kann, über einige Tage hin, oder sagen wir besser: durch einige Nächte hindurch, mit derartigen Bildern zu leben. Ganz von selbst machen sie dann die Erfahrung, daß es sich nicht darum handelt, irgendwelche willkürlichen, subjektiven Assoziationen an den Text anzuschließen, sondern daß es tatsächlich möglich ist, durch ein intensives, ich möchte sagen, kontemplatives Hinlauschen zu wirklichen Zusammenhängen zu kommen, die in dem Gedicht vorhanden sind. Das ganz Besondere aber daran ist: Sobald man diese Zusammenhänge innerlich erlebt, sieht man sich nicht mehr in der Lage, sie noch mit Worten auszudrücken; sie liegen jenseits dessen, was sich mit aussprechbaren Worten sagen läßt. Die Schwelle des physisch Hörbaren wird überschritten, ein erstes übersinnliches Wahrnehmen beginnt.

Wie notwendig es ist, in der heutigen Zeit solche imaginativen

Methoden, wie ich sie anzureißen versuchte, zu erarbeiten, zeigt sich in aller Deutlichkeit, wenn man die Bewußtseinsverfassung der gegenwärtigen Menschheit betrachtet: Ein Bildhunger ohnegleichen hat die Zeitgenossen ergriffen, der sich nicht zuletzt in der globalen Verbreitung des Mediums Bildschirm und seiner zunehmenden Anwendung auf zahlreichen Lebensgebieten kundtut. Indes, was die Menschen suchen, sind im Grunde nicht äußere, technisch erzeugte Bilder, sondern innere, seelisch erfahrene Bilder, sind Imaginationen, in denen sich eine reale geistige Welt ausspricht; und man kann als Pädagoge spüren, daß gerade die Kinder und Jugendlichen in dieser Hinsicht ganz neue Kräfte und Fähigkeiten mitbringen, die gepflegt und entwickelt sein wollen.

Was aber geschieht, wenn ihnen nicht die rechte Pflege entgegenkommt, wenn sie mit fertigen äußeren Bildern abgespeist werden, statt die eigenen Kräfte entfalten zu können, wenn ihnen weiterhin abstrakt-analytischer Unterricht erteilt wird, der sich vorzugsweise an das intellektuelle Vermögen richtet und den übrigen Menschen kalt läßt? Rudolf Steiner hat sich zu dieser Frage einmal sehr drastisch geäußert in einem Vortrag über die Erneuerung des sozialen Lebens, der in vielerlei Hinsicht wegweisend ist. Mit einigen Auszügen daraus möchte ich schließen:

«In unserem Waldorfschulsystem haben wir gerade in den Vordergrund gestellt, daß der Unterricht und die Erziehung bei den die Volksschule betretenden Kindern ausgehen von bildhafter Darstellung (...). Denn was da tief drinnen sitzt in der Kinderseele, das sind die in der geistigen Welt empfangenen Imaginationen. Die wollen herauf. Und wenn der Lehrer oder der Erzieher sich richtig zum Kinde verhält, bringt er ihm Bilder entgegen. Und indem der Lehrer Bilder vor das kindliche Gemüt hinstellt, zucken herauf aus dem kindlichen Gemüte diejenigen Bilder, oder besser gesagt, die Kräfte der verbildlichenden Darstellung, die empfangen worden sind vor der Geburt oder, sagen wir, vor der Empfängnis.

(...) Das Kind hat in seinem Leibe Kräfte sitzen, welche es zersprengen, wenn sie nicht heraufgeholt werden in bildhafter Darstellung. Und was ist die Folge? Verloren gehen die Kräfte nicht; sie breiten sich aus, sie gewinnen Dasein, sie treten doch in die Gedanken, in die Gefühle, in die Willensimpulse hinein. Und was entstehen daraus für

Menschen? *Rebellen, Revolutionäre, unzufriedene Menschen, Menschen, die nicht wissen, was sie wollen, weil sie etwas wollen, was man nicht wissen kann, weil sie etwas wollen, was mit keinem möglichen sozialen Organismus vereinbar ist, was sie sich nur vorstellen, was in ihre Phantasie hätte gehen sollen, da nicht hineingegangen ist, sondern in ihre sozialen Treibereien hineingegangen ist.*

(…) Wenn heute die Welt revoltiert, da ist es der Himmel, der revoltiert, das heißt der Himmel, der zurückgehalten wird in den Seelen der Menschen und der dann nicht in seiner eigenen Gestalt, sondern in seinem Gegenteile zum Vorschein kommt, der in Kampf und Blut zum Vorschein kommt, statt in Imaginationen. Es ist daher gar kein Wunder, wenn jene Menschen, die sich an solchem Zerstörungswerk der sozialen Ordnung beteiligen, eigentlich das Gefühl haben, sie tun etwas Gutes. Denn was spüren sie in sich? Den Himmel spüren sie in sich; er nimmt aber nur karikaturhafte Gestalt an in ihrer Seele. So ernst sind die Wahrheiten, die wir heute einsehen sollen. Zu den Wahrheiten sich zu bekennen, um die es sich heute handelt, das sollte kein Kinderspiel sein, es sollte durchaus von dem allerallergrößten Ernst durchzogen sein.»[4]

Anmerkungen

1 *Goethes Briefe und Briefe an Goethe*, Hamburger Ausgabe in 6 Bänden, Bd. 4, München 1976, S. 250.

2 Aus seiner geisteswissenschaftlichen Forschung heraus hat Rudolf Steiner festgestellt, daß nicht eine, sondern zwei Mächte des Bösen auf uns einwirken: Die eine, seit alters Luzifer genannt, möchte den Menschen aus allem Irdischen losreißen, steigert das selbstische Ich-Erleben, fördert Illusion und Hybris. Die andere, altpersisch Ahriman genannt, möchte den Menschen immer tiefer in die Materie hineinziehen, in Verhärtung und Verknöcherung. Beide zeigen sich der übersinnlichen Wahrnehmung als eigene geistige Wesenheiten. Sie müßten im Drama, wollte man die Realitäten treffen, als zwei getrennte Gestalten auftreten. Goethe aber, so hat Rudolf Steiner wiederholt ausgeführt, konnte diese (dem überlieferten mittelalterlichen Teufelbild widersprechende) Erkenntnis noch nicht in voller Klarheit erlangen und zog daher beide in eine Gestalt, den Mephisto, zusammen.

3 Paul Celan, *Gesammelte Werke*, Bd. I, S. 117, Frankfurt am Main 1983.

4 Rudolf Steiner, *Geisteswissenschaft als Erkenntnis der Grundimpulse sozialer Gestaltung*, GA 199, Vortrag vom 11.9.20, Dornach ²1985, S. 259ff.

12. Klasse:
An der Schwelle zur Mündigkeit

Einleitung

Der Übergang in die 12. Klasse ist für alle Beteiligten ein besonderes Ereignis: für die betroffenen Schüler, die Eltern, die Lehrer und auch für die ganze Schulgemeinschaft. Alle sehen diesem Schuljahr mit besonderen Erwartungen entgegen. Es soll «zur Reife kommen», was in den bisherigen Jahren der Waldorfschulzeit angelegt worden ist. Die jungen Leute erwarten einen Unterricht, der nun keine Fragen mehr ausspart, der ihnen Perspektiven für ihr Leben gibt, auch für ihr Berufsleben, über das sie sich jetzt zunehmend Gedanken machen. Sie erwarten einen Unterrichtsstil, in dem sie den Lehrer nun wirklich als Partner erleben, nicht mehr als Vertreter einer Instanz. Das alles kann im guten Sinn zu einem gewissen Stolz führen («Wir sind jetzt Zwölftkläßler!»). Daneben aber macht sich auch eine Sorge breit: «Werde ich den Anforderungen genügen? Erreiche ich den staatlichen Abschluß, den ich mir wünsche? Wie sollen wir denn das alles schaffen: Abschluß, Facharbeit, Klassenspiel, vielleicht sogar noch ein Praktikum? Und ein bißchen Freizeit wäre ja auch noch schön!» Das sind berechtigte Sorgen der Schüler, und sie werden von Eltern und Lehrern geteilt. – So ist die äußere Situation. Sie läßt den Zwölftkläßler auch gegenüber der Welt viele Fragen stellen, «wache» Fragen zur Politik, zur Umwelt, zum Tagesgeschehen. Sie können und müssen im Unterricht in den verschiedensten Fächern aufgegriffen werden.

An die verborgenen, «latenten» Fragen kommen wir aber nur heran, wenn wir die innere Situation des Achtzehnjährigen einbeziehen. Dafür gibt es einen doppelten Aspekt. Zum einen: Innerhalb des 12. Schuljahrs treten die Schüler in den dritten Abschnitt des Jugendalters ein, den man – nach Pubertät und Adoleszenz – gemeinhin als «Mündigkeit» (siehe hierzu oben S. 22 ff.) bezeichnet. Es sind die

Jahre von etwa neunzehn bis einundzwanzig; sie reichen also über die eigentliche Schulzeit hinaus. Das 12. Schuljahr sollte aber bestimmte Impulse setzen, um diese Entwicklungsphase einzuleiten. Der Entwicklungsschritt, den der Jugendliche in diesem Alter beginnt, besteht darin, daß seine Persönlichkeit, sein «Ich», kraftvoller wird. Während man vorher beobachten konnte, wie dieses Ich in der ersten Phase (9./10. Klasse) sich zunächst das Urteilsvermögen zu eigen machte, in der zweiten Phase (10./11. Klasse) dann auch die Empfindung ergriff, dringt es beim Achtzehn-/Neunzehnjährigen bis in die Willenssphäre hinein. Der Jugendliche kann jetzt eine Situation nicht nur beurteilen und sich gefühlsmäßig mit ihr verbinden, sondern er kann auch entsprechend handeln. Man mag sich Situationen in einer jüngeren Oberstufenklasse vorstellen, wo dieser letzte Schritt eben noch nicht geschieht! Erst in der dritten Phase ist der Jugendliche in der Regel «reif», um verantwortlich, das heißt als mündiger Mensch zu handeln. Wir können vermuten, daß in dieser Richtung die latenten Fragen des Zwölftkläßlers liegen.

Der Deutschunterricht für dieses Alter wird deshalb nicht so sehr auf die literarische Darstellung von Zeitproblemen eingehen, vor allem, wenn diese vordergründig aufgefaßt worden sind, sondern auf Dichtungen, in denen Menschheitsfragen in der Art aufgegriffen werden, daß das Spirituelle hinter der äußeren Wirklichkeit sichtbar wird. Goethes *Faust* und bestimmte moderne Werke zeigen diesen Weg.

REINHART FIEDLER

Gesichtspunkte zur «Faust»-Epoche

Wie leicht kann der Mensch auf seinem Lebensweg in die Irre gehen und sich verlieren! Und wie schwer ist es heutzutage für den Jugendlichen, sich selbst überhaupt zu finden! Deshalb gehört es zu den wichtigsten pädagogischen Aufgaben in der Oberstufe, dem heranwachsenden jungen Menschen zu helfen, sich in seinem ganz individuellen Menschsein zu finden und zu verwirklichen. Und fragt man sich, was in diesem Sinne der Deutschunterricht zu leisten vermag, so kann man vielleicht von einem Bild ausgehen, etwa von dem berühmten Kupferstich Dürers, einen Ritter darstellend, der besonnen seines Weges reitet und dem der Tod und der Teufel folgen:

Kennt er den Weg? Weiß er vom Ziel? Bemerkt er denn den Tod nicht an seiner Seite? Und ohne sich umzuwenden, wird er den Teufel nicht erkennen und den Widersacher nicht durchschauen können. Ob er, wenn das letzte Körnlein durch das Stundenglas geronnen ist, wenigstens sein ewiges Leben wird retten können? Und wie groß wird seine Schuld werden in der Auseinandersetzung mit dem Bösen?

In der Edda-Dichtung (10. Klasse) geht es noch um Gruppenschicksale, und der einzelne setzt sich mit Todesverachtung für die Sippenehre ein; aber im mittelhochdeutschen Nibelungenlied spielt der Tod des Helden mit all seinen schrecklichen Folgen eine besondere Rolle. Im Parzival-Epos (11. Klasse) wird die Wegsuche eines Ritters geschildert, der schließlich das Königtum seines höheren Wesens findet. Aber im Faust-Drama (12. Klasse) geht es sozusagen ums Ganze: Ein Mensch strebt nach umfassender Welterkenntnis und sieht sich in eine Auseinandersetzung mit dem Bösen gestürzt, in der es buchstäblich um Sein oder Nichtsein geht.

Damit sind wichtigste Motive unseres Zeitalters genannt. Damit sind aber auch die Fragen berührt, die den Jugendlichen im unmittelbaren Vorfeld seiner eigenen Ich-Werdung zutiefst beschäftigen können. Die Erfahrung zeigt, daß man den Schülern nicht lange zu erklären braucht, weshalb mit Goethes *Faust* ein Werk betrachtet werden soll, dessen Entstehung doch schon zweihundert Jahre zurückliegt: der intime Gegenwartsbezug wird ohne weiteres empfunden. Dennoch kann man die «Faust»-Epoche an die Äußerung einer Persönlichkeit unseres Jahrhunderts anknüpfen, wie es in der folgenden Darstellung geschieht.

An seinem siebzigsten Geburtstag hielt Thomas Mann einen Vortrag über «Deutschland und die Deutschen»,[1] in dem es heißt:

«Unser größtes Gedicht, Goethes ‹Faust›, hat zum Helden den Menschen an der Grenzscheide von Mittelalter und Humanismus, den Gottesmenschen, der sich aus vermessenem Erkenntnistriebe der Magie, dem Teufel ergibt. Wo der Hochmut des Intellektes sich mit seelischer Altertümlichkeit und Gebundenheit gattet, da ist der Teufel. Und der Teufel, Luthers Teufel, Faustens Teufel, will mir als eine sehr deutsche Figur erscheinen, das Bündnis mit ihm, die Teufelsverschreibung, um unter Drangabe des Seelenheils für eine Frist alle Schätze und Macht der Welt zu gewinnen, als etwas dem deutschen Wesen eigentümlich Naheliegendes. Ein einsamer Denker und Forscher, ein Theolog und Philosoph in seiner Klause, der aus Verlangen nach Weltgenuß und Weltherrschaft seine Seele dem Teufel verschreibt, – ist es nicht ganz der rechte Augenblick, Deutschland in diesem Bilde zu sehen, heute, wo Deutschland buchstäblich der Teufel holt?»

Zunächst mag es verwundern, daß Luther und Faust in einem Atemzug genannt werden. Sie sind zwar Zeitgenossen; aber wie unterschiedlich reagieren sie auf das Böse! Luther weist den Teufel entschieden zurück; er schleudert ihm sein Tintenfaß entgegen, als ihm der Böse leibhaftig erscheint. Faust aber weicht dem Widersacher nicht aus, ja, er nötigt ihn sogar, sich in seiner wahren Gestalt zu zeigen, und läßt sich schließlich näher, als es ihm später lieb ist, auf seine verführerischen Pläne ein.

Sodann heißt es, Faust habe sich «aus vermessenem Erkenntnistriebe der Magie, dem Teufel» ergeben. Das trifft in vollem Maße für den Faust des Puppenspiels[2] zu. Dieser Johannes Faust will sich «mit der Hölle verbünden, die verborgenen Tiefen der Natur zu ergründen».[3] Auf merkwürdige Weise gelangt ein Buch in seine Hände: «Schlüssel zur Kunst der Magie». Dieser Schrift entnimmt er, wie die Geister beschworen werden können. Er löst seinen Gürtel, legt ihn auf den Boden in einen Kreis und tritt hinein, dann spricht er das Zauberwort, und die Geister erscheinen. Es sind böse Geister, und den letzten, Mephistopheles, den Gedankenschnellen, nimmt er in seine Dienste und verschreibt sich ihm mit Leib und Seele, denn Mephistopheles ist bereit, alles zu erfüllen, was Faust verlangt: Genuß aller Herrlichkeiten der Welt, Schönheit, Ruhm und insbesondere wahrhafte Beantwortung aller seiner Fragen.[4]

Das trifft auch für den Faust des Volksbuches[5] zu. Dieser Dr. Johann Faustus hat einen «absinnigen und hoffärtigen Kopf» und will «alle Gründe von Himmel und Erde erforschen». In Krakau studiert er die Zauberkunst und geht endlich daran, den Teufel zu beschwören. In einem dichten Wald in der Nähe von Wittenberg hat er nachts auf dem Kreuzweg mit seinem Stab allerlei Kreise und Figuren vollführt und wendet nun die Zauberworte und Beschwörungsformeln an, bis ihm unter gräßlichem Tumult und unter aufflammenden Feuerströmen der Teufel tatsächlich erscheint, zuerst in Gestalt eines feurigen Mannes, dann in Gestalt eines grauen Mönchs.[6] Diesem bösen Geist verschreibt er sich schließlich «in seiner großen Verwegenheit und Vermessenheit», nachdem ihm Mephostophiles versprochen hat, ihn über die geheimsten Dinge zu belehren, hinter die er mit den gewöhnlichen Mitteln nicht hatte kommen können.[7] – Aber gilt dasselbe auch für Goethes *Faust*?

Da sehen wir den verehrten und von seinen Studenten und von den Bürgern der Stadt hoch geachteten Mann des Nachts allein an seinem Schreibpult sitzen. Er findet keine Ruhe. Jahrelang hat er sich auf allen Gebieten des Wissens gründlich umgetan, aber er muß sich eingestehen, in seinem Erkenntnisstreben trotz rastlosen Bemühens den Quellgründen des Daseins um keinen Schritt nähergekommen zu sein; er sieht, «daß wir nichts wissen können», und diese Einsicht läßt ihn schier verzweifeln. – Ist das der «Hochmut des Intellekts», von dem Thomas Mann spricht? Oder ist dieser «arme Tor» schon deshalb hochmütig, weil er sich die innere Gewißheit nicht aus dem Herzen reißen will, daß der Mensch zu Höherem berufen sein müsse, als nur in leeren Worten zu kramen und sich mit dem zu begnügen, was vom lebendigen Himmelslicht «trüb durch bemalte Scheiben bricht»? Aus der Enge seines Studierzimmers mit den verstaubten Büchern und Instrumenten sehnt er sich hinaus in die lebendige Natur; aus der Enge seines grübelnden Bewußtseins sehnt er sich hinaus in die Weite eines lebendigen Erfassens dessen, «was die Welt im Innersten zusammenhält». Deshalb hat er sich «der Magie ergeben». Aber was heißt das für Goethes Faust? Er schlägt das geheimnisvolle Buch des Nostradamus auf und erblickt das Zeichen des Makrokosmos. Was sieht er?[8]

Das Zeichen des Makrokosmos
und die Erscheinung des Erdgeistes

Um zwei Dreiecke, die sich durchdringen, das eine mit der Spitze nach oben, das andere mit der Spitze nach unten, gruppiert sich der Reigen der Planeten, Merkur in der Mitte, den doppelten Abgrund überbrückend, unten Festland und Meer, oben Regen und Tau, unten das Reich der Gesteine, oben die Bereiche des Lebendigen, Pflanzen und Tiere, ganz unten das Feste, ganz oben das Flüchtige, und das Ganze kreisförmig eingefaßt von zwei schlanken Drachentieren, jedes mit einer Krone auf dem Haupt, das eine, unten sich rundend, mit spitzem Maul und glattem, festem Leib, das andere, oben sich

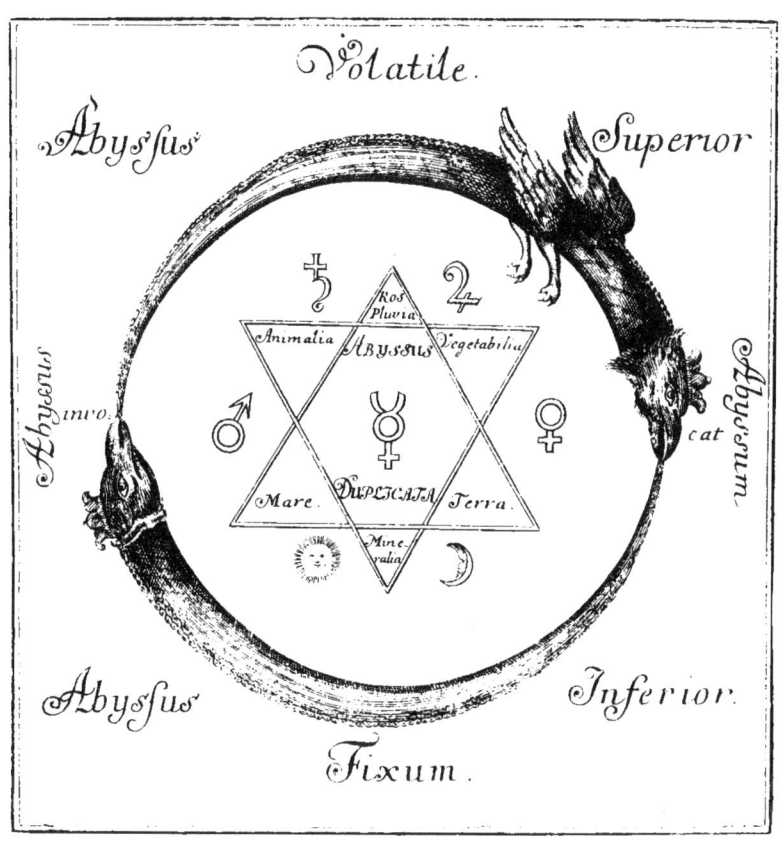

Das Zeichen des Makrokosmos aus «Aurea Catena Homeri»

wölbend, mit einem Vogelschnabel, mit weichem Haaransatz am Kopf, beflügelt und mit zierlichen Gliedmaßen versehen. Im Anblick dieses «heiligen Zeichens» fühlt Faust sich berührt von den Himmelskräften, die die Welt durchdringen, fühlt sein armes Herz in aufkeimender Freude die Nähe des Allwaltenden. Aber seine Ungeduld läßt ihn nicht lange genug verharren; unwillig schlägt er die Seite um und erblickt das Zeichen des Erdgeistes. Was sieht er jetzt? Es ist kein abgründig blendendes oder gar höllisch züngelndes Flammengewoge (wie noch in der Gründgens-Inszenierung), worin der

Erdgeist ihm erscheint; Faust schaut den Geist der Erde, als flutendes Leben, als strahlendes Licht sich offenbarend, groß und erhaben, ernst, streng und zugleich gütig den Blick in die Weite gerichtet, mit einem leisen Zug des Schmerzes um den weichen Mund (wie es die Bleistiftzeichnung Goethes zeigt).⁹ Faust hat es erfahren: «Die Geisterwelt ist nicht verschlossen; dein Sinn ist zu, dein Herz ist tot.» Aber in raschem Handstreich, wenn auch noch so heiß ersehnt, wenn auch noch so energisch erstrebt, läßt sich der Zugang zur geistigen Welt nicht erzwingen. Zutiefst erschüttert von der Selbsterkenntnis, nur «ein furchtsam weggekrümmter Wurm» zu sein, will er, des Lebens nun vollends überdrüssig, in letzter Verzweiflungstat die Pforten zum Jenseits gewaltsam öffnen. Er konnte die Nähe des Erdgeistes nicht ertragen; und doch fühlte er sich ihm innigst verwandt, ja wesensgleich. Es fehlt ihm die Geduld, die er, bevor er sich später an Mephistos Seite «ins Rollen der Begebenheit» reißen läßt, besonders nachdrücklich verflucht. Es fehlt ihm noch die Fähigkeit, die Schiller an Goethe rühmt, dessen beobachtender Blick «so rein und still auf den Dingen ruht».¹⁰ – Man sieht: von einer Teufelsverschreibung aus vermessenem Erkenntnistrieb kann nicht die Rede sein.

Die Wette im Himmel

Wir stehen vor der bedeutsamen Tatsache, daß Faust es ja gar nicht unternommen hat, den Teufel zu beschwören. Im Gegenteil, es ist der Widersacher, der sich an Faust heranmacht, und zwar ausgerechnet in dem Augenblick, wo dieser am Abend des ersten Ostertages, nachdem der Aufruhr in seiner Seele sich gelegt hat, das Neue Testament aufschlägt, um den Anfang des Johannesevangeliums in sein geliebtes Deutsch zu übersetzen. Und was der Zuschauer, was der Leser des Dramas längst weiß – Faust ist völlig ahnungslos, daß sich Mephistopheles nämlich erst nach Rücksprache mit dem «Herrn» und mit allerhöchster Erlaubnis in seine Nähe drängt. Ein merkwürdiges Zwiegespräch im Himmel: Statt den Menschen vor dem Bösen zu bewahren, gibt Gott ihn geradezu der Versuchung preis, indem er dem Teufel freie Hand läßt, ihn seine Straße «sacht zu führen». Mephisto vertraut auf die eigene Verführungskunst, um des Menschen

Erscheinung des Erdgeistes,
Bleistiftzeichnung von Goethe um 1810/12

habhaft zu werden, wobei er geflissentlich überhört, daß ihm das ja nur gestattet sein soll, solange Faust auf der Erde lebt. Der Herr dagegen vertraut auf den Menschen, auf den guten Menschen, der sich «in seinem dunklen Drange» trotz aller Abirrungen und schuldhaften Verstrickungen letzthin «des rechten Weges wohl bewußt» sei.

Wir sehen, daß Faust in einem ganz anderen Sinne, als Thomas Mann es in seinem Vortrag gemeint hat, der «Gottesmensch» genannt werden kann; Faust ist buchstäblich Gottes, mit seinem innersten Wesen gehört er zu ihm, er ist sein «Knecht», und solange er «immer strebend sich bemüht», wird er aus dem Wirkensbereich der himmlischen Mächte nicht herausfallen können. Damit ist der Ausgang der «Wette» von vornherein klar, und die «Tragödie» kann eigentlich nicht anders enden als mit Fausts Erlösung.

«Werd ich zum Augenblicke sagen...»

Nachdem Mephistopheles sich als Geist der Verneinung und Zerstörung vorgestellt hat, kann sich Faust über ihn nur wundern: Vergeblich werde er «der ewig regen, der heilsam schaffenden Gewalt die kalte Teufelsfaust» entgegensetzen. «Was anders suche zu beginnen, des Chaos wunderlicher Sohn!» Und mit der gleichen inneren Sicherheit, daß der Teufel ihm letztlich nichts anhaben könne, geht er auf eine Wette mit ihm ein. Niemals werde er sich «schmeichelnd belügen» lassen, niemals werde man ihn «mit Genuß betrügen» können, niemals werde er zum Augenblicke sagen: «Verweile doch, du bist so schön!» Das heißt, er ist fest davon überzeugt, daß er sein Unsterbliches nicht ernstlich in Gefahr bringe, daß er seinem innersten Wesen, immerfort dem Höchsten nachzustreben, trotz aller Versuchungen treu bleiben werde. – Man sieht: von einer Teufelsverschreibung «aus Verlangen nach Weltgenuß und Weltherrschaft» kann ebenfalls nicht die Rede sein.

*Faust. Zeichnung nach Rudolf Steiners Kuppelmalerei im ersten
Goetheanum.*

Fausts Schuld

Doch welch ungeheure Schuld lädt Faust an der Seite seines skrupello-
sen Gefährten auf sich! Schuldig wird er am Tod der Mutter, die an dem
Schlaftrunk stirbt, den er von Mephisto erhalten hat, um einmal ungestört und recht innig mit der Geliebten zusammen zu sein; schuldig
wird er am Tode des Bruders, den er im Duell tödlich verwundet,
wobei ihm Mephisto den Degen führt; schuldig ist er an den unsägli-
chen Qualen, die das verlassene Gretchen bis zu ihrer Hinrichtung

erleidet, und schuldig auch am Tode des Kindes, das sie in ihrer Verzweiflung ertränkt. Und wie viele Menschenopfer fordert die rücksichtslos vorangetriebene Neulandgewinnung; nicht einmal die beiden alten Leute, die in der Nähe seines Palastes in ihrer Hütte leben,
kann er in Frieden lassen. Ins Übermaß wächst seine Schuld, die ja
nicht einfach getilgt wird, als er, «auf blumigen Rasen gebettet», in
einen erquickenden Schlaf gesunken ist,[11] und die ihm auch nicht ohne
weiteres erlassen werden kann, als im Todesaugenblick sein Unsterbliches gerettet und von Engeln in die höheren Sphären getragen wird.

Fausts innere Entwicklung

Und dennoch: welch reiche innere Entwicklung macht er durch, wie
sehr wandelt sich nach und nach sein ganzes Wesen, und wie dankbar
fühlt er in seiner Seele die Fähigkeiten reifen, die ihm vor kurzem noch
gänzlich fehlten. Den Göttern weiß er sich «nah und näher», besonders wenn er zeitweise allein ist, ohne den Gefährten, den er schon
nicht mehr entbehren kann, obwohl dieser, «kalt und frech», ihn vor
sich selbst erniedrigt. Unlängst noch vom Erdgeist zurückgestoßen,
fühlt er sich jetzt von ihm mit allen Gaben beschenkt, die er in der
Einsamkeit seines Studierzimmers so schmerzlich ersehnte. Und nicht
nur die vielfältigen Geheimnisse der Natur sind ihm inzwischen innig
nah vertraut, sondern auch des eigenen Wesens «geheime tiefe Wunder» öffnen sich.[12] Es ist wahr: «Der Mensch kann nichts weiter erkennen als das, zu dem er sich selbst entwickelt hat.»[13] – Später, am
Kaiserhof, zeigt sich, wie weit Faust im Erlangen höherer Erkenntnis-
se bereits fortgeschritten ist. Er will zu den «Müttern» vordringen,
aber ungern nur entdeckt Mephisto ihm dies höhere Geheimnis. Zwar
kann er ihm den Schlüssel geben, der ihn führt, doch merkwürdiger-
weise ist es ihm nicht möglich, Faust zu begleiten. Als dieser dem irdischen Bereich entschwunden ist, meint er sinnend: «Neugierig bin ich,
ob er wiederkommt.» Aber Faust besteht das gefährliche Wagnis, er
findet den Weg «ins Unbetretene, nicht zu Betretende», durch völlige
Öde und Einsamkeit gelangt er zu den Müttern, die von den Urbildern
aller Wesen umschwebt sind.[14] Doch bei der Beschwörung der Helena
vor dem Kaiser und seinem Hofstaat wird er von einer plötzlich

aufflammenden Leidenschaft überwältigt, diese schönste Frau, deren Bild er einst im Zauberspiegel der Hexenküche sah, ganz für sich zu besitzen; so kommt es zur Katastrophe, und die Szene endet in Finsternis und Tumult. – Und wiederum: welch mächtige Verwandlung muß sich in seiner Seele vollzogen haben, wenn wir ihn später im Innenhof seiner Burg neben Helena sitzen sehen, in liebevoller Nähe und edler Zurückhaltung.[15] Die Frucht dieser innigen Geistesverbindung ist ein schöner Knabe von nur kurzer Lebensdauer.[16] – Und doch gelingt es ihm erst am Ende seines Lebens, sich innerlich völlig freizukämpfen und auf die Zaubersprüche zu verzichten; von der «Sorge» angehaucht, erblindet er:

Die Nacht scheint tiefer tief hereinzudringen,
Allein im Innern leuchtet helles Licht.

Und schließlich begegnet er nach seiner Errettung in unmittelbarer Nähe der Himmelskönigin jener nun glücklichen Seele, die ihn auf all seinen Wegen und Irrwegen liebend begleitete und innerlich trug:[17]

Der früh Geliebte,
Nicht mehr Getrübte,
Er kommt zurück.

Vom Wesen des Bösen

Der Name des historischen Faust mit den Titeln, die er sich zulegte, gibt Gelegenheit, noch tiefer auf das Wesen des Bösen einzugehen: «Magister Georgius Sabellicus, Faustus junior …».[18] Wenn dieser Faust sich als den jüngeren Faustus bezeichnet, dann muß es auch einen älteren geben; und dieser Faustus ist der Manichäer-Bischof, von dem Augustinus berichtet,[19] in Karthago habe er durch fast volle neun Jahre engeren Kontakt zu den Manichäern gehabt, bis sich sein sehnlicher Wunsch erfüllte und es zu einer persönlichen Begegnung mit ihrem berühmten Bischof Faustus kam. Aber noch im selben Jahr ging Augustinus nach Rom und hat sich dann bald von den Manichäern ganz und gar gelöst. Zur Lehre des Mani gehört die interessante Auffassung, das Böse sei eigentlich nicht ein absolut Böses, sondern gewissermaßen auch ein «Gutes», nur am unrechten Ort, zur unrechten Zeit.[20] In diesem Sinne ist ja auch Mephistopheles nicht unbedingt böse, denn er ist ein Wesen, das zwar stets das Böse will, doch «stets das Gute schafft»; und der Herr bemerkt im Hinblick auf den Menschen ausdrücklich, gern gebe er ihm «den Gesellen zu, der reizt und wirkt und muß als Teufel schaffen».

Einige Formulierungen im Drama geben Veranlassung, der Doppelgesichtigkeit des Bösen näher nachzugehen, denn Mephisto offenbart in seinem Verhalten durchaus ein zwiespältiges Wesen. In der Schüler-Szene zum Beispiel ist zunächst vom «Collegium Logicum» die Rede und wie wichtig es sei, den Geist in «spanische Stiefel» einzuschnüren; aber dann ist Mephisto «des trocknen Tons» auf einmal satt, und alle Theorie nennt er jetzt «grau», er rühmt das frische Leben und macht den Schüler lüstern auf die Vorteile des Medizin-Studiums. Das eine Mal gibt er sich kalt und trocken, das andere Mal lebhaft und feurig, einmal zeigt er Verwandtschaft mit dem dunklen Satan (Ahriman), ein andermal mit dem hellen Diabolos (Luzifer). Die Oberuferer Weihnachtsspiele bieten eine gute Anschauungsmöglichkeit für das Doppelantlitz des Bösen: Der Paradies-Teufel ist mehr der Rote, Schöne, Schmeichelnde, Verführende, der Dreikönigs-Teufel mehr der Schwarze, Häßliche, Gewaltsame, Drohende. Und das Zeichen des Makrokosmos macht deutlich, wie das Feste und das Flüchtige, Verhärtung und Auflösung, als gegensätzliche Tendenzen notwendig zum Kräftespiel des Weltganzen gehören.

« Wer den Weg kennt in die geistigen Welten hinein, der weiß, daß es diesen Mephistopheles wirklich gibt als einen der beiden Versucher, welchen der Mensch begegnet, wenn er den Weg in das geistige Land hinein geht, wenn er den Weg in die geistige Welt sucht.»[21]

Zur «Faust»-Epoche

Man sieht: tiefste Lebens- und Menschheitsfragen werden in der «Faust»-Epoche berührt, und eine reiche Fülle von Motiven bietet sich beim Lesen des Dramas zur näheren Betrachtung an. Dabei können im Gespräch mit den Schülern die Akzente durchaus anders gesetzt werden, als es hier skizziert wurde. Durch die verschiedenen Beiträge und Einwände fällt immer wieder ein neues Licht auf das Vielschichtig-Ganze, das in seiner umfassenden Wahrheit und Gültigkeit keinen Schaden nimmt, wenn die lebhafte Debatte sich gelegentlich bei Einzelproblemen aufhält. (Gretchen trage eigentlich die Hauptschuld an ihrem Geschick, denn sie hätte den Riegel nicht offenlassen dürfen; so meinten einmal einige Mädchen mit Nachdruck.) Die künstlerische Ausgewogenheit und das immer wieder neu hergestellte moralische Gleichgewicht im Vollzug der einzelnen Szenen verfehlen ihre nachhaltige Wirkung nicht, denn sowohl das zarteste, innigste Liebeswort wie auch der gemeinste, häßlichste Fluch haben ihre besondere Stimmigkeit, und beide Elemente werden belebt und getragen vom Geist, der das Ganze erfüllt. Gern und mit freudiger Zustimmung hören die Schüler, was Goethe selbst über seine Dichtung sagt: «Da kommen sie und fragen, welche Idee ich in meinem ‹Faust› zu verkörpern gesucht. Als ob ich das selber wüßte und aussprechen könnte!»[22] Aber nachdenklich nehmen sie auch andere Äußerungen entgegen: Es sei nötig, «sich über sich selbst hinauszumuten», um hinter all das zu kommen, «was da hineingeheimnisset ist»,[23] und man müsse sich dabei «auf Miene, Wink und leise Hindeutung» verstehen.[24] In diesem Sinne wird man in der Betrachtung da und dort ein wenig länger verweilen, um das Problem womöglich noch tiefer erfassen zu können.

Ausblick auf das Leben

Den Schülern sind im Laufe der Oberstufen-Jahre vorwiegend jugendliche Gestalten in den besprochenen Dichtungen entgegengetreten: Parzival ist noch jung, als er beim zweiten Besuch auf der Gralsburg den siechen Anfortas erlöst und selbst König wird (11. Klasse); Siegfried ist noch ein jugendlicher Held, als er von Hagen hinterrücks ermordet wird (10. Klasse); Don Carlos[25] schickt sich gerade erst an, seine hohen Ideale zu verwirklichen – kaum daß er seine leidenschaftliche Liebe zur Königin überwunden hat –, als er vom Großinquisitor verhaftet wird (9. Klasse). In Faust haben die Schüler eigentlich zum erstenmal einen alternden Menschen vor sich, der noch mit vierzig oder fünfundvierzig Jahren[26] seinem Leben eine entscheidende Wende gibt und dessen Biographie sie bis in sein höchstes Alter verfolgen. Und so ergibt sich in der 12. Klasse, im letzten Schuljahr, wo der Bildungsgang der Jugendlichen zu einem gewissen Abschluß kommen soll und wo die «Faust»-Epoche im Gefüge der anderen Fachepochen durchaus eine Art Schlußstein bilden könnte, im Deutschunterricht neben der Übersicht über die Literaturentwicklung ein Ausblick auf das Leben, auf das Leben des Menschen in der großen Welt, auf das hundertjährige Leben eines Mannes, der alle Höhen und Tiefen durchleidet, der nach Höchstem strebt und mit Widrigstem ringt und der schließlich – allen Versuchen des Widersachers zum Trotz – in jener Welt freudig begrüßt wird, aus der er seinem Wesen nach stammt.

Ohne eine Erweiterung des menschlichen Bewußtseins, ohne das sachgerechte Einbeziehen der geistigen Welt in alles, was man über die sinnliche wissen kann, wird es keine heilsame Weiterentwicklung unserer Kultur geben. Doch wehe dem, der den Zugang zur Geisteswelt gewissermaßen ohne Mephistos «Schlüssel» sucht, ohne den nüchtern-wissenschaftlichen Ansatz, wie es heute durch allerlei fragwürdige Meditations- und andere Praktiken vielfach üblich geworden ist. Die Wiederbelebung jener wunderbaren Fähigkeit des Menschen alter Zeiten, den Blick so mühelos in die göttlich-geistige Welt erheben zu können, wäre heutzutage als Versuch der Bewußtseinsdämpfung unzeitgemäß, das heißt – im Sinne des Faustus senior – durchaus «böse».

Der Kenner wird wissen, daß in diesem Abriß so manches nur gestreift wurde und manches unerwähnt geblieben ist. Man denke nur an die berühmte «Gretchen-Frage», die natürlich zu einer vertiefenden Betrachtung willkommenen Anlaß gibt. Oder man denke an die Frage, was die Engel mit Fausts «peinlichem Erdenrest» anfangen sollen, denn er hat ja seine Schuld noch keineswegs abgetragen.[27]

«Goethes *Faust* ist wirklich in literarischer und geistiger Beziehung ein Testament allerersten Ranges an die Menschheit.»[28] In der farbig ausgemalten kleinen Kuppel des ersten Goetheanums erscheint Faust als Sinnbild für unsere Kultur-Epoche, gewissermaßen als Verkörperung des modernen Menschen, der sich um Selbsterkenntnis bemüht und der sein «Ich» zu stärken und zu verwandeln sucht (siehe Abbildung auf S. 229).

234

In dem eingangs zitierten Vortrag von Thomas Mann heißt es weiter:

«Es ist ein großer Fehler der Sage und des Gedichts, daß sie Faust nicht mit der Musik in Verbindung bringen. Er müßte musikalisch, müßte Musiker sein. Die Musik ist dämonisches Gebiet ..., sie ist christliche Kunst mit negativem Vorzeichen. Sie ist berechnetste Ordnung und chaosträchtige Wider-Vernunft zugleich ..., abstrakt und mystisch.»

Zwei Jahre später erscheint sein Faust-Roman,[29] der das Leben des Tonsetzers Adrian Leverkühn erzählt. Dieser Musiker ist krank, und je schlimmer sich seine Syphilis-Erkrankung auswirkt, desto genialer komponiert er. Ausführlich wird seine Teufels-Begegnung geschildert. Fachwelt und allgemeine Kritik scheinen ja dieses Spätwerk ohne nennenswerten Widerspruch zur Kenntnis genommen zu haben.[30] Für die einigermaßen fragwürdige Leistung, den «großen Fehler» Goethes «verbessert» zu haben, wurde ihm, als er im Goethe-Jahr 1949 nach Deutschland kam, ein Goethe-Preis verliehen, und zwar gleich zweimal, in Frankfurt und in Weimar.

Anmerkungen

1   Thomas Mann, «Deutschland und die Deutschen», Vortrag vom 6. Juni 1945 in der Library of Congress in Washington. In: Thomas Mann, *Essays*, Bd. 2: Politische Reden und Schriften, Frankfurt am Main 1977, S. 284f.

2   *Dr. Johannes Faust*, ein Puppenspiel in 4 Aufzügen, Hamburger Lesehefte, hrsg. von Uwe Lehmann, Hamburg o.J.

3   1. Aufzug, 1. Auftritt.

4   2. Aufzug, 1. Auftritt.

5   «Historia von Dr. Johann Fausten», in: *Der Zauberspiegel*, hrsg. von Günter Groll, Regensburg und München 1964.

6   1. und 2. Kapitel, a.a.O., S. 13ff.

7   5. und 6. Kapitel, a.a.O., S. 17ff.

8   Das Zeichen des Makrokosmos in *Aurea Catena Homeri*, Goldene Kette Homers, 1723 erschienenes Buch; abgedruckt in *Faust am Goetheanum*, Dornach 1967, S. 43. Vgl. hierzu R. Steiner, «Die Rätsel in Goethes ‹Faust›», zwei öffentliche Vorträge vom 11. und 12.3.1909, Sonderdruck aus: *Wo und wie findet man den Geist?* (GA 57), Dornach 1970, S. 15 und 23.

9   Erscheinung des Erdgeistes, Zeichnung von Goethe um 1810/12, in *Faust am Goetheanum*, S. 45.

10 In seinem Brief zu Goethes Geburtstag (23. August 1794). J. W. v. Goethe, Hamburger Ausgabe, Briefe an Goethe, Bd. 1, München 1982, S. 164ff.; auch in *Denken – Schauen – Sinnen*, Bd. 10, Stuttgart 1959, S. 14.

11 *Faust*, 2. Teil, 1. Akt.

12 «Wald und Höhle».

13 R. Steiner, «Die Rätsel in Goethes ‹Faust›», a.a.O., S. 27.

14 «Finstere Galerie» (*Faust*, 2. Teil, 1. Akt.)

15 *Faust*, 2. Teil, 3. Akt.

16 Näheres darüber in R. Steiner, «Die Rätsel in Goethes ‹Faust›», a.a.O., S. 60f.

17 An dieser Stelle kann man gut eine Betrachtung des «nordischen Faust», des *Peer Gynt* von Ibsen, anknüpfen.

18 R. Steiner, «Die Geburt der Christus-Erkenntnis in uns», in: *Okkultes Lesen und okkultes Hören*, GA 156, Dornach 1967, S. 17.

19 Im 5. Buch seiner Confessiones (zweisprachig), München 1955, S. 205ff.

20 Näheres darüber bei R. Steiner, *Die Tempellegende und die Goldene Legende*, Vortrag vom 11.11.1904 («Der Manichäismus»), GA 93, Dornach 1979, S. 68ff.

21 R. Steiner, «Die Rätsel in Goethes ‹Faust›», a.a.O., S. 28. Hier ist Mephistopheles als Verderber-Lügner (hebräisch *mephiz-topel*) in seinem ahrimanischen Wesen gemeint.

22 Zu Eckermann (6. Mai 1827), in *Goethes Faust*, hrsg. von Erich Trunz, Hamburg 1966, S. 445.

23 An Zelter (27. Juli 1828), a.a.O., S. 451.

24 An Heinrich Meyer (20. Juli 1831), a.a.O., S. 457.

25 *Don Carlos* steht hier für eins der Dramen Schillers, die man mit den Schülern besprechen beziehungsweise lesen kann.

26 Vgl. R. Steiner, *Goethes Geistesart in ihrer Offenbarung durch seinen «Faust» und durch das Märchen von der Schlange und der Lilie* (drei Aufsätze), GA 22, Dornach ⁶1979, S. 49.
Friedrich Oberkogler, *«Faust»: Werkbetrachtung und geisteswissenschaftliche Erläuterungen*, Bd. 1, Schaffhausen 1981, S. 204.

27 Eine nicht in die Druckfassung aufgenommene Textstelle zeigt, daß Goethe an eine Lösung im Sinne der Reinkarnations-Idee gedacht hat; dazu *Faust am Goetheanum*, S. 75.

28 R. Steiner; «Die Rätsel in Goethes ‹Faust›», a.a.O., S. 8.

29 Thomas Mann, *Doktor Faustus*, Frankfurt am Main 1947.

30 Anders Marie Luise Kaschnitz: «... ich lese die *Buddenbrooks* alle paar Jahre wieder, auch den *Zauberberg*, aber den *Dr. Faustus* kann ich nicht ausstehen, besonders die Episode mit dem affektierten Bübchen ist mir verhaßt» (in *Orte*, Frankfurt am Main 1973, S. 137).

Was heißt eigentlich
«Überblicksepoche»?

Einleitende Gedanken zur zweiten Deutsch-Epoche des
12. Schuljahrs

Daß sich die eingangs angedeuteten latenten Fragen des Jugendlichen in Goethes *Faust* wiederfinden, ist aus dem vorstehenden Beitrag deutlich geworden. Von diesem «Gipfel» läßt sich durchaus ein Überblick über andere literarische und menschliche Erscheinungen gewinnen. Auf die «Faust»-Epoche soll hier jedoch nicht nochmals eingegangen werden. Wir wollen vielmehr nun auf die zweite Deutsch-Epoche des 12. Schuljahrs blicken, von der Rudolf Steiner als «Überblicksepoche» gesprochen hat, wobei aber sicher nicht an eine chronologisch abzuhandelnde Literaturgeschichte zu denken ist. Trotzdem wird es dem Lehrer ein Anliegen sein, die Schüler mit wichtigen Dichtungen der Vergangenheit und Gegenwart bekannt zu machen, die in den bisherigen Klassen noch nicht behandelt werden konnten. Man wird noch einmal auf Shakespeare blicken, Fontanes *Effie Briest* und Thomas Mann den Schülern nicht vorenthalten wollen. Immer aber erweist sich der Vergleich zwischen einem älteren und einem modernen Werk als fruchtbar, wobei man auch einmal zu einer so extremen Gegenüberstellung wie zwischen *Werther* von Goethe und Plenzdorf kommen kann. Im Grunde kann das Spektrum alles umfassen, was der Lehrer in der konkreten Klassensituation für möglich hält. Nur sollte die Grundfrage des Jugendlichen nicht aus dem Auge verloren werden: «Wie stehe ich in meiner Zeit? An welchem Bewußtseinspunkt steht die heutige Entwicklung, und wie ist es dazu gekommen?»

Als Einstieg für einen solchen Überblick bietet sich Kleists kleiner Aufsatz *Über das Marionettentheater* an, dessen eigentliches Thema die Entwicklung des Menschengeschlechts ist. Äußerlich gesehen ist es ein Gespräch zwischen dem Erzähler und einem Tänzer, der die Gliederpuppe als Vorbild für die vollkommene Bewegung studiert, die sonst nur noch Gott haben könne. Am Beispiel eines badenden Jünglings wird dann verdeutlicht, daß jeder Mensch im Laufe seiner Biographie den Abstieg aus der kindlichen Harmonie in die gebrochene, beschränkte Welt des Gedankens vollzieht, während das Tier, hier der fechtende Bär, noch völlig im instinktiv-empfindungsmäßigen Zusammenhang mit seiner Umwelt lebt. Ebenso sei die Menschheit aus einer unbewußten, paradiesischen Vollkommenheit herausgefallen und in das Zeitalter des Verstandes eingetreten. Dem Verlust einer alten Fähigkeit steht der Gewinn einer neuen gegenüber.

Für Kleist ist jedoch die Entwicklung mit der Periode der Reflexion keineswegs abgeschlossen, sondern das «letzte Kapitel der Geschichte der Menschheit» bestehe gerade darin, daß wir uns von hinten erneut Zugang zum Paradies verschaffen und noch einmal vom Baum der Erkenntnis essen. Das bedeutet, daß der abendländische Mensch sein Bewußtsein über Reflexion und naturwissenschaftliches Denken hinaus in Richtung auf das «Paradies», das heißt zum Geistigen hin, erweitern soll, und man kann sich fragen, wo wir heute in dieser Entwicklungslinie stehen. Man wird nicht fehlgehen, wenn man das Ende des neunzehnten Jahrhunderts in gesellschaftlicher, wissenschaftlicher und künstlerischer Hinsicht als einen Tiefpunkt ansieht, während das zwanzigste Jahrhundert durchaus Keime zu einer Erweiterung des Bewußtseins zeigt.

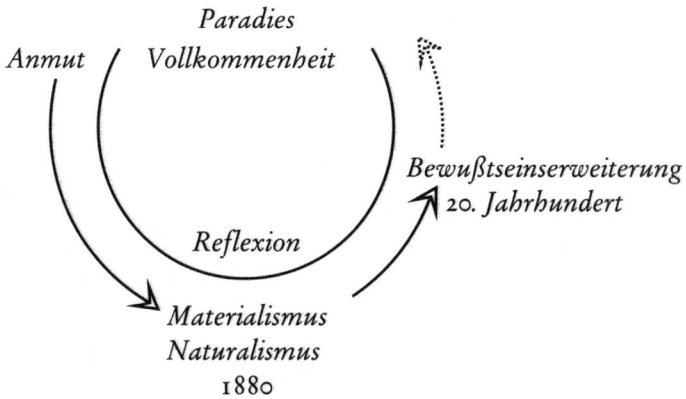

238

Wenn man diese «Bewußtseinskurve» im Unterricht bearbeitet, kann man die schon bekannten literarischen Werke und Kulturerscheinungen auf ihr «ordnen» und auch die Bestrebungen der Gegenwart im Hinblick auf ihre Vergangenheits- oder Zukunftsorientierung sehen lernen. Eine ganze Reihe von Werken der Gegenwartsliteratur deuten auf neue Erfahrungen der Dichter hin, in denen sich der Jugendliche mit seinen latenten Fragen wiederfindet. Zugleich kann die Besprechung solcher Werke mithelfen, daß die jungen Leute an das herangeführt werden, was man Zeitgenossenschaft nennen könnte.

CHRISTOPH GÖPFERT

Erziehung zur Zeitgenossenschaft. Metamorphosen der Dichtung als Beobachtungsfeld im 12. Schuljahr

Was heißt Zeitgenossenschaft?

Zeitgenosse zu sein ist eine der Forderungen Rudolf Steiners an den Lehrer. Damit wird zugleich ein Erziehungsziel genannt, nämlich die jungen Menschen zu befähigen, daß auch sie sich als Zeitgenossen bewähren. Das meint nicht, daß man sich nahtlos in die bestehende Gesellschaft einfügt, die von Wissenschaft und Technologie geprägten Denkgewohnheiten annimmt, kurz: «mit der Zeit geht». Wenn der Jugendliche im Gegenteil zu einer gewissen Distanz gegenüber der Lebenspraxis der westlichen Welt erzogen wird, so darf das nicht mit Unkenntnis oder Weltfremdheit gekoppelt sein (ein Vorwurf, der der Waldorfschule immer wieder gemacht wird), sondern muß aus einem Durchschauen der Kräfte geschehen, die in der heutigen Zivilisation wirken. Das bedeutet aber, daß man Zeitgenosse im wahren Sinn nur sein kann, wenn man etwas vom «Zeitgeist» der Gegenwart weiß.

Hier ist zunächst für den Lehrer ein Erkenntnisschritt zu vollziehen, der es ihm erst ermöglicht, seinen Unterricht so zu gestalten, daß die Schüler zu dieser Zeitgenossenschaft geführt werden. Denn mit dem Wort «Zeitgeist» ist nicht ein abstrakter Begriff angesprochen, unter dem wir alles zusammenfassen, was heute Zeiterscheinungen sind, sondern im Sinne von W. v. Humboldt und Herder ein reales überindividuelles Wesen, das Völker und Zeiten lenkt. Für die alten Kulturen war es selbstverständlich, daß von solchen Wesen, den «Göttern», Impulse, Inspirationen in die Zeit hineingesendet wurden. Aus neuen Erkenntnissen der Völkerkunde wissen wir, daß bestimmte Naturvölker noch heute durch ihre Kulte die Verbindung zu übersinnlichen Wesen pflegen können, um dadurch das Leben der Stämme zu regeln![1]

Rudolf Steiner macht sehr konkrete Aussagen über unser Zeitalter und seinen Zeitgeist und belegt dieses Zeitenführerwesen mit einem in verborgenen christlichen Kreisen überlieferten Namen: dem Namen des Erzengels Michael. Daraus erklärt sich zum Beispiel auch, daß an den Waldorfschulen der Michaelstag (29. September) festlich begangen wird.

Charakteristisch für unser Zeitalter ist einerseits, daß der Mensch sich erkennend und handelnd immer tiefer in die Materie hineinarbeitet, stetig neue Kräfte aus ihr entbindet und sie technisch nutzt. Der Materialismus ist zur herrschenden Lebensform geworden. Andererseits beginnt im 20. Jahrhundert aus dem Gefühl der Einseitigkeit, zunächst zaghaft bei einzelnen Menschen, eine Hinwendung zum Geistigen, sichtbar etwa in der bildenden Kunst, es treten neue spirituelle Erfahrungen auf. Dadurch verwandelt sich allmählich die menschliche Intelligenz. Bewußtseinserweiterung findet statt. Darauf verweist auch der französische Paläontologe und Jesuitenpater Teilhard de Chardin, wenn er von einer Noosphäre um die Erde spricht, einer Sphäre des Geistes, die die Menschen durch ihre geistige Arbeit gebildet haben und die sich noch weiter vervollkommnen wird.[2] Daß diese Fähigkeiten geschult werden können, dafür hat Rudolf Steiner das Rüstzeug gegeben, wie überhaupt sein ganzes Lebenswerk im Dienste des michaelischen Zeitgeistes steht.

Von jedem Fach aus wird man am Ende der Schulzeit Einblicke in die Struktur der Gegenwart geben und Zeitgenossenschaft vorbereiten können. In diesem Sinn ist auch der Begriff «Überblicksepoche», der im Lehrplan gebraucht wird, neu zu sehen. Im Deutschunterricht stößt man sehr unmittelbar auf die Impulse des Zeitgeistes, nämlich überall dort, wo moderne Dichter neue spirituelle Existenzerfahrungen haben, wo sich die übersinnliche Dimension für sie wieder öffnet. Manches haben sie darüber ihren Briefen und Tagebüchern anvertraut; davon zeugen aber auch ihre Werke. Der Jugendliche, wenn er das achtzehnte Lebensjahr überschritten hat, befindet sich für einen kurzen Zeitraum ebenfalls in einer Phase der spirituellen Offenheit, in der er etwas vom wahren Zeitgeist erfahren sollte. Die übersinnliche Dimension kann jetzt in seine Erkenntniswelt eintreten – eine Chance, die der Lehrer nicht verpassen darf.

Zunächst ist aufschlußreich, in welcher Art bestimmte Persönlichkeiten durch ihr Schicksal an die Schwelle der übersinnlichen Welt geführt wurden. Sie alle sind in gewisser Weise entwurzelt, heimatlos geworden, ja, haben in Todesnähe gestanden. Gewalt und Unterdrückung, äußerlich oder innerlich, sind keinem von ihnen fremd. Die Lebenssituationen Kafkas und Celans sind hier bezeichnend. Auch das Schicksal Solschenizyns, das nach härtesten Lagererfahrungen die Ausbürgerung in einen ihm wesensfremden Kontinent brachte, ist bekannt. Nelly Sachs widerfuhr eine Ausstoßung in mehreren Schüben: aus der behüteten Kindheit und dem Wohlstand durch den Tod des Vaters, aus dem Deutschtum durch die Veränderung des geistigen Klimas in Deutschland seit 1933 und schließlich physisch durch die Flucht nach Schweden in letzter Minute, in ein Land, in dem sie nur schwer Kontakt zu neuen Menschen fand. Wenn die Erschütterungen, die sie erlebte, in späteren Jahren zeitweilig zur Nervenzerrüttung führten, die den Aufenthalt in einer Heilanstalt nötig machte, so mutet das wie eine letzte Stufe der Ausstoßung an. Ionesco, als Rumäne dem südosteuropäischen Kulturraum zugehörig wie Paul Celan und Rose Ausländer, findet in Frankreich eine Daseinsmöglichkeit. Samuel Beckett, der Ire, wird weniger durch äußeren Druck als aus innerem Anlaß zu einem Heimatlosen, der mal in Dublin, mal in Paris, mal in London wohnt, seine Werke bald englisch, bald französisch schreibt und sie selbst von einer Sprache in die andere übersetzt.

Wie konkret reale übersinnliche Erfahrungen hinter den Werken mancher dieser Dichter stehen, bezeugen besonders die Tagebücher von Kafka, Nelly Sachs und Ionesco.

Für Nelly Sachs öffnet sich das Tor zum Jenseits durch den Tod ihrer Freunde in Auschwitz, von dem sie genaue Berichte erhält. Sie spürt an den «Hautgrenzen tastend die Toten»:

«Aber das Gedenken an das, was vorausgegangen war, schuf in den Nächten ein bevölkertes Jenseits, welches meine geliebte Mutter zuweilen mit Glück, zuweilen mit Schrecken und Entsetzen erfüllte.»
(19.3.57)

In einem ihrer Briefe beschreibt sie, wie ihre Dichtungen entstanden:

«‹Eli› schrieb ich, oder vielmehr er offenbarte sich in drei Nächten unter solchen Umständen, daß ich mich zerrissen glaubte, und da ich nicht wagte, in dem einen Zimmer, das wir bewohnten, Licht anzuzünden, um die kostbare Nachtruhe meiner Mutter, die so selten war, zu stören, so versuchte ich im Kopf immer wieder zu wiederholen, was sich da abspielte in der Luft, wo die Nacht wie eine Wunde aufgerissen war. Am Morgen schrieb ich dann das so behaltene, so gut ich konnte, nieder und versuchte, was ich im Dunkeln aufgekritzelt hatte, zu entziffern, was viel schlechter ging. Auf diese Weise entstand der ‹Eli›. Niemals hatte ich daran gedacht, daß dieses Nachtstück wirklich etwas mit richtiger Dramatik oder Kunst zu tun haben würde. Genauso erging es mir ja mit den ‹Wohnungen des Todes›. Dann kam, wie Du ja weißt, ‹Sternenverdunkelung›, immer nahe der Grenze zwischen Leben und Tod – immer am Krankenbett meiner geliebten Mutter. Zuletzt ‹Und niemand weiß weiter›, wo sich mein Leben weit hinausbeugt über die Grenze, die unsere Haut uns zieht.»
(23.1.57)

«Das sind alles Versuche, die dicken Häute des Diesseits zu durchbrechen und hinauszulugen.»[3]
(30.10.57)

Ionesco erlebt einerseits die Grenze, die das Diesseits vom Jenseits trennt. Immer wieder träumt er den Traum von der grauen Kirchenmauer, die nur eine winzige Tür hat, von der er aber weiß, daß er durch sie hindurchgehen muß, weil dahinter weites, lebendiges Land liegt.[4] Andererseits beschreibt er aber auch, wie er wachend eine «Erleuchtung» erlebt, die ihm die Gewißheit des Übersinnlichen gibt:

«Ich war ungefähr achtzehn, als ich mich in einer kleinen Provinzstadt aufhielt. Es war ein herrlicher Tag, so gegen Mittag. Ein Junitag, Anfang Juni. Ich schlenderte an den niedrigen, ganz weißen Häusern der kleinen Stadt entlang. Was dann geschah, war gänzlich unerwartet. Eine urplötzliche Verwandlung der Stadt. Alles wurde gleichzeitig zutiefst wirklich und zutiefst unwirklich. Genau das war es: Unwirklichkeit mit der Wirklichkeit vermengt, beide eng, unauflöslich verquickt. Die Häuser wurden noch weißer und sehr sauber. Etwas ganz Neues, Jungfräuliches kam in dieses Licht, die Welt erschien mir wie unbekannt, und doch seit Ewigkeiten bekannt. Eine Welt, die das

Licht auflöste und wieder neu schuf. Überschäumende Freude stieg in mir auf, heiß und leuchtend auch sie, es war da eine absolute Gegenwart. Ich sagte mir, dies sei die «Wahrheit», ohne diese Wahrheit definieren zu können. Hätte ich versucht, sie zu definieren, hätte sie sich fraglos verflüchtigt. Ich sagte mir auch, da dieses Ereignis eingetreten war, da ich dies durchlebt hatte, da ich alles wußte und zugleich nicht wußte, was ich wußte, würde ich nie mehr unglücklich sein, denn ich erfuhr, daß man nicht stirbt. Ich brauchte nur noch an diese Augenblicke zu denken, um jede künftige Sorge und Angst zu besiegen. Ich hatte die Offenbarung des Wesentlichen erlebt, alles übrige war unwesentlich.»[5]

Wir dürfen erwarten, daß durch solche Erfahrungen in den Werken der genannten Dichter eine Dimension angerührt wird, die wir bei anderen Schriftstellern vermissen. Wir treffen auf Themen, die den modernen Menschen, der im michaelischen Zeitalter als Zeitgenosse stehen will, zentral angehen. Bei näherem Hinblicken stellen wir zudem überraschenderweise fest, daß es sich um Metamorphosen von Motiven handelt, die aus dem Gralszusammenhang stammen, wie ihn Wolfram von Eschenbach überliefert hat. Ja, man gewinnt den Eindruck, daß dieser große mittelalterliche Dichter eher prophetisch für unsere Gegenwart geschrieben hat als für seine eigene Epoche. An folgenden Motiven wollen wir diese Verbindung darstellen: die Suche nach dem Lebensquell, Seelengefangenschaft, die Welt der Toten, das höhere Ich.

Die Suche nach dem Lebensquell

In Wolfram von Eschenbachs Parzival-Geschichte tritt uns die Suche nach dem Quell des Lebens auf drei Stufen entgegen. – Schon Parzivals Vater Gachmuret ist ein Suchender. Er möchte dem mächtigsten Herrn dienen und zieht deshalb in den Orient, denn dort trifft er auf die höchstentwickelte Kultur der damaligen Zeit, den Arabismus. Von ihm will er lernen. Aber es ist eine Seelen- und Verstandeskultur, der die Ich-Kraft fehlt. Gachmuret kann außerdem aus seiner Veranlagung nirgends zur Ruhe kommen, und obgleich er von seiner

Schwäche weiß, stirbt er schließlich durch eigene Unbesonnenheit. Bei allem Liebenswerten, das er besitzt, bleibt es ein vergebliches Suchen, weil ihm als Persönlichkeit die Mitte fehlt und weil er das wahre Ziel nicht kennt.

Gawan, der Freund Parzivals, erscheint uns von Anfang an als ein Mensch der Mitte. Er weiß um Seelennöte und Seelenkräfte (die Episode mit den drei Blutstropfen im Schnee). Sein Lebensweg ist die Suche nach der Liebe als menschenverbindender Kraft, für ihn verkörpert in der Liebe zu einer Frau. Gegen die Verleumdungen und Drangsale, die er dabei erdulden muß, wehrt er sich nicht, und gerade das stärkt ihn. Diese «Gawan-Kraft» des Aushalten-Könnens ermöglicht es ihm dann auch, seelenheilend in seine Umwelt hineinzuwirken (die Erlösung von Schastelmarveile, siehe unten S. 248f.).

Parzivals Weg ist eine *geistige* Suche. Noch mehr als sein Vater ist er zunächst orientierungslos. Aber mehr und mehr wird ihm das Ziel deutlich. Damit wird durch Wolfram von Eschenbach ein intimer Übungsweg beschrieben, der in einen spirituellen Bezirk führt, in dem Christus-Kräfte anwesend sind. Dieser Weg ist auch im zwanzigsten Jahrhundert erst noch zu gehen.

Wir dürfen nicht erwarten, daß in einer modernen Dichtung die Suche nach dem Übersinnlichen in ebenso warmen imaginativen Bildern geschildert wird wie bei Wolfram. Denn die heutigen Dichter leben in einer Welt, die durch Grauen und Unmenschlichkeit gezeichnet ist, und diese Tatsachen müssen ehrlicherweise die Bildsprache dieser Autoren prägen. Leider wird das von vielen Menschen – gerade auch innerhalb der Waldorfschulen – nicht berücksichtigt; man erwartet von einer «modernen» Dichtung immer noch die Schönheit und Harmonie eines Goethe, Stifter oder Rilke. Damit aber schlägt man sich das Tor des Verständnisses für wirklich zeitgemäße Dichtungen zu und deklassiert sie zu ausgeklügelten oder krankhaften Spielereien. Hier müssen wir einen neuen Weg der Dichtungsbetrachtung beschreiten und durch die jetzt gebrauchten «Alltagsbilder» hindurchsehen lernen. Dann werden sie zu Metaphern für eine vom Dichter gesuchte höhere Wirklichkeit, ja, sie gewinnen bisweilen fast mythische Züge. Freilich, das Erreichen des gesteckten Zieles wird meist nicht gezeigt, aber auch das ist für die Situation des Gegenwartsmenschen ehrlich, der sich erst am Beginn des «Rückwegs nach oben» (Kleist) befindet. – Für die

Suche nach dem Lebensquell möchte ich zwei moderne Beispiele heranziehen.

Samuel Becketts *Spiel ohne Worte 1*[6] ist eine Pantomime. Ein Mann (= der Mensch) wird auf die hell beleuchtete wüstenhafte Bühne (das voraussetzungslose Dasein) geworfen. Aus seiner Passivität reißen ihn nur Pfiffe von außerhalb (!), die ihn auf Möglichkeiten des Handelns aufmerksam machen. Dieses Tun soll sich darauf richten, eine von oben herunterhängende Karaffe Wasser zu erlangen, die sich dem Mann aber immer wieder entzieht. Das «Wasser des Lebens» ist so einfach nicht zu erreichen! Die Hilfsmittel, die zur Verfügung gestellt werden (mehrere große Würfel, ein Baum, Lasso, Schere), erweisen sich als ungeeignet, besonders was auf mathematisch-physikalischen Gesetzen beruht wie die Würfel. Aber auch der aus Resignation versuchte Selbstmord wird «von oben» verhindert. Der Mensch darf nicht ausweichen! Allerdings muß er nach den richtigen Mitteln suchen. Unser Mann tut das nicht, sondern liegt am Ende auf dem Boden, betrachtet seine Hände und sieht nicht mehr, daß der Krug Wasser zuletzt längere Zeit in Reichweite über ihm schwebt.

Hier wird wortlos in einfachen Bildern gezeigt, wie der moderne Mensch in eine wüstenhafte Welt geworfen ist und kaum noch eigene Antriebe zum Handeln hat. Er braucht aufweckende Pfiffe von außerhalb der physischen Welt. Dann tritt auch das Bedürfnis ein, zu den Quellen des Lebens, die aus einer Welt über ihm stammen, zu gelangen, aber er kennt die rechten Mittel nicht. Wie Parzival bei seinem ersten Gralsbesuch weiß er nicht, daß die physischen Regeln hier nicht gelten. Aber während Parzival seinen Weg weitergeht, bricht Beckett mit seiner Darstellung vorher ab. Er hofft, daß der Zuschauer die Aktivität und die Ideen entwickelt, zu denen der Mensch des «Spiels» nicht findet.[7]

Ionesco führt uns seinen Suchenden als den Dichter Behringer vor, der eine neue, über das bürgerliche Vorstellen hinausgehende Fähigkeit lernen möchte, nämlich «Fußgänger der Luft» zu sein. Schon dieses Ziel ist ein Bild. Aber mehr noch: die Aufbruchssituation Behringers wird dadurch verdeutlicht, daß sich sein Leben vor einem Abgrund abspielt und sein Haus durch eine Bombe zerstört wird. Er wird aus der Geborgenheit herausgeworfen. Das bestätigt ihn darin, daß er so nicht weitermachen kann. Er weiß auch um Dinge, die die Menschen um ihn nur verlachen: daß es jenseits unserer Welt eine

«Ultra-Welt» gibt, die von der unsrigen durch einen Vorhang getrennt ist. In ihr ist für jeden Gegenstand ein Gegenbild vorhanden, das man manchmal sogar – vom Diesseits aus – für einen Moment erblicken kann. In diese Welt der Ideen möchte Behringer mit seiner neuen Fähigkeit dringen. Er sagt: an sich sei sie von jedem Menschen zu erlernen, es gebe sogar mehrere Verfahren, die meisten Menschen seien nur zu bequem.

Hier wird von Ionesco mit physischen Bildern die Suche nach einer geistigen Welt gezeigt, die Wolfram von Eschenbach in imaginativen Bildern und Rudolf Steiner in Begriffen beschreibt. Im Gegensatz zu dem «Mann» in Becketts *Spiel ohne Worte 1* gelangt Behringer tatsächlich in diese Welt hinein. Aber als er am Schluß des Stückes berichten will, kann er nur stammeln. Zu sehr hat ihn die Gewalt dessen, was er geschaut hat, erschüttert, denn es war nicht nur Licht und Schönheit, sondern Furchtbares: Zerstörungen, Tiergestalten, gefallene Engel und Erzengel.

«Ich habe ganze Erdteile von Paradiesen in Flammen gesehen. Die Seligen brannten ... Außerdem ... da barst die Erde ... da stürzten Berge zusammen, da waren Meere von Blut ...»

Ionesco läßt zwei Zuhörer aussprechen, wohin diese Visionen eigentlich weisen: auf die Apokalypse des Johannes und Dantes *Göttliche Komödie*. Behringer kommt aber über diese Höllenzone noch hinaus:

«Ich war sehr hoch oben, um zu sehen, was in allen Himmelsrichtungen vorgeht ... Ich erreichte den First des unsichtbaren Daches, wo Raum und Zeit sich begegnen. Ich berührte ihn mit der Stirn ...» Die Feuer- und Eiswelten, in die er da blickt, kann er zwar mit seinem Bewußtsein noch nicht voll erfassen, aber er weiß, daß das einmal möglich sein wird. In der Einsamkeit des Schlusses sagt er: *«Im Augenblick ist es noch nichts ... Noch ist es nichts ... Im Augenblick ...»*, und bezeichnenderweise ist es seine Tochter, die Jugendkraft im Menschen, die die Hoffnung ausspricht, daß auf all die Zerstörungen vielleicht doch ein neues Leben folgt: *«Vielleicht wird alles wieder gut ... Vielleicht werden die Flammen erlöschen, vielleicht wird das Eis schmelzen, vielleicht werden die Abgründe sich schließen. Vielleicht werden die Gärten, die Gärten ...»*[8]

Sicher, das Sinnbild, das uns Ionesco zeichnet, ist blasser als das Wolframs, er führt die Hauptgestalt auch nicht über viele Stufen der inneren Entwicklung zum Gralskönigtum. Aber Wolfram steht historisch noch vor dem endgültigen Abstieg der Kurve aus Kleists *Marionettentheater*, Ionesco dort, wo sie sich gerade wieder hebt. Er stellt den bedingungslosen Willen einer Individualität dar, sich über alle Vorurteile hinweg eine neue geistige Fähigkeit zu erwerben. Und sie wird gewonnen! Allerdings erzeugt die erste Begegnung mit der übersinnlichen Welt im Menschen Furcht. Behringer hat auch noch nicht die Bewußtheit, um das zu Schauende unverzerrt und klar aufzunehmen. Aber es ist dennoch der ehrliche Neubeginn der Geistsuche durch einen modernen Menschen.

Seelengefangenschaft

Das verzauberte Schloß Schastelmarveile in Wolframs Parzival-Epos erschließt sich dem Verständnis schwerer als die Gralsburg. Ihr Geheimnis wird uns durch Bilder angedeutet, die uns aus den Märchen bekannt sind. Ihr Herr Klingschor verfolgt das Ziel, den Menschen Seelenqualen zu bereiten. Hier besteht sein Bann darin, daß er vierhundert Frauen in der Burg gefangenhält, die sich gegenseitig nicht kennen; sie befinden sich in einer merkwürdigen Isolation und Starre. Verständnislos blicken sie aus den Fenstern.

Nun ist uns die «Burg» als Sinnbild des menschlichen Leibes durchaus vertraut, die «Frau» als das der Seele. Nehmen wir das zusammen, so schildert uns Wolfram einen Seelenzustand, in dem die Seele nicht nur durch eine böse Macht eingekerkert, sondern zugleich in viele Einzelteile zersplittert ist. Wieder finden wir bei Wolfram eine treffende Charakteristik der gegenwärtigen Seelensituation: Die Seele fühlt sich durch das, was ihr von außen als Zivilisationseinflüsse zugemutet wird, wie unter einem Bann und wie zerstückelt. Die Seelenmitte ist verlorengegangen. Die Mitte zu finden ist deshalb die wichtigste Aufgabe, die Gawan zu vollbringen hat, um die Burg zu erlösen. Das rollende Bett, das unkontrolliert durch den Saal rast, muß er in der Mitte der Burg zur Ruhe bringen. Genau das ist es, was auch vor dem modernen Menschen steht. Gawan hat diese Kraft des Stille-Haltens geübt, und von Rudolf Steiner wissen wir, daß sie eine Grundvoraussetzung für jede Wirkung im Übersinnlichen ist. Gawan kann schließlich den «Turm» von Schastelmarveile besteigen. Durch die Wundersäule gewinnt er Überblick; die Seele hat sich eine «höhere» Kraft eingegliedert. Aus Seelengefangenschaft kann Seelenweite entstehen.

Als Zeitgenosse muß man sich fragen: Wie können wir heute die «Gawan-Kraft» entwickeln, damit sie heilend in unsere Gegenwart einfließt? Nur wenige moderne Dichter sind in der Lage, hierauf zu antworten. In der Lyrik von Paul Celan, Nelly Sachs und Rose Ausländer finden sich zarte Ansätze. Hier sei aber auf ein an sich bekanntes Stück hingewiesen, Becketts *Endspiel*[9], das durch diesen Zusammenhang in einem neuen Licht erscheint. In aller Schärfe wird hier ein Bild der Seelengefangenschaft entworfen, und nur am Schluß taucht die leise Ahnung eines Auswegs im Zuschauer auf.

Statt der Burg finden wir einen «Innenraum ohne Möbel», in trübes Licht gehüllt. Die zwei Fenster sind so hoch oben angebracht, daß man sie nur mit einer Leiter erreichen kann. Die vier Personen, die in diesem kahlen Zimmer mehr vegetieren als leben und nur stammelnd, abgehackt miteinander sprechen, sind in einer merkwürdigen Weise aneinandergekettet: Hamm, blind und gelähmt auf einem Rollstuhl, ist trotzdem der eigentliche Herr. Er kommandiert mit einer Trillerpfeife seinen Stiefsohn Clov herum, der sich nicht setzen und legen kann. Er verwaltet zwar die Küche, bekommt aber den Schlüssel für die Lebensmittel nur zu den Mahlzeiten und bleibt deshalb von Hamm abhängig. In zwei Mülleimern am Bühnenrand hokken dann noch Nagg und Nell, die schwachsinnigen Eltern Hamms, deren Lebensfunktionen nicht mehr intakt sind. Sie tauchen gelegentlich aus den Mülleimern auf, um in alten Erinnerungen zu kramen, werden aber von Clov schnell wieder zugedeckt. Die Vergangenheitskräfte werden beiseite geschoben.

Die «Handlung» des Stückes stellt eine Endphase menschlichen Daseins dar. («Ende. Es ist zu Ende, es geht zu Ende, es geht vielleicht zu Ende ...», so beginnt das Stück.) Auch die Aufträge Hamms sind recht merkwürdig: Clov soll den Rollstuhl mit Hamm zum Beispiel genau in der Mitte des Zimmers plazieren; auch hier wird eine Mitte-Situation gesucht. Dann will Hamm die Wände abtasten, die sich als hohl erweisen. «Jenseits ist die *andere* Hölle», kommentiert er, das heißt, er empfindet sich auch in dem Zimmer wie in einer Hölle. Wichtigstes Ziel ist jedoch, aus den Fenstern die Außenwelt zu beobachten. Aber kein «Überblick» wird gewonnen wie bei Gawan, sondern trotz des Fernglases zeigt sich alles in unbestimmtem Grau: der Rest Land, auf dem der Leuchtturm zusammenstürzt, und der bleierne Ozean. Hamm und Clov möchten das absolute Ende bestätigt sehen. Doch plötzlich entdeckt Clov einen Knaben am Strand, der Beginn neuen Lebens scheint sich anzubahnen. Dadurch entsteht für Clov eine Möglichkeit, sich von Hamm zu lösen und das Zimmer zu verlassen. Reisefertig steht er an der Tür, während Hamm seine Herrschaftsutensilien (Signalpfeife, Boothaken und anderes) wegwirft, sich mit einem Taschentuch zudeckt und auf die endgültige Erstarrung wartet. Es bleibt ungesagt, ob Clov den Raum tatsächlich verläßt.

Was Beckett uns hier vorführt, ist nicht nur ein exaktes Bild der Seelengefangenschaft, sondern darüber hinaus Ausdruck für die Absterbeprozesse, denen der moderne Mensch mit seinem ganzen Sein verfallen ist. Wir erkennen die Situation – vier «Personen» in einem unwirtlichen Zimmer gefangen – als Metapher für den Menschen: die kahlen, hohlen Wände – unser verhärteter Leib; die ein Kümmerdasein fristenden Alten – unsere zerrüttete Lebenskräfteorganisation; der unfreie Clov – unser Seelisches, das sich in einer beschränkten Sinnes- und Verstandestätigkeit äußert; und schließlich Hamm – das krank an den Rollstuhl gefesselte Ich, das von sich selber einmal sagt: «Ich bin nie dagewesen ... alles ist ohne mich vorgegangen.» Wahrlich ein Bild des Schreckens, das Beckett von uns entwirft! Aber das menschliche Bewußtsein kann sich in der Tat als eingeschlossen, «gelähmt, erblindet, fast nichts hörend» erleben. Solche Innenwelt ist die Hölle. Aber auch die Umwelt bietet zunächst nichts, ist «grau» und vom Zerfall beherrscht, auch sie eine Hölle! Trotzdem zeigt Beckett deutlich, daß der einzige Ausweg in der Bewegung Clovs bestehen könnte, wenn er die Wanderschaft zu dem neuen Leben, das in der Gestalt des Knaben draußen erscheint, antreten würde.[10] Die Lösung aus diesem Konflikt wird dem Zuschauer überlassen – auch das wieder anders als in der mittelalterlichen Dichtung. Der Mensch der Gegenwart muß den Weg aus der Seelengefangenschaft selber suchen.

Zu den großen Geheimnissen der Gralsüberlieferung gehört die Frage, wer die Gralshüter eigentlich sind. Manches deutet darauf hin, daß es sich bei ihnen ähnlich wie bei den Artusrittern um eine geheime Bruderschaft handelt. Die Mitglieder der Tafelrunde führten neben ihrem äußeren «Beruf» als Ritter bestimmte verborgene Aufträge aus, die auf die seelische Befriedung bestimmter Menschengruppen zielten. Für die Gralsritter lagen die Aufgaben sicher mehr im Spirituell-Christlichen, waren ganz nach innen gerichtet. Sie entwickelten in sich geistige Kräfte, die den Christus-Impuls in die Zukunft trugen. Nun gibt es aber bei Wolfram einige Passagen, aus denen man entnehmen kann, daß neben den Seelen lebender Menschen auch Verstorbene als Gralshüter wirkten. Heißt es doch über die Bedingungen, die zu erfüllen sind, wenn jemand den Gralsbezirk betreten will, er müsse entweder «einen gefährlichen Kampf bestehen oder eine Buße zahlen, die man draußen vor dem Wald Tod nennt.»[11] Wie im Märchen wird auch in der Gralssage das Grenzgebiet zwischen sinnlicher und nicht-sinnlicher Welt als «Wald» bezeichnet. Was also in der Erdensprache «Tod» heißt, ist in der Gralssprache eine andere Form des Lebens. Ebenso dürfen wir jenen Kampf, der ja in diesem Grenzbereich stattfindet, nicht als physischen Kampf verstehen, sondern als einen Bewußtseinskampf im menschlichen Inneren. Dann aber erschließt sich uns die Gralsburg als eine übersinnliche Stätte, in der Lebende und Tote gemeinsam im Dienste Christi wirken.

Eine Ahnung, daß die Zeit nach dem Tode mehr als ein Nichts ist, daß sich dort vielleicht doch Vorgänge mit unserer Seele abspielen, die unserem Tagesbewußtsein verschlossen sind, taucht bei mehreren modernen Dichtern auf. Viele Gedichte der Nelly Sachs sind inspiriert aus der Welt der Toten, wobei die Dichterin sich bis an das zukünftige Schicksal der Toten herantastet, die nach Wiedergeburt drängen.[12] Beckett beschreibt in seinem Roman *Watt* ausschließlich den übersinnlichen Weg der Seele vom Tod bis zu einer neuen Geburt (allerdings ein Werk, das man nicht mit Schülern lesen wird).[13] Anders die *Schiffsgeschichte* von M. L. Kaschnitz:[14] Hier steigen in den Bildern einer rätselhaften Schiffsreise Anklänge an griechische Sagen empor, in denen die Fahrt über den Lethestrom mit dem

Totenfährmann Charon beschrieben wird. Bei der Kaschnitz ist es die Reise einer Frau, Viola, von Südamerika nach Europa. Wir erleben das langsame Sich-Lösen eines Menschen aus der vertrauten physischen Umgebung und den Übertritt (der Seele) in einen neuen, immer unmaterieller werdenden Daseinszustand. Dabei ist die nachtodliche Welt auf dem Schiff den Lebenden nicht völlig verschlossen, sondern der sich nachts sorgende Bruder erhält einen Brief, in dem Viola staunend die allmählichen Veränderungen beschreibt.

Wir betrachten einige dieser «Auffälligkeiten» unter dem Gesichtspunkt, daß eigentlich der Eintritt ins Totenreich gemeint ist: Der Name des altmodischen Schiffes ist nicht zu erfahren, das Manöver des Ablegens vollzieht sich schwerfällig, die Reisende streckt die Arme in übertrieben flehender Gebärde zum Bruder zurück. Sie möchte «nicht hier sein, nicht dort sein, nirgends sein» – sie erlebt einen Zwischenzustand zwischen Leben und Tod. Weiter: Das Schiff ist mit Flüchtlingen, besonders alleinreisenden Kindern überfüllt. «Eine Einteilung in Klassen gibt es hier nicht», die Mahlzeiten werden allmählich immer bescheidener, jeder der Passagiere sitzt an einem Tisch allein, sie sprechen nicht miteinander und wirken wie «Träumer und Spinner». Die Fotografien, die gemacht werden, zeigen nur Schiffshintergründe ohne Personen. All das meint, daß das Irdisch-Persönliche hier nicht mehr zählt. Schlechthin unmöglich ist es, «das Datum, die Uhrzeit und die Position des Schiffes festzustellen». Der «Kalender zeigt einmal einen lange vergangenen, dann wieder einen noch in weiter Ferne liegenden Tag»: die Seele tritt aus dem Reich der Zeit in das der Ewigkeit über. Darauf deutet auch die unbesetzte Kommandobrücke; statt Dienst zu tun, rezitiert die Mannschaft aus Dantes *Göttlicher Komödie*, und zwar «des Paradieses letzten Gesang»: die Überfahrt ist Vorbereitung der Seele auf den Eintritt in die dort beschriebenen übersinnlichen Welten.

Je länger die Fahrt dauert, um so mehr lösen sich die Passagiere vom Physischen: «Wie im Halbschlaf liegen sie auf ihren Deckstühlen», und wenn Viola die Wolkenlandschaften beobachtet, vergleicht sie nicht mehr verstandesmäßig, sondern erlebt «nur noch Formen und Farben, eine ewige Weltschöpfung aus Licht und Finsternis.» Sonnenkegel, Lichtbahnen und Sternbilder werden jetzt allein für sie wichtig; das Kosmische dringt in ihre Erfahrungswelt. Dadurch ist sie sich auch ihrer selbst nicht mehr sicher: «An wen schreibe ich eigentlich, und wer bin ich, ich weiß es und weiß es auch wieder nicht.» Den Eintritt in die Endphase dieser Totenreise markiert ein Zustand, den die Kaschnitz in einem mystischen Bild zusammenfaßt: Es ist «niemand zu sehen als die auf den Deckstühlen liegenden verhüllten Gestalten, dicke Kokons, die vielleicht eines Tages in sich zusammensinken, da sind dann die Schmetterlinge schon ausgekrochen.» Die Reisenden spüren keinen Hunger mehr, die Kabinen sind ausgeräumt, das Gepäck unauffindbar. Die statt dessen bereitliegenden Rettungswesten und die abbröckelnde Bordwand weisen darauf hin, daß alles physische «Gepäck», auch das die Seelen tragende «Schiff», sich auflösen wird. Die Seele muß sich bereit machen für die Fahrt in das «Meer des Geistes».

Es sind sehr behutsame Bilder, in denen M. L. Kaschnitz den Schwellenübertritt beschreibt. Sie endet gerade dort, wo die eigentlich geistige Sphäre beginnt, die uns von Wolfram von Eschenbach mit dem Gralsbezirk und dessen Aufgaben so anschaulich charakterisiert wurde. Und doch wird auch durch solche Darstellung ein Beitrag geleistet, um den Menschen der Gegenwart richtig in seine Zeit hineinzustellen, in der eben das Wissen um das Schicksal der Toten wiedergewonnen werden muß.

Weitaus deutlicher als bei der Kaschnitz wird uns der Prozeß des Sterbens von Ionesco in seinem Stück *Der König stirbt* vorgeführt, aus eigener Todesnähe in wenigen Wochen niedergeschrieben. Es ist ein Drama, in dem das Absurde Theater antike Größe erreicht und das immer wieder von Jugendlichen mit Leidenschaft gespielt wird. Von G. Büttner und M. Krüger liegen gründliche Darstellungen über dieses Werk vor, auf die hier verwiesen sei.[15] Ähnlich wie im *Endspiel* finden wir in den Personen des Stückes die Seelenkräfte des Menschen dargestellt beziehungsweise seine «Wesensglieder» (R. Steiner). Das menschliche Ich wird durch den König repräsentiert. Daneben tritt *«als höchste Seelenfähigkeit die ‹Bewußtseinsseele›. In unserem Falle entspricht ihr die Königin Margarete, die rechtmäßige und erste Gemahlin des Königs Behringer. Die zweite Seelenfähigkeit, die Steiner schildert, nennt er die ‹Verstandes- oder Gemütsseele›. Der Arzt, als Naturwissenschaftler, verkörpert diese Seelenqualität. Er ist es, der das ganze Stück hindurch die Zerfalls- und Auflösungsvorgänge mit einer gewissen Kaltherzigkeit registriert. Er ist der nüchterne Verstand. Die Kraft der Empfindungsfähigkeit, die ‹Empfindungsseele›, ist durch die Königin Maria anwesend. Sie ist dem Herzen des Königs zu Beginn des Stückes am nächsten, verliert jedoch zunehmend an Bedeutung, denn ihre Kraft reicht nicht aus, das Menschen-Ich bis an die Schwelle zu begleiten. So ist die Seele in ihrer Dreigliederung bildhaft erfaßt.*

Julchen, die als Haushälterin und gleichzeitig als Krankenschwester zu den Dienern gehört, ist stellvertretend für die ätherischen Bilde-kräfte, die Lebenskräfte da. Der Wächter hingegen, der für die Hei-zung zu sorgen hat, was ihm allerdings nicht mehr gelingt, symboli-siert die Kraft des physischen Leibes. Da das Thema des Dramas ‹der Mensch› ist, wird uns diese Deutung nicht willkürlich erscheinen. Es wird uns allenfalls erstaunen – und das mit Recht – wie spirituell-exakt Ionesco den Menschen in seiner Vielfalt erfaßt hat.

Die Bühne als Ganzes, der physische Schauplatz des Sterbens, ist der irdische Leib des Herrschers. Es ist der Thronsaal, in dem der König bis jetzt regiert hat. Wir kennen den Bildausdruck aus dem Märchen, wo der Leib mit seinen Sinnen als das Königsschloß mit den zwölf Fenstern geschildert wird. In der Situation des Königs Behringer ist der Leib im Zerfall begriffen. Risse zeigen sich in den Wänden, und während das Schauspiel abläuft, zerfällt der Thronsaal gänzlich.»[16]

Damit verbunden vollzieht sich aber in mehreren klar gegeneinander abgesetzten Phasen die Herauslösung des Ich aus den Bindungen des Leibes und des Lebens – ein Vorgang, der als «Zeremonie» bezeich-net wird: das Sterben soll eingeübt werden wie in einer Einweihung! Mit dem Verdämmern der verschiedenen Seelenkräfte treten die ent-sprechenden Figuren von der Bühne ab. Am Schluß begleitet nur Königin Margarete als Hierophantin den König. Sie hilft ihm jetzt, wo er nach innen sieht, sich zurechtzufinden.

DER KÖNIG: *«Ich sehe alles. Ich sehe die Gesichter, die Städte und die Wälder. Ich sehe den Raum, ich sehe die Zeit.»* MARGARETE: *«Sieh weiter.»* DER KÖNIG: *«Weiter kann ich nicht mehr.»* (…) MARGARETE: *«Bleib nicht an der Oberfläche. Geh auf den Grund.»* DER KÖNIG: *«Ich habe einen Spiegel in meinem Innern, der alles widerspiegelt. Ich sehe besser und besser. Ich sehe die Welt, ich sehe das Leben, das sich entfernt.»* MARGARETE: *«Sieh über das, was sich spiegelt, hinaus.»* DER KÖNIG: *«Ich sehe mich. Hinter allem bin ich. Überall nur ich. Ich bin die Erde, ich bin der Himmel, ich bin der Wind, ich bin das Feuer. Bin ich in allen Spiegeln oder bin ich wohl von allem der Spiegel?»*[17]

Seine letzten Worte sind voller Staunen und Andacht gegenüber der Welt, in die er nun blicken darf:

«Das Reich aller Reiche... Wer hat je ein solches Reich gekannt! Zwei Sonnen, zwei Monde und zwei Himmelsgewölbe erleuchten es. Noch eine Sonne geht auf, noch eine. Ein dritter Sternhimmel erscheint, schießt hoch und breitet sich aus! Während eine Sonne untergeht, gehen andere auf... Morgenröte und Abenddämmerung zugleich ... Ein Bereich, der größer als alle Meeresbecken ist, größer noch als die Meere, in denen die Meere ertrinken.»[18]

Dann nimmt Margarete ihm allen irdischen Ballast ab, und er durchschreitet unter ihrer Leitung eine letzte Zone dämonisch bedrohender Wesen, um sich dann – als ein Gewandelter und Gereinigter – erneut auf seinen Thron zu setzen. Der König hat im Tode zu seinem höheren Ich zurückgefunden.

Diese Dichtung Ionescos steht in anderer Weise in unserer Gegenwart als die meisten zeitgenössischen Werke, auch als seine übrigen Stücke. «Man kann den bestimmten Eindruck haben, daß er hier von einer nächsthöheren, kontrollierenden Bewußtseinsstufe aus geschrieben hat. Inspirative und intuitive Elemente wirkten bei der Konzeption und Ausführung dieses Stückes in weit höherem Maß mit als in den vorangegangenen.»[19] Ionesco zeigt uns dabei auch, wie das Problem des Todes zugleich mit dem des hoheren Ich zusammenhängt.

Das höhere Ich

Parzival ist diejenige Gestalt in der Gralssage, an der gezeigt wird, wie der Mensch über seine seelische Entwicklung hinaus (Gawan) auch geistige Schritte tun kann, die nicht nur sein Bewußtsein erweitern, sondern ihm auch die Orientierung in der übersinnlichen Welt bringen, so daß er hier handelnd eingreifen kann. Das ist aber nur möglich, weil er den Teil seines Wesens entwickelt hat, der selber in dieser geistigen Welt des Grals beheimatet ist, nämlich sein höheres

Ich. Nur in ihm kann jene Christus-Begegnung stattfinden, die Voraussetzung für das Gralskönigtum eines Menschen ist.

Auch in der modernen Literatur finden wir das Ringen um das höhere Ich. Paul Celan hat in vielen Gedichten den Weg dorthin zu beschreiben versucht. Überraschender mag es sein, wenn wir in Solschenizyns großem Roman *Der erste Kreis der Hölle* auf ein Kapitel stoßen, «Die Burg des heiligen Grals», in dem gezeigt wird, wie Menschen unter dem Druck der sowjetischen Lager zu ihrem höheren Ich geführt werden. – Folgende Situation finden wir vor: Der Physiker Nershin (übersetzt «der Eiserne») gehört zu etlichen inhaftierten Physikern, die an geheimen Projekten arbeiten müssen. Für ihn ist das Lager nicht nur negativ («Wo kann ich den Menschen besser kennenlernen als hier?» oder: «Der eigene Wille ist ein Schatz, aber Teufel bewachen ihn.») Nershin kommt von einem Wiedersehen mit seiner Frau, bei dem er in die Scheidung eingewilligt hat, um die wissenschaftliche Karriere seiner Frau nicht zu gefährden. In seiner Bedrückung sucht er ein Gespräch mit dem gleichfalls verhafteten Maler Kondraschow, das sich bald der Frage zuwendet, ob der Mensch durch die Verhältnisse bestimmt werde, wie es die marxistische Ideologie behauptet, oder ob die Verhältnisse vom Menschen geprägt werden. Letzteres ist die Meinung des Malers.

«Nershin war fest davon überzeugt, daß seine Lebenserfahrung den phantastischen Vorstellungen dieses alterslosen Idealisten überlegen sei. Aber man konnte nicht umhin, seine Einwände zu bewundern:
‹Von Geburt an liegt im Menschen eine gewisse Wesenheit! Das ist sozusagen der Kern des Menschen, sein Ich! Und es ist noch nicht bekannt, wer wen formt: das Leben den Menschen oder die geistige Kraft des Menschen das Leben! Denn ...› – Kondraschow senkte plötzlich die Stimme und neigte sich zu Nershin, der wieder auf dem Holzklotz saß –, ‹... weil er etwas hat, mit dem er sich vergleichen kann. Etwas, zu dem er aufblicken kann. Weil er in sich ein Bild der Vollkommenheit trägt, das in seltenen Augenblicken plötzlich aus ihm hervortritt. Vor sein geistiges Auge.›»

Um zu verdeutlichen, was er meint, zeigt Kondraschow dem erstaunten Nershin ein Bild der Gralsburg, das er gemalt hat, und erklärt:
«‹Diesen Augenblick, den ich hier darstelle, findet man weder bei Wagner noch bei Wolfram von Eschenbach. Aber es ist der Moment,

den ich mir besonders lebhaft vorstelle. Diesen Augenblick kann jeder Mensch erleben, wenn er unerwartet das Bild der Vollkommenheit erblickt ...›»[20]

Die Welt des Grals wird also von Solschenizyn zugleich als die Welt der Vollkommenheit, der Ideale, der Urbilder aufgefaßt, in die der Mensch zeitweise Einblicke haben kann. Jedem Menschen ist demnach die «Gralsburg» zugänglich, wenn sich sein «geistiges Auge» geöffnet hat. Für Nershin ist diese Begegnung wie eine Offenbarung, denn er besitzt bereits die Kraft, aus seinem höheren Ich zu handeln: Als man ihn zwingen will, in gewissenlose Machenschaften einzusteigen, lehnt er ab und nimmt bewußt die verschärften Bedingungen eines Straflagers in Kauf. Die michaelische «Eisenkraft» seines Ich hat ihn bis in sein Alltagshandeln ergriffen.

Bedenkt man Solschenizyns eigene Situation, solange er in der Sowjetunion war, erkennt man, daß er selber in seinem persönlichen Leben diese Mutkräfte aufgebracht hat, ja, schließlich eine politische Großmacht zu Boden zwang, so daß sie ihn ausbürgerte. Gewalt und Unterdrückung, die wie ein Kennzeichen unserer Zeit anmuten, scheinen tatsächlich Fähigkeiten in der menschlichen Seele zu wekken, die in bürgerlicher Geborgenheit nicht wachsen können.

Das bestätigt der Bericht des jugoslawischen Dissidenten Mihailov über *Die mystische Erfahrung der Unfreiheit*[21], der neben eigenen Gefängniserfahrungen die zahllosen Aussagen aus russischen Lagern auswertet. In ihnen werden die seelischen Veränderungen in Situationen äußerster Unfreiheit beschrieben, die selbst bei Menschen eintreten, die eine materialistische Erziehung durchlaufen haben, also nicht in dem Verdacht mystischer Neigungen stehen. Mihailov unterscheidet vier Erfahrungen:

1. Das Lager führt zu intensivstem Leben:

«Wer die genannten Bücher von Solschenizyn, Panin, Schifrin und Terz aufmerksam liest, der stößt immer wieder auf einige paradoxe Aussagen. So sind sich z. B. alle Autoren darüber einig, daß Verhaftung, Gefängnis, Lager, kurz die Unfreiheit die wichtigste und bedeutsamste Erfahrung in ihrem Leben ist, und nicht nur das, sie versichern auch, daß sie unter den Bedingungen der Unfreiheit zwar schlimmste psychische und physische Qualen hatten erdulden müssen, gleichzeitig aber Augenblicke eines so vollkommenen Glücks erlebt

*hätten, wie sie für die Menschen außerhalb der Lagermauern ganz
unvorstellbar seien. Nie zuvor hätten sie Liebe, Haß und Verzweiflung so stark empfunden, nie so interessante und mit den wesentlich-
sten Fragen der menschlichen Existenz ausgefüllte Tage und Nächte
erlebt, nie eine solche Verbundenheit mit dem Kosmos verspürt, als
während ihrer Gefangenschaft. Demnach wäre die Unfreiheit als äußerst konzentriertes, intensives Leben zu definieren, und es ist wahr,
daß in der Gefangenschaft trotz aller Qualen, und zwar nicht nur
nach den Aussagen der hier analysierten Autoren, paradoxerweise
kaum je ein Selbstmord verübt wird.»*[22]

2. Das eigene Leben rettet man nicht durch Verrat an der Seele, sondern durch restlose Hingabe an das Geistig-Seelische und den völligen
Verzicht auf physische Existenz (hierzu werden Beispiele gegeben).

3. Es gibt eine innere Stimme (ein Relais, ein inneres Organ – all
das sind Umschreibungen für das höhere Ich), durch die wir wissen,
daß in die äußere Welt eine innerlich-geistige hereingreift und daß
der Mensch entscheiden kann, unter welcher dieser Ordnungen er
sich stellen will.

4. Die äußeren Verhältnisse verändern sich, wenn man seiner inneren Stimme folgt. Gleichzeitig wächst die körperliche Widerstands-
kraft. Das nennt Mihailov das «mystische Grundgesetz».

All diese Erlebnisse waren so elementar, daß die Lagerinsassen begannen, die innere Stimme durch meditative und religiös-theosophi-
sche Übungen zu stärken.

Obgleich die Situationen in den Lagern, von denen Mihailov ausgeht, außerordentlich extrem sind, muß man sich fragen, ob die dort
gemachten Erfahrungen nicht in ähnlicher Form in vielen Teilen der
Welt auftreten. Denn die Zunahme von Terrorakten und Katastro-
phen in unseren Tagen ist augenfällig. Wenn Menschen aber in diesem Maße an die Grenze ihrer Existenz gedrängt werden, können
sich überall Schwellenerlebnisse der geschilderten Art ereignen. Das
legt die Vermutung nahe, daß der Zeitgeist, dem wir heute unterstellt
sind, die Menschheit als Ganzes an die Schwelle der geistigen Welt
wieder heranführen will, wie es Rudolf Steiner für das zwanzigste
Jahrhundert ja angegeben hat. Diese neuen spirituellen Kräfte kann
die Menschheit heute durch Leiderfahrungen erwerben; es sind aber
die gleichen Kräfte, die in früheren Zeiten einzelne Menschen durch

eine Einweihung gewannen, wenn sie in den Mysterienstätten bewußt darauf vorbereitet waren.

Von diesem Blickpunkt aus sind die zwei Konsequenzen zu beurteilen, die sich für Mihailov aus den geschilderten Lagererfahrungen ergeben und die uns zeigen, welche Forderungen der Zeitgeist an uns stellt und was alles dazugehört, wenn wir die Jugend zu Zeitgenossen erziehen wollen:

Erst das Leid öffne den Menschen für die Welt in seinem Inneren und für das Übersinnliche. Es sei die schlimmste Strafe, ja ein Unglück, wenn dem Menschen die Erfahrung des Leidens zu seinen Lebzeiten verwehrt sei, denn ohne das würde er nicht zu den wirklich wichtigen Dingen im Leben geführt und bliebe ein «Schlafwandler».

«Wenn das so ist – und die hier geschilderten Erfahrungen bestätigen es –, dann müssen die sich daraus ergebenden erstaunlichen Folgerungen das Gesamtgebäude der Wissenschaft, und zwar nicht nur derjenigen vom Menschen und seiner Psyche, sondern auch derjenigen von der gesamten sichtbaren und unsichtbaren Realität erschüttern. Wenn es gleichzeitig zwei Welten gibt, die nicht miteinander verschmolzen, aber auch nicht voneinander zu trennen sind, nämlich die Welt des Fatums und die der Freiheit, wenn der Mensch entweder in der einen oder in der anderen Welt lebt, je nachdem ob er der mit Vernunft oder Wissenschaft nicht zu erklärenden, jedem Menschen gesondert und persönlich eigenen, geheimnisvollen und nicht immer klar vernehmlichen inneren Stimme folgt oder nicht, dann ist jede Wissenschaft sinnlos, die davon ausgeht, daß es nur eine Welt mit ein und denselben für alle gleichermaßen gültigen Gesetze gibt, die gerade durch die Erkenntnis dieser vom Menschen unabhängigen Gesetze zu beherrschen ist.»[23]

Das wissenschaftliche Umdenken, das Mihailov hier für die Gegenwart fordert, besteht darin, daß die Wissenschaft über den Bereich der sichtbaren Welt hinaus auch die geistigen Kräfte erfassen muß, die die physische Welt organisieren. Genau das ist aber das Anliegen Rudolf Steiners, der die Naturwissenschaft zu einer Geisteswissenschaft weitergeführt hat. Fußend auf Goethe, ist inzwischen für viele Forschungsgebiete eine Methode entwickelt worden, die dem Ziel dient, die aus dem Geistig-Lebendigen stammenden Strukturen der physischen Welt aufzuzeigen. Dieser Wissenschaftsgesinnung mehr und mehr Geltung zu verschaffen und damit die übersinnliche Dimension in das menschliche Denken wieder einzugliedern ist eine der wichtigsten Aufgaben, wenn wir Zeitgenossen sein wollen.

Anmerkungen

1 Vgl. hierzu meinen Beitrag «Neue Wege der Völkerkunde und ihre unterrichtliche Auswertung», in: *Erziehungskunst* Heft 10/1977, S. 493ff.

2 Pierre Teilhard de Chardin, *Der Mensch im Kosmos*, München 1959; *Die Schau in die Vergangenheit*, Freiburg 1965; J. Hemleben, *Teilhard de Chardin*, Hamburg 1964 (rororo-Bildmonographie).

3 *Briefe der Nelly Sachs*, Frankfurt am Main 1984, S. 157, 159, 171.

4 Eugène Ionesco, *Tagebuch. Journal en miettes*, Neuwied und Berlin 1968, S. 83f. und 99f.

5 a.a.O., S. 109f.

6 Samuel Beckett, *Spiel ohne Worte 1*, in: *Aus einem aufgegebenen Werk und Kurze Spiele*, Frankfurt am Main 1966, S. 47ff.

7 G. Büttner, *Absurdes Theater und Bewußtseinswandel. Über den seelischen Realismus bei Beckett und Ionesco*, Berlin 1969.

8 Eugène Ionesco, *Fußgänger der Luft*, Neuwied und Berlin 1964, S. 65ff.; vgl. auch Büttner, S. 132ff.

9 Samuel Beckett, *Endspiel*, in: *Spectaculum*, Bd. 2, Frankfurt a. M. 1959, S. 7ff.

10 Büttner, S. 54.

11 Wolfram von Eschenbach, *Parzival*, übertragen von W. Stapel, München 1980, S. 228 (5. Buch, 3. Kap.).

12 Vgl. meinen Beitrag «Die erzieherische Bedeutung der modernen Lyrik».

13 Vgl. die Rezension der Dissertation von G. Büttner in *Erziehungskunst* 1982, H. 7/8, S. 481ff.

14 In: Marie Luise Kaschnitz, *Eisbären*, Frankfurt am Main 1973, S. 160ff.

15 Büttner, S. 102 – 131, und M. Krüger, *Wandlungen des Tragischen. Drama und Initiation*, Stuttgart 1973, S. 168 – 192.

16 Büttner, S. 105f.

17 Eugène Ionesco, *Der König stirbt*, in: *Spectaculum*, Bd. 7, Frankfurt am Main 1964, S. 190f.

18 a.a.O., S. 194.

19 Büttner, S. 129.

20 Alexander Solschenizyn, *Der erste Kreis der Hölle*, Frankfurt am Main 1968, S. 301f.

21 In: Kontinent 3, Frankfurt am Main 1975.

22 a.a.O., S. 344.

23 a.a.O., S. 346.

Die erzieherische Bedeutung der modernen Lyrik im Prozeß des Mündigwerdens

Verlust und Neubeginn der Sprache

Wenn wir uns an die geschilderte menschenkundliche Situation der Achtzehnjährigen erinnern, ihre Offenheit gegenüber dem Transzendenten, ihre Suche nach der «spirituellen Richtigkeit» der Sprache, so kann die Bedeutung der modernen Lyrik für die am Ende ihrer Schulzeit stehenden jungen Menschen nicht hoch genug eingeschätzt werden. In den meisten Texten allerdings, die heute als Gegenwartslyrik angeboten werden, sind eher Materialisierung und Destruktion zu beobachten. Banale Ausdrucksweise, Alltagsinhalte oder politische Proklamationen betrachtet man schon als genügend, um von einem zeitnahen «Gedicht» zu sprechen. Der Sprachzerfall wird oft vom Autor in der eigenen Syntax nachgeahmt, um aufmerksam zu machen auf die Schäden der Zeit. Aber dieses Hinweisen vollzieht sich über den Verstand, oft sogar mit einer gewissen Koketterie, und wirkt durch die zerstörte Form abbauend in unser Unterbewußtes hinein.

Einige wenige bedeutende Lyriker bleiben aber hierbei nicht stehen, sondern erschließen eine neue Sprache, die jenseits der landläufigen Worte liegt. Solche Künstler haben erkannt, daß die eigentliche Wahrheit, die innersten Geheimnisse, mit der herkömmlichen Sprache nicht ausgedrückt werden können, daß man also entweder verstummen oder eine neue Sprache schaffen muß. So schreibt Eugène Ionesco in seinem Tagebuch:

«Ob ich genau oder ungenau formuliere, ob die Metapher richtig oder unangemessen ist, … das ist nicht wichtig; der tiefere Sinn geht in

jedem Fall durch Erklärungen verloren. Das tiefe Erlebnis hat keine Worte ... Ein einziges Wort kann uns den Weg weisen, ein zweites verwirrt uns, ein drittes versetzt uns in panischen Schrecken. Vom vierten an herrscht größte Konfusion. Logos bedeutet auch die Tat; nun ist das Wort zur Lähmung geworden. Was ist ein Wort? Alles das, was nicht mit glühender Intensität erlebt wird.»[1]

Ein einzelnes Wort, indem es Bild wird, kann also mehr bewirken als ein langer Text, weil es unserem Empfinden eine neue Richtung weist. Die abgegriffene Wortmünze kann dagegen nicht ausdrücken, was wir in glühender Intensität erlebt haben.

Innerhalb der deutschen Lyrik sind es vor allem Nelly Sachs und Paul Celan, bei denen der Prozeß des Ringens um eine neue Sprachwelt künstlerische Gestalt gewinnt.

Stellen wir zunächst einige Beobachtungen an den *Späten Gedichten* der Nelly Sachs an![2]

> *Hinter den Lippen*
> *Unsagbares wartet*
> *reißt an den Nabelsträngen*
> *der Worte*
>
> *Märtyrersterben der Buchstaben*
> *in der Urne des Mundes*
> *geistige Himmelfahrt*
> *aus schneidendem Schmerz –*
>
> *Aber der Atem der inneren Rede*
> *durch die Klagemauer der Luft*
> *haucht geheimnisentbundene Beichte*
> *sinkt ins Asyl*
> *der Weltenwunde*
> *noch im Untergang*
> *Gott abgelauscht –*

Wie bei den meisten modernen Gedichten fehlt eine Überschrift; ein programmatisch zusammengefaßter Titel würde eher täuschen als hinführen zu dem, was unsagbar hinter den Lippen wartet. Was sich im Dichter ausdrücken will, ist wie eine Geburt: die Nabelstränge der Worte müssen erst durchschnitten werden, damit die Worte freies Gefäß für einen seelischen Inhalt werden können. Denn unsere Sprachorgane und die Laute sind nicht mehr selbstverständliches Werkzeug; in der «Urne des Mundes» vollziehen sich Opfer und Tod, das «Märtyrersterben der Buchstaben». Das ist für den Dichter ein schmerzhafter Vorgang, der aber zu einer Umwandlung in Geistiges führt («geistige Himmelfahrt aus schneidendem Schmerz»).

Die letzte Strophe spricht davon, was mit der «inneren Rede» geschieht, wenn sie an die Luft wie an eine Klagemauer tritt: sie wird Beichte, aufgenommen wie in einem Asyl zwar und in einer verwundeten Welt, aber doch erfüllt mit erlauschtem Wissen von Gott. Dieses Wissen allerdings ist letzten Endes eben unsagbar.

Vor dem Hintergrund eines Gedichtes von Günter Kunert[3] arbeitete eine Schülerin die neue Dimension bei Nelly Sachs besonders differenziert heraus:

MEINE SPRACHE

1
Ich spreche im Slang aller Tage derer
noch nicht Abend ist
in der verachteten und verbissenen der
Sprache die jedermann entspricht.

2
Diese
von Erstellern entstellte die von Betreuern
veruntreute von Durchführern früh schon
verführte die
mehr zur Lüge taugt denn zur Wahrheit
ach welche
unter der erstarrten Syntax sich regt
wie unter Abfall wie unter Schutt wie
unter Tonnen von Schlacke.

3
Sprache
die mehr scheinen will als sein
aufgebläht
von sang- und klanglosen tingelnden
dinglosen Dingwörtern;
schwabbelnde Gallerte
quillt sie aus den öffentlichen Mündern
und Mündungen tropft von
den Lippen der Liebenden
trieft aus Radios
triumphiert.

4
Nichtssagend und blutleer und kraftlos
ein Kind des Landes finde ich sie
darniederliegend.

5
Und hebe sie auf
und nehme sie an mich: Die beste mir
der nichts besseres hat
und ein Vermögen dem der durch nichts sonst
zu leben vermag
als durch sie.

Schüleraufsatz

«Immer mehr machen sich die Menschen Gedanken über die Verläß-
lichkeit der Sprache. Hier stellen zwei Dichter entgegengesetzte Pole
ihres Bestandes und ihrer Wirkung dar. Ich will versuchen herauszufinden, welche Beziehung beide Darstellungen zueinander haben
und ob beide Aspekte heute noch zusammen existieren können. Um
aber eine Basis zu haben, auf der ich die Gedichte vergleichen kann,
werde ich zunächst jedes einzeln interpretieren.
    Dadurch, daß Nelly Sachs mit den Worten ‹Hinter den Lippen›
anfängt, bezieht sie sich gleich einzig und allein auf den Bereich im
Inneren des Menschen. Zu diesem sind die Lippen die Pforte, und sie

ist geschlossen, die Botschaft muß warten. Sie muß warten, weil sie nicht unwichtig ist, nicht nebensächlich oder beiläufig geäußert werden darf. Sie ist kostbar und darf nicht vertan werden. Durch das Warten auf den richtigen Moment wird sie geläutert, geordnet und konzentriert. Diese Botschaft ist noch in einem Entwicklungsprozeß, denn sie ist ‹unsagbar›, sie besteht nicht aus Worten, sondern die Worte müssen erst geboren werden; die Botschaft drängt zu den Worten, die sie ausdrücken können, denn erst, wenn sie geformt ist, ist sie bereit zu ihrer Mission.

Und die Buchstaben wissen, daß die Worte, die sie bilden, die Botschaft ganz erfüllen müssen. Es ist ein Opfer für sie, daß sie ihre eigene Wichtigkeit, ja eigentlich ihre Persönlichkeit, ganz hingeben für den Sinn des Wortes, daß sie auf ein Eigenleben ganz verzichten und sich eingliedern für ein höheres Ziel. Es ist für sie aber nur ein materielles Sterben. Erst durch den Märtyrertod werden sie frei und können sich erheben zu einer ‹geistigen Himmelfahrt›; ihr Äußeres bleibt ‹in der Urne des Mundes› zurück, an den es gebunden ist.

Man sieht der Botschaft nun mit großer Erwartung entgegen. Aber der Atem (bei diesem ‹aber› tritt eine Wendung ein), der Strom, der sie schließlich hinausträgt, er stößt auf eine Mauer, die sie zur Klage macht. Die Mauer ist die Luft, sie ist überall und macht darum jede Botschaft zur Klage, sie nimmt ihr ihre kristallklare Intention und reduziert jede Botschaft zu einer schwach gehauchten Beichte einer großen Allgemeinschuld. Erst nach der Äußerung erfolgt die volle Erkenntnis des Weltzusammenhangs, des Geheimnisses der menschlichen Entwicklung unter der Obhut Gottes. Das Innere des Menschen hatte sich abgeschirmt gegen die Weltschuld, und der Ausspruch kam aus dem reinen, unbelasteten Innern. Nun auf einmal, durch die Öffnung gegenüber der Welt, erkennt der Mensch die äußeren Tatsachen und Zusammenhänge. Mit belastender Einsicht kann die Botschaft nicht mehr einen geraden, strahlenartigen Weg gehen, sondern muß, gebeugt in die ‹Weltenwunde›, in fremde, aber verstehende Regionen sinken, wo man das Leid erkennt und sie mit offenen Armen empfängt. Der einzelne muß sich einordnen in das Weltgeschehen, er darf sich nicht mehr verschließen, denn sein Bewußtsein orientiert sich nicht mehr nur an ihm selbst.

Nelly Sachs stellt mit der Geburt einer Botschaft die Geburt für das

Bewußtsein, für das Sein dar. Diese wird gesprochen, und ihr Gehalt ist das Geheimnis der Erkenntnis, die von Gott gegeben ist und die durch das Aussprechen offenbar wird. Bei Nelly Sachs ist die klare Botschaft zum Untergang verurteilt, sie kann nicht zur Wirkung kommen, da die Zuhörer nicht bereit zum Empfang sind; sie sind durch Schuld und Schmerz verschlossen, weggebeugt, da sie die Wahrheit nicht vertragen könnten.

Dieser Zustand hat sich immer mehr verschlimmert. In Kunerts *Meine Sprache* wird beschrieben, wie der Mensch schon so leer ist, daß er nicht mehr fähig zu einer Botschaft ist. Er spricht nur noch, um die Leere zu rechtfertigen oder zu verbergen. In der Sprache, die Kunert beschreibt, haben die Buchstaben nicht den Märtyrertod begangen, sondern die Sprache ist nur noch ein reines Gefasel mit dem Mund.

In der ersten Strophe beschreibt er unsere Zeit. Er spricht von Tagen ohne Abend; man steckt noch ganz im bunten, oberflächlichen Wirbel des (All-)Tags; der Abend, die Zeit der Besinnung, der Verinnerlichung, der Ruhe und des Überblicks über die eigene Situation ist noch nicht gekommen. Er sagt, daß die Sprache die Depression und Verbitterung widerspiegelt, die aus der allgemeinen Situation heraus entstanden ist, und daß sie von dieser geformt wurde.

In der zweiten Strophe zeigt Kunert uns, daß die Sprache ein Schatz war, der den Menschen anvertraut wurde. Das Vertrauen wurde aber mißbraucht, die Sprache mißhandelt und so verformt, daß nichts mehr von ihrer ursprünglichen Bestimmung übrigblieb. Denn sie sollte die Wahrheit verkünden und kann es nicht mehr. Sie ist zugeschüttet von all dem Abfall, der aus den Menschenherzen quillt. Sie ist in einen oberflächlichen, steifen Satzbau gezwängt, der unliebsame Tatsachen verbergen soll wie ein Korsett und der ihr keine Freiheit mehr läßt. Da sie leer ist, muß sie aufgebauscht werden, muß schillern, um etwas zu scheinen. Die Sprache, ohne das Rückgrat der Wahrheit, kann nur noch umherwabbern, und sogar die Schwüre der Liebenden können ihr keine Kraft geben. Die Sprache selbst «triumphiert», sie hat alle Ehrfurcht vor sich selbst verloren. Alle ihre Hoffnung, die sie in die Menschen gesetzt hatte, von denen sie abhängig ist, ist dahin, und sie kann nichts mehr tun, außer aus Rache wenigstens noch den Triumph über die Schwäche des Menschen auszukosten.

Bis dahin ist das Gedicht eine Klage, aber jetzt wendet sich der Bogen nach oben. Der Autor erzählt, wie er die Sprache aufhebt, so wie sie ist. Er wendet sich ihr, einer Nichtswürdig-Gemachten, zu, er schenkt ihr Vertrauen, da er weiß, was sie ursprünglich war. Dieses ist eine liebevolle, zuversichtliche Geste. Man weiß, er wird sie gut pflegen und versuchen wiedergutzumachen. Denn er hat erkannt, daß dies die einzige Möglichkeit ist zu leben. Ohne sie ist für ihn kein Leben möglich, denn nur sie schafft sowohl die lebensnotwendige Gemeinschaft als auch die innere Klarheit.

Nelly Sachs stellt die Urbedeutung der Sprache dar, als Urbedeutung der Gott abgelauschten inneren Wahrheit, und sie schildert, wie die Entwicklung der Sprache durch die Schuld der Menschen zum Untergang verdammt ist. Sie geht also vom Idealzustand aus und beschreibt eine Neigung nach unten. Aber bei ihr ist es keine Klage, sie sieht es als Schicksal an. Der Pessimismus, der einen ergreifen könnte, wird verhindert, indem sie noch in der letzten Zeile auf Gott hinweist, auf den selbst beim Untergang der Blick des Menschen gerichtet sein kann. Da Gott trotz allem wacht, kann es kein Untergang für immer sein.

Der tiefste Punkt des Schicksalstals der Sprache – und somit des Menschen – wird im zweiten Gedicht dargestellt und wie die Tendenz nach oben durch zuversichtliche Eigeninitiative wieder anfangen wird. Von diesem Aspekt aus läßt sich ein direkter Zusammenhang zwischen beiden Gedichten sehen. Aus dem Weg zur heutigen Situation und der neu gefundenen Richtung läßt sich der anzustrebende Idealzustand erahnen. Nur kann dieser nicht in Worte gefaßt werden.

Nelly Sachs faßt (ähnlich wie Paul Celan) die Worte, von denen jedes wichtig und inhaltsschwer ist, vorsichtig in Wortgruppen zusammen. Sie löst die Starre des grammatikalisch in sich stimmenden Satzes, die Kunert so beklagt, in Bilder auf, von denen jedes seine eigene Bedeutung hat. Die Bilder gehören zwar zusammen, aber ihre Verbindung ist nur im Sinn und soll nicht äußerlich gewaltsam geschaffen werden. Im Gedicht *Meine Sprache* von Günter Kunert demonstriert der Dichter selbst, was er so beklagt. Es sind viele nebensächliche Worte dabei, um die Regeln des Satzbaues zu erfüllen. Dadurch, daß er oft an unsinnigen Stellen mitten im langen Satz stockt, halt macht, als ob er nach Worten suche, hat man das Gefühl, er quäle sich hindurch wie durch ein Labyrinth von grammatikalischen Regeln, ängstlich bestrebt, keinen Fehltritt zu tun. Auch kann es scheinen, als wäre das Gedicht in einer Art von Schluchzern hervorgebracht. Auch die Gliederung der Strophen unterstützt diese Form. Während bei Nelly Sachs die Stufen der Entwicklung klar gezeigt werden, indem jeder Abschnitt einen neuen Zustand schildert, wäre bei Kunert nur einmal Grund zu einem Absatz, nämlich zwischen der Beschreibung der Sprache und seinem eigenen Handeln. Wieder sind die Abschnitte nur Pausen, ein Ausruhen und Besinnen, bis er sich wieder hineinwagt.

Immer wieder finde ich in der Literatur Parallelen zu der Entwicklungstheorie der Menschheit von Kleist (*Über das Marionettentheater*). Er beschreibt eine Kurve, die ihren Beginn im Paradies hat. Durch eine Erkenntnis erlangt der Mensch ein endliches Bewußtsein, das ihn auf einen unendlich langen Weg schickt, bis er durch eine abermalige Erkenntnis das unendliche Bewußtsein erlangt und wieder das Paradies betreten kann. Teile dieser Kurve werden auch von diesen beiden Dichtern beschrieben und anhand der Sprache demonstriert und begründet. Nelly Sachs stellt den Austritt aus dem Paradies dar, während Kunert den Wendepunkt auf dem unendlich langen Weg konkretisiert, der uns wieder in die Unendlichkeit zurückkehren läßt. Dieser Untergang der Menschheit, den sie beschreiben, ist also nötig, um das vollkommene Bewußtsein zu erreichen, das uns den Eintritt in das ‹Paradies› ermöglicht.

Das sind große Theorien, und wer sie vertritt, läuft Gefahr, als weltfremd oder unrealistisch zu gelten. Um dieses zu vermeiden, muß man Konsequenzen aus diesen Theorien ziehen. Man muß versuchen, ihnen gemäß zu leben. Und das ist schwerer, als man denkt.»

Das schmerzvolle Bemühen, die drängende Sehnsucht nach einer dem Übersinnlichen angemessenen Sprache klingt auch in einem anderen Gedicht der Nelly Sachs an, wenn es dort heißt:[4]

> *und von den Seufzerbrücken unserer Sprache*
> *hören wir das heimliche Rauschen der Tiefe –*

Härter wird das Unzureichende unserer Gegenwartssprache in einem anderen Gedicht der Nelly Sachs ausgedrückt:[5]

Aber hier
immer nur Buchstaben
die ritzen das Auge
sind aber lange schon
unnütze Weisheitszähne geworden
Reste eines entschlummerten Zeitalters.

Andererseits ist die Dichterin von Zuversicht getragen, daß das endlose Bemühen der Menschheit, Geistig-Seelisches in einen Sprachleib zu prägen, doch etwas Bleibendes ist. Das kommt in den Anfangsversen folgenden Gedichts zum Ausdruck:

Aber vielleicht
haben wir
vor Irrtum Rauchende
doch ein wanderndes Weltall geschaffen
mit der Sprache des Atems? ...

Allerdings ist ein ungeheures Ringen notwendig, um die neue Sprache zu gewinnen; wir müssen

mit Zähnen abbeißen
der Worte Sterngeäder ...

heißt es weiter unten.[6]

Die Sprache der Nelly Sachs hat einen eigenen Charakter. Die einzelnen Worte sind uns geläufig, doch die Dichterin benutzt viele ungewöhnliche Wortverbindungen, die sonst nicht vorkommen. Dadurch gewinnen sie Bildcharakter, werden zur Metapher, die eine neue Bedeutung erhält und unser Empfinden wachruft, in innere Bewegung versetzt. Was meinen Wendungen wie: «wir vor Irrtum Rauchende», «Die Fanfare des Anfangs geblasen», «Geburtenknospe des Embryos», «ein wanderndes Weltall geschaffen mit der Sprache des Atems»?

Pulsierendes Leben weht durch diese Sprache, die die Bereiche der Natur und des Kosmos gleichermaßen umgreift. Bewegung teilt sich uns mit, wir werden aus der abstrakten Zeichenwelt der Sprache hinausgeführt in ein uns unbekanntes Erfahrungsgebiet.

Wenn Paul Celan an der Sprachgrenze rüttelt, erklingen härtere Töne. Statt Metaphern treffen wir auf Chiffren, die wir oft nur

mühsam enträtseln können. Willensenergie und Gedankenarbeit
werden uns abverlangt.

> SEELENBLIND, *hinter den Aschen,*
> *im heilig-sinnlosen Wort,*
> *kommt der Entreimte geschritten,*
> *den Hirnmantel leicht um die Schultern,*
>
> *den Gehörgang beschallt*
> *mit vernetzten Vokalen,*
> *baut er den Sehpurpur ab,*
> *baut ihn auf.*[7]

Hier wird man inhaltlich nicht jede Wortprägung restlos entschlüsseln können. Aber es baut sich ein mythisches Bild vor uns
auf, dessen Grundcharakter wir doch verstehen: Eine Gestalt tritt
auf uns zu, der «Entreimte», ein Wesen, aufgebaut aus Sprache (so
scheint es), das einst mit der poetischen Harmonie des Reims um-
kleidet war, jetzt aber einen Mantel aus Gedanklichkeit um die
Schulter geworfen hat. Blind ist diese Gestalt, aber mit einem Gehör ausgestattet, in das die Vokale hineinklingen, undeutlich miteinander vermischt wie in einem Netz. Aus einer eingeäscherten Welt
stammt dieses Wesen und baut die alte Sehfähigkeit ab («baut er den
Sehpurpur ab»); alles scheint dem Tod verfallen. Plötzlich aber in
der letzten Zeile des Gedichts eine knappe Wendung ins Positive:
«baut ihn auf» – der Aufbruch ins Neuland!

Ganz knapp und näher unserer eigenen Erfahrung ist das kurze
Gedicht:[8]

> MIT DEN SACKGASSEN *sprechen*
> *vom Gegenüber,*
> *von seiner*
> *expatriierten*
> *Bedeutung – :*
> *dieses*
> *Brot kauen, mit*
> *Schreibzähnen.*

Die Auseinandersetzung mit der Ausweglosigkeit des Daseins, dessen Bedeutung verlorengegangen, das heimatlos geworden ist, ist
unsere eigentliche Aufgabe. Unerbittlich die Aufforderung Celans

dazu: Wir müssen dies durchstehen («dieses Brot kauen») – vor allem als Schriftsteller!

Celans Gedichte zum Sprachverfall wachsen nicht aus einer augenblicklichen Stimmung, werden nicht aus dem Gefühl geboren, sondern stammen aus einer klaren Überschau über die Geistesentwicklung, verbunden mit ganz existentiellen Erfahrungen. Wir stellen ein Gedicht von ihm[9] zu einer Darstellung Rudolf Steiners über die Sprachentwicklung:

> WOHIN MIR das Wort, das unsterblich war, fiel:
> in die Himmelsschlucht hinter der Stirn,
> dahin geht, geleitet von Speichel und Müll,
> der Siebenstern, der mit mir lebt.
>
> Im Nachthaus die Reime, der Atem im Kot,
> das Auge ein Bilderknecht –
> Und dennoch: ein aufrechtes Schweigen, ein Stein,
> der die Teufelsstiege umgeht.

Eine Ur-Tatsache wird vor uns hingestellt: Das göttliche Wort ist in das menschliche Haupt hinabgestürzt. Doch das ist nicht allein ein negativer Vorgang, denn «Himmelsschlucht» wird der neue Sitz der Sprache genannt. Obgleich von «Speichel und Müll» umgeben, lebt unantastbar ein Höheres im Menschen, sein «Siebenstern», sein Ich. Und auch in diesem Gedicht ein «Dennoch» innerhalb des Niedergangs: eine Kraft, hart wie ein Stein, die aus einem «aufrechten Schweigen» wächst, durch die wir das teuflische Verhängnis der Gegenwart umgehen können.

Sehen wir solche Aussagen Celans einmal auf dem Hintergrund dessen, was Rudolf Steiner schildert:

«Unsere Sprache zeigt nicht mehr dasjenige, was sie einmal war, als die Menschen sich in den Tierkreis versetzt fühlten und in der Empfindung der Tierkreisbilder die zwölf Konsonanten, in dem Bewegen der Planeten an den Fixsternbildern vorbei die Vokale sich einverleibten. Und wenn sie nicht ausdrücken wollten, was sie auf der Erde erlebten, sondern wenn sie durch die Sprache dasjenige ausdrücken wollten, was die Seele erlebte, welche sich von der Erde in den Kosmos hinaus entrückt fühlte, dann wurde die Sprache zu dem, was in

der alten Zeit die Dichtung war. Dann entstand im Menschen durch die Sprache das Abbild dessen, was er in Seelengemeinschaft mit dem Geistkosmos erlebte. Aus diesem Erleben der Seelengemeinschaft mit dem Geistkosmos ist eigentlich alle alte Dichtung entstanden ...

Was ist der Dichtung in der Gegenwart noch von jenen uralten Zeiten geblieben? Die Dichtung würde nicht mehr Dichtung sein – und in unserer Zeit ist ja viele Dichtung nicht mehr Dichtung –, wenn ihr nicht doch etwas von jenem gemeinsamen Leben des irdischen Menschen mit dem Kosmos verbliebe. Das, was ihr geblieben ist, ist das Hinausgehen über die Prosabedeutung des Wortes in den Rhythmus, in den Reim, in die Imagination, in die Gestaltung des Sprachlichen, die wir immer hinter der Prosabedeutung des Wortes suchen müssen. Denn eigentlich ist nur das eine wahre Dichtung, das nicht aus dem besteht, was in Worte abgefaßt ist ... Da wird auf etwas verwiesen, was in dem Prosawortlaut nicht enthalten ist, auf einen Hintergrund, der bei jeder wahren Dichtung geahnt, erraten werden muß, nicht verstanden werden kann, denn man versteht, was in dem Prosagehalt der Worte liegt. Daß die Dichtung etwas hat, was nicht in den Worten liegt, wozu die Worte gewissermaßen nur das Mittel sind, daß die Dichtung einen Stimmungshintergrund, einen Hintergrund hat, der gewissermaßen ein Nachklang der Weltenharmonie und der Weltenmelodie ist und der Weltenimagination, das macht auch heute die Dichtung noch zur Dichtung.»[10]

Thema: Schlaf

Während in den bisher betrachteten Gedichten das Ringen um eine neue Sprache der eigentliche Inhalt ist, treten im folgenden einige charakteristische Themen auf, die in eine neue Dimension hineinführen: in die hinter dem Sichtbaren wirkenden Bereiche und Kräfte. Es ist, als begännen die Dichter eine Erfahrungsgrenze zu überschreiten, mindestens zu ahnen, daß hinter der uns vertrauten Wirklichkeit noch andere Wirklichkeiten vorhanden sind. Nimmt man die Darstellungen Steiners ernst und läßt man bestimmte sehr alte Sprachdenkmäler auf sich wirken, so kann man von einer Wiedergewinnung der übersinnlichen Dimension durch die moderne Dichtung sprechen. Der Schlaf, die Toten, das Göttliche und die Situation des Aufbruchs sind Themen, die im modernen Gedicht in dieser Richtung neu erlebt werden. Wir wollen einiges davon kennenlernen. Zunächst führt unsere Betrachtung zu Nelly Sachs zurück.[11]

So weit ins Freie gebettet
im Schlaf
Landsflüchtig
mit dem schweren Gepäck der Liebe.

Eine Schmetterlingszone der Träume
wie einen Sonnenschirm
der Wahrheit vorgehalten.

Nacht
Nacht
Schlafgewand Leib
streckt seine Leere
während der Raum davonwächst
vom Staub ohne Gesang.

Meer
mit weissagenden Gischtzungen
rollt
über das Todeslaken
bis Sonne wieder sät
den Strahlenschmerz der Sekunde.

Im Schlaf vollzieht sich also ein Befreiungsvorgang; die Seele, während des Wachens an den Körper gefesselt, flüchtet nachts aus ihrem Tages-«Land» und trägt als Gepäck all das mit, was sie durch ihre Liebe zum Leben an Erfahrungen gewonnen hat.

Das Gebiet, in das sie dann eintritt, kann man durchaus als das Reich der Wahrheit bezeichnen; wir erleben es im Tiefschlaf, ohne daß wir uns daran erinnern. Die Träume gaukeln in einer Zwischenzone schmetterlingsgleich um uns herum und schirmen uns vor den unbewußten Erlebnissen ab, die unsere Seele während der Nacht hat und die sie mit dem Tagesbewußtsein nicht ertragen könnte: sie würden sie blenden wie der Blick in die Sonne.

So offenbart uns die Nacht unser Wesen tiefer als der Tag: unser Körper ist nur ein Gewand, das während des Schlafes leer daliegt. Die

Seele aber hat das Gefühl eines immer weiter sich dehnenden Raumes.

Aus dem Zustand des Tiefschlafs steigt für Nelly Sachs die Imagination eines gischt-schäumenden Meeres auf: eine Welt weisheitsvoller Lebendigkeit ist es, in der sich die Seele hier aufhält; von dort blickt sie auf die materielle Erde hinunter wie auf ein Todeslaken. Der Moment des morgendlichen Aufwachens aber ersteht vor uns in dem großartigen Bild: *bis Sonne wieder sät / den Strahlenschmerz der Sekunde.*

Was uns am Tag auferlegt wird, ist Saat aus dem Kosmos unter der einengenden Bedingung der Zeitlichkeit; das Erlebnis der Sekunde, der kleinsten Zeiteinheit, bringt für die aus dem Meer der Ewigkeit heraustretende Seele höchsten Schmerz.

Der Schlaf wird von Nelly Sachs also nicht einfach als ein Zustand der Bewußtlosigkeit, Dumpfheit oder Erfrischung geschildert, wie man ihn sich vielleicht landläufig vorstellt. Die Dichterin gibt uns – auch in anderen Gedichten – künstlerische Wahrbilder von Vorgängen, die Rudolf Steiner aus seiner Forschung in klaren Begriffen dargestellt hat.

Thema: Die Toten

Schon
mit der Mähne des Haares
Fernen entzündend
schon
mit den ausgesetzten
den Fingerspitzen
den Zehen
im Offenen pirschenden
das Weite suchend –

Der Ozeane Salzruf
an der Uferlinie des Leibes

Gräber
verstoßen in Vergessenheit
wenn auch Heilkraut für Atemwunden –

An unseren Hautgrenzen
tastend die Toten
im Schauer der Geburten
Auferstehung feiernd

Wortlos gerufen
schifft sich Göttliches ein –

Es ist ein Bild des Menschen, das Nelly Sachs im vorstehenden Gedicht[12] entwirft. Aber es ist der Mensch nicht in seiner physischen Gestalt, sondern durchpulst und umspült von übersinnlichen Strömungen. Der eine Strom geht vom Menschen in den Umkreis über sein Haupthaar und seine Gliedmaßen; sie strecken sich einer offenen Ferne entgegen, bringen Lichterscheinungen mit sich («Fernen entzündend»). Es ist eine keimhafte, in die Zukunft weisende Bewegung – das zweimalige, einzeln stehende «schon» und die durch die Partizipien wie schwebend gehaltenen Verben deuten darauf hin. Der andere Strom dringt von außen an den Menschen heran («Der Ozeane Salzruf an der Uferlinie des Leibes»). Es ist wie der Anruf aus einer belebenden Welt kosmischer Kräftewirksamkeiten. Beide Strömungen begegnen sich an unseren Körpergrenzen.

Dann, plötzlich, scheinbar ein neues Thema: Wie gehen wir mit dem Tod um? Am liebsten möchten wir ihn vergessen, obgleich gerade die Beschäftigung mit ihm heilend für unseren ganzen Daseinsrhythmus wäre. Die Erkenntnis der kranken Welt, der «Atemwunden» und auch der verletzten Sprache sind Voraussetzung für eine Weiterentwicklung der Menschheit. In diesen Erneuerungsprozeß sind wir unbewußt eingebunden, denn die Seelen der Verstorbenen befinden sich nicht in einem fernen Jenseits, sondern sind um uns, tasten «an unseren Hautgrenzen» und warten auf ihre Wiedergeburt («Im Schauer der Geburten Auferstehung feiernd»). Vorsichtig deutet Nelly Sachs an, daß jede Geburt auf einen wortlosen «Ruf» zurückgeht – ob aus dem Reich der Menschen oder aus einer höheren Schicksalswelt, bleibt offen. Mit jedem Kind, das geboren wird, tritt jedoch göttliche Substanz in das Erdenleben ein, denn mit dem Ich verkörpert sich der ewige Wesenskern des Menschen. Bezeichnend, daß erst dieser letzte Satz des

Gedichtes, der von diesem göttlich-geistigen Einströmen spricht («Wortlos gerufen schifft sich Göttliches ein»), grammatisch voll ausgebildet ist; alles vorige bleibt wie durchlässig für eine höhere Dimension.

Nelly Sachs stößt hier zu einer Anschauung vor, die mit konkreten übersinnlichen Vorgängen rechnet. Denn ihre eigenen Erfahrungen mit Verstorbenen haben ihr gezeigt, daß es diese Welt gibt.

Thema: Die Götter

Der Weg zu den Göttern wird nicht nur von den Toten beschritten, sondern nach altem Wissen kann auch der Lebende – nach entsprechender Vorbereitung – in dieses Reich eintreten. Man spricht dann von Einweihung, Initiation. Wolfram von Eschenbach läßt seinen Parzival einen solchen Weg gehen, und Rudolf Steiner beschreibt für unser Jahrhundert in wissenschaftlicher Art die Methode, wie die menschlichen Erkenntnisfähigkeiten gesteigert werden können.

In der modernen Lyrik tritt uns das Thema der Initiation in dem gleichnamigen Gedicht des Portugiesen Fernando Pessoa entgegen,[13] das bezeichnenderweise Paul Celan übersetzt hat. Der Vorgang wird hier nicht in Metaphern, sondern ganz unmittelbar beschrieben, und die Form des Gedichts bricht – anders als bei den bisher betrachteten – noch nicht mit der herkömmlichen Tradition.

INITIATION

Zypressen – du schläfst nicht darunter,
nirgends ist Schlaf in der Welt.
Dein Leib, ein Gewänderschatten,
der dein Wesen verborgen hält.
Die Nacht, der Tod rückt dir näher.
Der Schatten schrumpft, eh er ist.
Du bist nun eins mit dir selber,
wenn du das Dunkel durchmißt.

Düster der Krug, wo du einkehrst:
die Engel entblößen dich dort.
Kein Mantel die Schulter zu decken,
so setzt du die Wanderung fort.
Erzengel lauern am Wegrand,
das letzte gibst du nun her.
Nun bist du der restlos Entblößte,
du hast deinen Leib, du bist er.
Zuletzt in der Tiefe der Höhle:
die Götter – sie raffen, was bleibt;
sie sind, du weißt, deinesgleichen.
Hinweg, äußre Seele, dein Leib!
Gefügt ward, daß deiner Gewänder
Schatten unter uns ruht.
Nicht tot bist du unter Zypressen:
Neuling, es gibt keinen Tod!

Wir finden in diesem Gedicht bekannte Motive wieder: der Leib als Gewand der Seele, die Verwandtschaft von Nacht und Schlaf mit dem Tod. Die Seele des Einzuweihenden macht ähnliche Erfahrungen bewußt durch, wie sie der Schlafende und der Verstorbene ohne ihr Wissen durchleben. Sie begegnet göttlichen Wesen, die in der christlichen Überlieferung Hierarchien genannt werden. Ihnen muß der Einzuweihende seine seelischen Hüllen nach und nach zurücklassen, bis sein «Ich-Leib», sein Wesenskern, entblößt ist und dessen «Essenz» zum Vorschein kommt. Engel und Erzengel sind für ihn zu Vertrauten, zu seinesgleichen geworden, die die Frucht seiner Erdenerfahrungen (seine «Gewänder») bewahren. Der Zustand aber, in den die Seele jetzt eintritt, ist kein Tod, sondern ein höheres Leben. «Neuling!» ertönt ihr als Anruf am Ende des Weges entgegen, und Pessoa verwendet damit die alte Mysterienbezeichnung für den Einzuweihenden: Neophyt. Man sieht, daß es ihm um eine exakte Darstellung des Initiationsweges geht.

Zu einer einzigen Metapher wird die Welt der Götter in Celans Gedicht *Die Krüge* (1949).[14] Hier ist alles entsinnlicht, wir müssen uns in einen neuen Mythos einleben:

DIE KRÜGE

An den langen Tischen der Zeit
zechen die Krüge Gottes.
Sie trinken die Augen der Sehenden leer und die Augen der
Blinden,
die Herzen der waltenden Schatten,
die hohle Wange des Abends.
Sie sind die gewaltigsten Zecher:
sie führen das Leere zum Mund wie das Volle
und schäumen nicht über wie du oder ich.

Wir stehen in der Welt jenseits der äußeren Wirklichkeit und schauen die Wesen, die dort wirken. Was Pessoa noch als Engel auffaßt, wird hier im Bild der Krüge erlebt, als Wesen, die die menschlichen Taten und Verfehlungen in sich aufnehmen wie Nahrung. Erinnerungen an älteste religiöse Überlieferungen der Sumerer oder Ägypter tauchen vor uns auf. Diese «Krüge» sind niedere göttliche Wesen, die selber noch im Dienste eines Höheren stehen. Unendliche Ruhe und Gelassenheit strömt von ihnen aus. Für den Dichter ist Gewißheit, daß sein Leben von dieser Welt getragen wird.

Neun Jahre später, 1958, ist er sich dessen nicht mehr so sicher. Damit beginnt die zweite Hälfte seines Schaffens, in der er sich in einem unermüdlichen Aufbruch auf diese Welt zubewegt.

OBEN, GERÄUSCHLOS, die
Fahrenden: Geier und Stern.

Unten, nach allem, wir,
zehn an der Zahl, das Sandvolk! Die Zeit,
wie denn auch nicht, sie hat
auch für uns eine Stunde, hier,
in der Sandstadt.

(Erzähl von den Brunnen, erzähl
von Brunnenkranz, Brunnenrad, von
Brunnenstuben – erzähl.

Zähl und erzähl, die Uhr,
auch diese, läuft ab.

Wasser: welch
ein Wort. Wir verstehen dich, Leben.)

Der Fremde, ungebeten, woher,
der Gast.
Sein triefendes Kleid.
Sein triefendes Auge.

(Erzähl uns von Brunnen, von –
Zähl und erzähl.
Wasser: welch
ein Wort.)

Sein Kleid-und-Auge, er steht,
wie wir, voller Nacht, er bekundet
Einsicht, er zählt jetzt,
wie wir, bis zehn
und nicht weiter.

Oben, die
Fahrenden
bleiben
unhörbar.[15]

Die Dualität von oben und unten beherrscht diese Aussage: oben die Welt der «Fahrenden», der Götter, die Verderben bringen und Richtung weisen können («Geier und Stern») – unten die Welt der Menschen, des Sandvolkes, der Zahl, der Begrenzung. Und dennoch ist uns eine Stunde ausgespart, in der wir uns aus der «Sandstadt» emporschwingen können! Was hier an Sehnsüchten im Menschen lebt, erfahren wir aus den in Klammern gesetzten, wiederholten Bitten: «Erzähl von den Brunnen...», die alle um das Belebende, das Wasser, kreisen. In der Verkürzung wird dieses Bitten zu einem Flehen, schließlich zu einem bekräftigenden Ausruf über das «Wasser des Lebens».

In dem Bereich des Unten, des Sandvolkes, können jedoch Einbrüche aus der Welt des Wassers stattfinden. Unerwartet und ungebeten steht plötzlich ein Fremder unter den Menschen: Er trägt das Zeichen des Wassers an sich. Er wird aufgefordert, vom Wasser zu künden. Aber merkwürdig: eingetreten in die Sandstadt, verliert er sein

Wissen. Er wird gefangen von der Welt der Dezimalzahl, des mathematisch-physikalisch Erfaßbaren; Nacht umfängt ihn, er besitzt nur noch Einsicht in das Diesseits. Die Welt der «Fahrenden» und des «Wassers» ist nicht verkündbar! Aber sie existiert, wenn auch «unhörbar» – ein tragischer Zug weht uns an.

Thema: Aufbruch

Der Weg zu den Göttern, der früher durch die Einweihung geöffnet wurde, kann heute durch schwerstes Leid erfahren werden. Äußere Vertreibung, wie sie Nelly Sachs, Lageraufenthalt, wie ihn Celan an seinen Eltern erlebt hat, sind solche existentiellen Grenzsituationen. Auch das gesamte Werk Solschenizyns zeugt davon.

Aber auch in der sogenannten Freiheit kann die innere Verbannung erlebt werden und zu einer bedingungslosen Bejahung der darin liegenden Aufgabe führen, weil man weiß: Neuland muß gewonnen werden!

Hiervon spricht Ingeborg Bachmann in ihrem Gedicht *Landnahme*:[16]

Ins Weideland kam ich,
als es schon Nacht war,
in den Wiesen die Narben witternd
und den Wind, eh er sich regte.
Die Liebe graste nicht mehr,
die Glocken waren verhallt
und die Büschel verhärmt.

Ein Horn stak im Land,
vom Leittier verrannt,
ins Dunkel gerammt.

Aus der Erde zog ich's,
zum Himmel hob ich's,
mit ganzer Kraft.

Um dieses Land mit Klängen
ganz zu erfüllen,
stieß ich ins Horn,
willens, im kommenden Wind
und unter den wehenden Halmen
jeder Herkunft zu leben!

Der Umkreis des Menschen der Gegenwart mutet wie ein nächtliches Weideland an, aus dem sich alles Lebendige zurückgezogen hat (Liebe, Glockenklang, saftiges Gras). Allein für den empfindsamen Menschen, für die Dichterin, ist die Witterung von etwas Kommendem, Neuem spürbar. Sinnbild für diese richtungweisende Kraft: das Horn. Das «Leittier», das mit seiner Herde bislang das Weideland durchzog, hat das Horn verloren, «ver-rannt»: die Traditionen haben keine Zukunft mehr. Aber der einzelne Mensch kann diese Kraft ergreifen, kann sie – ganz aus seinem Ich heraus – «zum Himmel heben» und in seiner Umwelt, dem «Land», neue Töne anschlagen, kann hier umgestaltend wirken. Der Schluß des Gedichtes ist wie ein jubelndes Versprechen, wie ein Bekenntnis, daß die Dichterin gegen alle denkbaren Widerstände ihrem Ziel treu bleiben wird, wenn sie von sich sagt, sie sei «willens, im kommenden Wind und unter den wehenden Halmen jeder Herkunft zu leben».

Den Willen zum Aufbruch in eine neue Daseinsform finden wir auch bei Nelly Sachs, aber bei ihr hat der Mensch sozusagen kosmische Bundesgenossen. Davon spricht beispielsweise ihr Gedicht *Und überall der Mensch in der Sonne*[17], das wir schon einmal herangezogen haben; es sei hier im ganzen betrachtet:

Und überall
der Mensch in der Sonne
den schwarzen Aderlaß Schuld
werfend in den Sand –
und nur im Schlaf
den tränenlosen Versteck
mit dem lodernden Pfeil des Heimwehs
fahrend aus dem Köcher der Haut –

Aber hier
immer nur Buchstaben
die ritzen das Auge
sind aber lange schon
unnütze Weisheitszähne geworden
Reste eines entschlummerten Zeitalters.

Jetzt aber
der Wettercherub
knotet
das Vier-Winde-Tuch
nicht um Erdbeeren zu sammeln
in den Wäldern der Sprache
sondern
die Trompete veränderlich anzublasen
im Dunkel

denn nicht kann Sicherheit sein
im fliegenden Staub
und nur das Kopftuch aus Wind
eine bewegliche Krone
zeigt noch züngelnd
mit Unruhgestirnen geschmückt
den Lauf der Welt an –

Von der Ursituation des Menschen geht das Gedicht aus: Der Mensch steht da, in gleißendes Licht getaucht, unverborgen, für alle sichtbar. Schuld gehört wie sein Schatten zu ihm; aber sie zehrt an seinen Kräften (der Aderlaß, der ihm aber auch Gesundung bringen kann). Das Diesseits ist für den Menschen schmerzhaft-fremd. In seine eigentliche Heimat kann er nur im Schlaf zurückkehren, von loderndem Heimweh getrieben.

In unsere abgestorbene Gesellschaft, die von totem Buchstaben-wissen beherrscht wird, tritt aber ein apokalyptisches Wesen ein, der Wettercherub, der von allen Seiten «frischen Wind» heranholt (er «knotet das Vier-Winde-Tuch»). Die Zeit der süßen Früchte ist vorbei, jetzt schallt die Posaune der Veränderung in das finstere Zeitalter herein. Für den wachen Menschen kann aus diesem Aufruf aber

Zuversicht wachsen – das «denn» am Beginn der letzten Strophe weist uns darauf hin. Die alten Sicherheiten müssen aufgegeben werden. Zeitgemäß ist, sich ein «Kopftuch aus Wind» umzubinden – auch Ingeborg Bachmann sprach von dem «kommenden Wind» –, sich den neuen Strömungen, die aus kosmischen Weiten auf uns eindringen, bedingungslos zu öffnen. Das Bild der züngelnden, beweglichen Krone, die mit Unruhgestirnen geschmückt ist, wird zum Zeichen für die neue Würde des Menschen im künftigen Lauf der Welt.

Aufbruch ohne Beispiel lebt Paul Celan in den letzten Jahren seines Lebens dar. Er findet seinen Niederschlag besonders in den Gedichtbänden *Atemwende* (1967), *Fadensonnen* (1968) und *Schneepart* (1971). Trotz der hermetischen Verschlossenheit vieler seiner Gedichte – immer wieder entziehen sie sich dem begrifflichen Verstehen – spürt man in jedem dieser kurzen Gebilde gesammelte Energien, Keimkräfte, die in uns Prozesse lebendig machen. Oft ist es schon *eine* Formulierung, in wenige Zeilen gedrängt, die diese Wirkung auf uns hat. Oft sind es ungewöhnliche Wortzusammenstellungen oder sprachliche Neuschöpfungen, die uns aus dem gewohnten Erleben herausreißen. Das Hineintauchen in Celans Dichtung ist eine Wanderung in unbekannte Seelenräume, deren Wunder und Rätsel sich nur dem behutsam Suchenden erschließen. Zwei Gedichte seien aus der Fülle herausgegriffen:

WEGGEBEIZT vom
Strahlenwind deiner Sprache
das bunte Gerede des An-
erlebten – das hundert-
züngige Mein-
gedicht, das Genicht.

Aus-
gewirbelt,
frei
der Weg durch den menschen-
gestaltigen Schnee,
den Büßerschnee, zu
den gastlichen
Gletscherstuben und -tischen.

Tief
in der Zeitenschrunde,
beim
Wabeneis
wartet, ein Atemkristall,
dein unumstößliches
Zeugnis.[18]

Altes, Veraltetes, Neues, zu dem der Aufbruch gewagt werden muß, stehen sich gegenüber. Alt ist alles um uns herum, was wir nicht schöpferisch selbst aus unserer Mitte neu gestaltet haben: was als «Gerede» um uns herumschwirrt, wohl auch von uns ausgeht, was nur «an-erlebt», nicht eigenständig und echt erlebt ist; in hundert Zungen umgibt uns diese unechte Welt, hundertzüngig ist aber auch das, was von mir geäußert wird als «Mein-Gedicht», unwahr wie ein Mein-Eid! Etwas Egozentrisches wird mit dieser Wortschöpfung angedeutet, auf einen verborgenen seelischen Egoismus hingewiesen. Wenn wir uns ehrlich selbst beobachten, werden wir viel von einer solchen Haltung in uns finden. Damit aber verliert jede derartige Äußerung von uns ihren Wert, sie wird zum «Genicht». Mit unerbittlicher Härte spricht Celan dieses Urteil aus, das uns alle angeht.

Aber er führt uns auch auf den Weg des Neubeginns: Durch den Strahlenwind unserer Sprache, einer neuen Sprache aus einem neuen, strahlenden Bereich, kann all das Anerlebte «weggebeizt» werden, so daß ein Aufbruch möglich wird. Wohin führt er uns? In einen Zustand der Freiheit! Wir werden herausgewirbelt aus der Fessel des Herkömmlichen und auf einen Weg gebracht, der in eine Schneeregion führt. Schnee ist bei Celan Bild für eine geistige Höhenlage, in der Helligkeit, kristallene Klarheit und Reinheit herrschen. (In dem Gedicht «Schneepart» wird uns das wiederbegegnen.) Weit muß man die gewohnten Formen des menschlichen Zusammenlebens hinter sich lassen, wenn man in die einsame Geist-Gegenwart dieser Schneeregion vordringen will. Und trotzdem finden wir hier eine menschengemäße Welt: die Gletscherstuben und -tische sind gastlich. Der Ausdruck «Büßerschnee» wird dabei nicht nur als geographischer Begriff für eine Abschmelzform in den Schneefeldern subtropischer Hochgebirge verwendet, sondern deutet darüber hinaus auf die Erkenntnis der eigenen Fehler, die die Voraussetzung dafür ist, um in diesem Geistbezirk zu bestehen.

Haben wir diese Entwicklungsstufe aber erreicht, so wartet auf uns – wie in einer Gletscherschrunde im Gang der Zeit verborgen – «dein unumstößliches Zeugnis», etwas Unverlierbares, das von uns zeugt, das an unser Ich geknüpft ist. «Atemkristall» wird es auch genannt. Es ist die Geburt unseres wahren Ich-Wesens, zu dem wir aufgebrochen sind.

Auf diesem Fundament können wir auch das noch schwierigere Gedicht *Schneepart*[19] von Celan verstehen:

> SCHNEEPART, *gebäumt, bis zuletzt,*
> *im Aufwind, vor*
> *den für immer entfensterten*
> *Hütten:*
>
> *Flachträume schirken*
> *übers*
> *geriffelte Eis;*
>
> *die Wortschatten*
> *heraushaun, sie klaftern*
> *rings um den Krampen*
> *im Kolk.*

Wiederum geht es um eine Aufgabe in der Schneeregion, in dem Bezirk eines reinen Geistigen, um den «Part», den der Mensch hier in diesem Leben spielen muß, der Dichter ebenso wie wir selber. Nur durch letzte Willensanspannung, durch ausdauerndes inneres Stemmen und Aufbäumen können wir dieser Mission gerecht werden. Wenn wir uns aber diese Haltung erarbeitet haben, stehen wir «im Aufwind», der uns helfend trägt. Allerdings müssen wir etwas zurücklassen, das uns bisher schützend umgab: die «für immer entfensterten Hütten», das unbewohnbar gewordene bürgerliche Leben. Wer diesen Aufbruch, den Celan meint, wagen will, muß auf alle gewohnten Sicherheiten und Verbindungen verzichten; nur durch die Kraft des eigenen Ich, gestärkt durch unendliche Bemühungen und Entsagungen, kann der Mensch an die Grenze jener übersinnlichen Welt dringen, die von großen Persönlichkeiten immer wieder als die Schnee- und Lichtregion erfahren worden ist.

Die Offenbarungen, die hier auf uns zukommen, sind noch nicht reine Imaginationen; es sind «Flachträume», sie haben nicht die volle übersinnliche Wirklichkeit, sie gleiten hüpfend über die «Eisfläche» hin wie ein geworfener Stein und bringen uns Botschaften von «drüben». Wieder überrascht die sprachliche Exaktheit Celans, wenn er den lautmalenden mundartlichen Ausdruck «schirken» für dieses Herandringen imaginativer Eindrücke benutzt.

Die dritte Strophe nennt die Aufgabe, die hier auf den Strebenden wartet: an einer Stelle ist die Eisdecke aufgebrochen, lebendiges Wasser wird sichtbar. Diesen «Kolk» müssen wir offenhalten und um ihn herum aufstapeln, «klaftern», was wir aus dieser Eis- beziehungsweise Geistwelt durch eigene Anstrengung herauslösen und festhalten können. Auch das werden zwar nur «Wort*schatten*» sein, nicht Geistworte, die ganz einer übermenschlichen Welt an- gehören. Aber diese Wortschatten, die wir in der Grenzregion ge- winnen können, sind Spiegelungen, Abschattierungen von Imagina- tionen aus dem Gebiet jenseits der Grenze – aus der Ultrawelt, würde Ionesco sagen –, «Ein-Fälle» in das Menschenreich, und sie sind letzten Endes die eigentlichen Leitsterne für unser Dasein.

Der Hintergrund der modernen Lyrik

Daß die Dichter, die wir kennenlernten, Wahrnehmungen von der übersinnlichen Welt haben, die uns abgehen, ist ohne Zweifel. Diesem erweiterten Wahrnehmungsgebiet entspricht aber noch nicht ein adä- quates Sprach- und Denkvermögen. Die Dichter sprechen ihre Erfah- rungen statt in Begriffen in Bildern aus. Damit umfassen sie aber zu- gleich eine Wirklichkeit, die weiter und lebendiger sein kann als ein Begriff. Vor allem werden wir durch diese Art Lyrik in eine Denk- und Empfindungsbewegung versetzt, die fast wichtiger ist als die Inhalte der Gedichte selbst. Wir werden durch Sprache innerlich aktiviert; materielle Zusammenhänge werden aufgelöst und in Geistiges über- führt. Die Dichter leiten uns so in einen Bereich, in dem wir ohne unseren Leib bestehen können. Wenn diese Erfahrung den Schülern im Unterricht vermittelt werden kann, ist schon viel erreicht.

Das moderne Gedicht stößt nun nicht nur inhaltlich in neue

Bereiche vor; die vorgelegten Texte fallen auch durch ihre andere Form auf. So fehlen zum Beispiel häufig die Verben. Bewußt werden jetzt statt der Tätigkeitswörter Dingwörter frei nebeneinandergestellt und dadurch in ihrer Aussagekraft neu belebt. Ihre Dinglichkeit und Namensfunktion wird überwunden. Eine geheime Verbalität, die in den Substantiven steckt, die ja oft von Verben abgeleitet sind, wird hervorgelockt. So gewinnt die Metaphorik des modernen Gedichts eine Bewegung, die sonst von den Tätigkeitsworten ausgeht.

Der abstrakte Charakter, den wir im heute gängigen Nominalstil an den Substantiven erleben, ist erst durch die Ausformung der Verben im Laufe der neueren Sprachentwicklung entstanden. Dieser Prozeß der Abstraktion, mit dem eine gewisse Tendenz zur Erstarrung einhergeht, ist zwar für unser wissenschaftliches Zeitalter notwendig; daß es sich dabei aber zugleich um eine erhebliche Gefährdung unserer Lebenskräfte handelt, gegen die durch die betrachtete moderne Dichtung heilende Impulse gepflanzt werden, tritt wohl erst deutlich in unser Bewußtsein, wenn wir unter diesem Gesichtspunkt lesen, was Rudolf Steiner an verschiedenen Stellen über die spirituelle Bedeutung von verbalem und nominalem Sprachstil geäußert hat.[20]

Das, was wir heute verloren haben, ist nach Rudolf Steiner: Idealismus, idealistische Gesinnung, genauer: spiritueller Idealismus. Diese Tatsache verändert das gesamte Lebensgefüge des Menschen; sie wirkt sich aber vor allem in der Sprache aus. Wenn wir die entsprechenden Ausführungen Rudolf Steiners hierüber zur Kenntnis nehmen, stoßen wir auf Zusammenhänge, die von der Wissenschaft noch kaum beachtet werden, von denen aber ein ganz neues Licht auf bestimmte Gepflogenheiten der heutigen Gesellschaft fällt.[21] Andererseits lernen wir die Erneuerungskräfte, die von den betrachteten modernen Gedichten ausgehen, richtig einschätzen.

Wir blicken zurück: Die moderne Lyrik, wie wir sie ausgewählt haben, muß auf dem Hintergrund einer Zeit gesehen werden, die voller Niedergangskräfte ist. Der Zugang zu spirituellen Bereichen ist weitgehend verschüttet oder wird – wo er heute gesucht wird – mit Kräften angestrebt, die das Bewußtsein trüben oder den Egoismus anstacheln. Wir haben aber in den betrachteten Gedichten, besonders von Nelly Sachs und Paul Celan, ein Phänomen erkennen können, das Zukunftskräfte offenbart. Es ist Bewußtseinsseelendichtung, was wir da vor uns haben. Ein geistiger Weg – ja, eine Schulung wird uns gezeigt, und wir können versuchen nachzuvollziehen, was uns da als leidvoll erworbener Erfahrungsvorsprung von diesen Dichtern dargebracht wird.

Es ist eine Dichtung für den Erwachsenen, der Geistes-Gegenwart in seine Zeit hineintragen möchte – so sollte man meinen. Aber es ist auch eine Dichtung für Jugendliche in der letzten Phase ihres Mündig-Werdens. Denn die Jugendlichen, besonders die Zwölftkläßler, stehen mit 18 2/3 Jahren unmittelbar in dem Prozeß des Sich-Öffnens gegenüber spirituellen Tatsachen. Wenn wir die jungen Menschen in diesem Alter mit dieser Lyrik vertraut machen, verleihen wir ihrem Geistesstreben eine Stoßkraft, die wir Erwachsenen als Angehörige einer anderen Generation meist nicht besitzen. Wir geben ihnen mit dieser Dichtung nicht «Literatur» oder eine interessante Schullektüre, sondern etwas, das richtungweisend für ihr ganzes Leben sein kann.

Anmerkungen

1 Eugène Ionesco, *Tagebuch. Journal en miettes,* Neuwied und Berlin 1968, S. 116 f.

2 Nelly Sachs, *Späte Gedichte,* Frankfurt am Main 1965, S. 76.

3 Günter Kunert, *Unruhiger Schlaf,* München 1979, S. 95.

4 «Immer ist die leere Zeit», in: Nelly Sachs, *Späte Gedichte,* S. 180.

5 «Und überall der Mensch in der Sonne», a.a.O., S. 43.

6 a.a.O., S. 23

7 Paul Celan, *Fadensonnen,* Frankfurt am Main 1968, S. 77.

8 Ders., *Schneepart,* Frankfurt am Main 1971, S. 32.

9 Ders., *Niemandsrose,* Frankfurt am Main 1963, S. 71.

10 Rudolf Steiner, *Das Künstlerische in seiner Weltmission,* GA 276, Dornach ³1982, S. 80 f. Weitere Ausführungen R. Steiners zur Entwicklung von Sprache und Dichtung: «Der Grundimpuls des weltgeschichtlichen Werdens der Menschheit», GA 216, S. 56 f.; «Das innere Verhältnis der Sprache zu den Gedanken», GA 161, S. 173 ff.

11 Nelly Sachs, *Späte Gedichte,* S. 13

12 a.a.O., S. 73.

13 Fernando Pessoa, «Initiation», in: Paul Celan, *Gesammelte Werke,* Bd. 5, Frankfurt am Main 1986, S. 563.

14 Paul Celan, *Mohn und Gedächtnis,* Stuttgart 1952, S. 54.

15 Ders., *Sprachgitter,* Frankfurt am Main 1959, s. 48.

16 Ingeborg Bachmann, *Gedichte, Erzählungen, Hörspiel, Essays*, München 1964, S. 36.

17 Nelly Sachs, *Späte Gedichte*, S. 43 f.

18 Paul Celan, *Atemwende*, Frankfurt am Main 1967, S. 27.

19 Ders., *Schneepart*, S. 20.

20 Siehe R. Steiner, *Vergangenheits- und Zukunftsimpulse im sozialen Geschehen*, GA 190, Dornach ³1980, S. 63.

21 Siehe R. Steiner, *Die menschliche Seele in ihrem Zusammenhang mit göttlich-geistigen Individualitäten*, GA 224, S. 184 f., 16 f.

ERIKA DÜHNFORT

Stille ... die Erde fürs Gedicht.
Einklang von Leben und Werk
bei Reiner Kunze

Den Biographien kommt im Rahmen der Waldorfpädagogik große Bedeutung zu. Sie tauchen in gewissem Sinne schon im zweiten Schuljahr auf, wenn Heiligenlegenden und -geschichten erzählt werden. Das Hauptfeld der Lebensbeschreibungen liegt dann in den Klassen 7 – 9, doch behalten sie von den verschiedensten Gesichtspunkten her auch weiterhin Gültigkeit. – Eine hervorragende Stelle nehmen die Biographien zeitgenössicher Schriftsteller und Dichter ein, wenn sie zusammen mit deren Werk den Schülern nahegebracht werden können. Für den Dichter Reiner Kunze sei der Versuch hier unternommen.

Schon das kleinste Gedicht von Reiner Kunze kann, sobald man es ganz aufzunehmen sucht, zwei Fragen wachrufen. Die erste: Wie kommt es, daß der Mensch, von dem das Gedicht stammt, so stark darin anwesend ist, nicht allein als Dichter, sondern auch als Persönlichkeit? – Und die zweite Frage: Was macht den Reiz der wenigen Zeilen aus, worin ist er begründet? Die Form des Ganzen erscheint auf den ersten Blick oft kunstlos, fast zufällig.

Versuchen wir, auf die erste Frage einzugehen.

Im neuesten, 1986 erschienenen Band stellt Kunze zweien seiner Gedichte ein Wort von Robert Schumann voraus: «Ich mag den Menschen nicht, dessen Leben mit seinen Werken nicht im Einklang steht.» Selbstverständlich erscheint es demnach für Kunze, daß in sein Werk eingehe, was er lebt, daß zwischen beidem Einklang herrsche. Eine solche Einsicht, als Willensimpuls untergründig durch alles Schaffen hindurchgetragen, verleiht diesem die Färbung von Glaubwürdigkeit und Zuverlässigkeit – Qualitäten, die aus menschlichem Handeln entstehen. Bei dem nun, was «Leben» im hier angesprochenen Zusammenhang bedeutet, geht es um zweierlei: um die Ereignisse, die Situationen, die das Schicksal heranträgt an einen Menschen, und um die Art und Weise, wie er sich ihnen stellt, wie er sie besteht. Der bisherige Lebensgang Kunzes enthält einiges Besondere, Ungewöhnliche, daneben viel «Zeitgemäßes».

1933 in Oelsnitz im Erzgebirge geboren, wächst Reiner Kunze auf als Sohn eines Bergarbeiters, dessen Vorfahren ebenfalls unter Tage arbeiteten. Das Kind erlebt die Mutter an der Kettelmaschine tätig, wo sie für die Strumpf-Industrie arbeitet. Der Vater der Mutter war Steinbildhauer. Es lag außerhalb der Denkmöglichkeiten der Eltern, daß ihr Sohn Reiner etwas anderes werden könne als Handwerker. Eine Schuhmacherlehre wählten sie für ihn aus, «mein Schemel war mir bei meinem zukünftigen Meister schon sicher gewesen», erinnert Kunze sich. Man ist versucht zu denken, daß er sich so ganz und vollständig von diesem Berufsplan innerlich nicht entfernt habe. Mit dem, was der Schuhmacher schafft, schenkt er den Menschen die Möglichkeit, den Fuß zu schützen, den Schritt zu sichern, wo der Boden uneben ist und voll von Geröll oder scharfkantigen Steinen, bestreut mit verletzenden Scherben. Auf solchen Grund sieht mancher sich zuweilen im Seelischen gestellt, und ist er dann «im herzen barfuß», schmerzt jedes Auftreten. Es fordert Mut und Kraft, den Bedrohungen zum Trotz weiterzugehen, den notwendigen nächsten Schritt zu wagen. Da sind stützende und schützende Hüllen willkommen. Für viele Menschen schuf Kunze sie mit seinen Gedichten.

Den Schemel beim Schuhmachermeister nahm ein anderer Lehrling ein, Kunze wurde in das Internat einer sogenannten Aufbauschule aufgenommen. Er blieb dort bis zu seinem Abitur. Daß der sozialistische Staat ihm, dem Arbeitersohn, Jahre des Lernens ermöglichte und damit den Weg in ein Studium eröffnete, erfüllte den Jungen mit Dankbarkeit. «Doch für mich war das ganze märchenhaft, ein Wunder. Ich begann, mich für alles zu engagieren, was zu diesem Wunder geführt hatte oder geführt zu haben schien.» Der Sechzehnjährige trat in die Partei ein, von der er meinte, «daß die jetzt alles (...) verändern würde».[1] Noch während der Schuljahre wurde für den Lernenden deutlich, wie stark alle seine Neigungen zur Kunst hindrängten, zur Literatur ebenso wie zur Malerei und zur Musik. Bei der Frage nach der Berufswahl schied die letztere aus: «Für mich ist zwar auch heute noch die Musik die Kunst der Künste, aber das will nichts über das Maß musikalischen Talents besagen, das mir in dieser unglücklichen Liebe zu Gebote steht.»[2]

Die nach dem Abitur bewußt getroffene Entscheidung fiel für die Fächer Philosophie und Journalistik. Das Studium des zweiten Faches erkannte Kunze später als einen Irrtum, er bedauerte, statt dessen nicht eine «ausgefallene Sprache» studiert zu haben.

Diese Einsicht stand bereits im Zusammenhang mit dem inneren Loslösungsprozeß, der sich in dem jungen Menschen angebahnt hatte. Das kritische Prüfen der Institutionen, die für ihn so selbstverständlich ohne Fehl gewesen waren, ließ sich nicht mehr zurückweisen. Das Prüfungsergebnis führte zu harten Enttäuschungen. Kunze faßte seine damaligen Erfahrungen einmal in einem Bilde zusammen: «Wenn eine herrschende Ideologie auf dem Quadrat beruht, können Sie der Erfinder des Rades sein, Sie werden gerädert werden. Und ich war Zeuge, wie man ideologisch gerädert und Menschen zerbrochen hat, nur damit die Lehre vom Quadrat als Grundlage aller Fortbewegung unangetastet blieb.»[3]

Kurz vor seiner Promotion verließ Kunze, sechsundzwanzigjährig, die Leipziger Universität, wo er in vierjähriger Assistenzzeit bereits einen Lehrauftrag gehabt und Vorlesungen gehalten hatte. – «In diesen fünfziger Jahren begann für mich die große politische Desillusionierung, das furchtbare Erkennen, hintergangen und betrogen worden zu sein … dem als Ergebnis einer jahrelangen politischen Treibjagd ein physischer Zusammenbruch folgte (…) Man hat versucht, mich (von der Universität) zu entfernen, aber die Anschuldigungen, die zu einer Entfernung hätten führen können, erwiesen sich nicht als stichhaltig. Ich bin dann aber gegangen, weil ich in diesem Milieu, in dieser Atmosphäre nicht mehr leben wollte, nicht mehr denken konnte.» Kunze nahm eine Arbeit als Hilfsschlosser im Schwermaschinenbau an. Leid war es ihm um die aufgegebene Lehrtätigkeit: «Ich habe an die zehn Jahre gebraucht, um damit fertig zu werden.»[4]

Am Beginn dieser gesamten Phase aber stand ein zweites «Wunder», und diesmal schob das Schicksal weit weniger als beim ersten Male äußere Helfer, Institutionen oder dergleichen vor, vielmehr trat es unverhüllt selber auf den Plan.

Kunze hatte als Schüler wie als Studierender bereits Gedichte geschrieben, die hin und wieder in Rundfunksendungen aufgenommen wurden. Einmal kam eine Zuschrift. Eine Dame aus der Tschechoslowakei bat um eines der gehörten Gedichte; Kunze schickte es ihr. «Ich dachte, es sei eine ältere Deutsche, vielleicht eine Germanistin, denn die Karte war in tadellosem Deutsch geschrieben.» Ein Briefwechsel entspann sich und weitete sich aus zu der Menge von vierhundert Briefen, worunter solche bis zu fünfundzwanzig Seiten sich befanden. Es stellte sich heraus, daß die unbekannte Dame nicht «ältere Germanistin» war, sondern eine mit Kunze gleichaltrige Tschechin, Ärztin. Fotografien wurden ausgetauscht. Kunze erhielt ein Backfischfoto der Briefschreiberin, es zeigte die Siebzehnjährige und «ist wohl das unvorteilhafteste Bild von ihr, das man sich vorstellen kann. Mir aber war es gleich, wie diese Frau aussah. Ohne sie je gesehen zu haben, denn damals war es nicht möglich, als Privatreisender über die Grenze zu fahren, rief ich sie eines Nachts an und fragte sie, ob sie meine Frau werden wolle. Und sie bejahte bedenkenlos.»

Es war nicht einfach, einen Weg zu finden, wie die beiden zueinander kommen konnten. Das schwierigste Hindernis: Damals durften tschechoslowakische Staatsbürger Ausländer nur mit persönlicher Genehmigung des Innenministers heiraten. Der genehmigte jedoch in diesem Falle nicht, soviel die beiden jungen Menschen sich auch um ein «Ja» des Ministers bemühten. Kunze gelang es aber, einige Zeit in der Tschechoslowakei zu leben, «wozu es ausgefallener Tricks bedurfte, man mußte ja das Visum immer wieder verlängert bekommen». Damals begann Kunze das Studium tschechischer Poesie, Nachdichtungen entstanden. Eine erste Sammlung davon erschien 1961 in Ost-Berlin. Der tschechische Schriftstellerverband wurde aufmerksam, er «witterte für die Zukunft einen Nachdichter tschechischer Poesie, mobilisierte alle nationalen Argumente und verschaffte uns die Heiratserlaubnis. Meine Frau war also mein erster und zugleich kostbarster Literaturpreis»[5].

1962 übersiedelte das junge Ehepaar in die DDR, nach Greiz in Thüringen. Innerlich aber blieb Kunze der Tschechoslowakei unlösbar verbunden. «Sie bedeutete für mich Heilung», bekannte er dankbar. Was Kunze an der Leipziger Universität widerfahren war, hatte ihn ja nicht allein seelisch aufs schwerste belastet, sondern auch physisch erheblich geschwächt und gekränkt. Böhmen und Mähren wurden ihm zudem auch «geistiges Asyl und literarische Heimat». Er ist sich bewußt, dort zum ersten Male begriffen zu haben, «was das ist,

Poesie», und den Beginn seines Schaffens, das er rückblickend als gültig ansehen kann, rechnet Kunze von dieser Erfahrung her. – Die Tätigkeit seiner Frau in einer Klinik erbrachte die notwendige Grundlage für den Lebensunterhalt, Kunze konnte sich nun ganz dem Schreiben widmen.

Den Gedichten, die entstanden, kam mehr und mehr die öffentliche Beachtung und Anerkennung entgegen, zugleich aber wurden sie den staatlichen Stellen zunehmend ein Ärgernis. Im August 1968, als sowjetische Panzer dem «Prager Frühling» ein Ende setzten, vollzog Kunze in der äußeren Form, was für ihn innerlich längst Realität war: er trat aus der Partei aus. Damit entzog er sich in der DDR nicht nur jeglichen Boden für sein Schaffen, man beobachtete und beargwöhnte ihn nun schärfer als bereits vorher. In der Bundesrepublik erschienen Kunzes Bücher, Gedichtbände und Prosa. Das Kinderbuch *Der Löwe Leopold* erhielt den Jugendbuchpreis, das gesamte vorliegende Werk wurde in mehr als zehn Sprachen übersetzt. (Heute sind es mehr als zwanzig.) – Angesichts dieser Tatsachen wagte man in der DDR 1973 noch einmal eine Veröffentlichung, bei Reclam in Leipzig erschien der Gedichtband *Brief mit blauem Siegel*. Zwei Auflagen mit insgesamt 30 000 Exemplaren waren in kürzester Zeit verkauft. Dann wurde es wieder still um den Autor. 1976 erfolgte der Ausschluß aus dem Schriftstellerverband der DDR, Kunze durfte im Lande, in dem er lebte, nichts mehr veröffentlichen. In beängstigendem Maße entstand um ihn gleichsam ein Vakuum, das freies Atmen unmöglich machte. Immer unverhohlener gestalteten sich die Angriffe auf den Menschen Reiner Kunze, seine Gesundheit wurde mehr und mehr untergraben, die Zerreißproben gingen bis an die Grenzen dessen, was ein Mensch aushalten kann. Im Frühjahr 1977 schließlich verließ Kunze die DDR, er lebt mit seiner Frau jetzt bei Passau.

Von den oben skizzierten Lebensfakten ging vieles in die Prosa, in die Lyrik ein. Deutlich ändern sich nach der Übersiedelung in die Bundesrepublik die Themen der Gedichte. « Einer, der durchatmet, erlebt die Welt anders als einer, den man würgt.» – Auch die Möglichkeit, die Länder der Erde nun frei, bis hinüber zur USA, wahrnehmen zu können, fand ihren Niederschlag.

In dem «Einklang» von Leben und Werk aber bilden diese Faktoren nur die eine Hälfte der «Lebensseite», die andere stammt aus dem

Potential des Ich her, das aufgreift, was das Leben heranträgt, und sich so oder so dazu stellt. Gerade das Wie des Zugriffs und des Verarbeitens geht in ein wirkliches Kunstwerk ein.

Manches Gedicht Kunzes spricht diesen Zusammenhang in seinen Bildern aus:[6]

BESCHNEIDEN DER APFELBÄUME IM WINTER

Mit den ihren
kappe ich alle zweige in mir die
hoch hinauswollen

Von neuem
auf die augen setzend

Und auf die äste nach außen

Durch die krone eines apfelbaums
muß ein mann mit korb hindurchgehn können, sagen
die alten gärtner

Und übergroßes leid und übergroße freude
müssen hindurchgehn können
durch uns

Vor dem Hintergrund der Lebensereignisse fallen einige Grundgesten im Schaffen Reiner Kunzes besonders auf.

Da ist einmal das Vermögen, Dankbarkeit zu empfinden. Sie erfüllte schon den Schüler der Aufbauschule, der glücklich war, unter anderem Dichtung, Malerei und Musik kennenlernen zu dürfen über den Kreis dessen hinaus, was die geistigen Interessen des Elternhauses ausgemacht hatte. Als der Studierende dann die bitteren Enttäuschungen erfahren mußte, blieb er seelisch unverhärtet. Sonst wäre er wohl kaum empfindsam genug gewesen, die Schicksalsfigur ahnend wahrzunehmen, die aufgrund einer Postkarte aus der Tschechoslowakei sich bilden wollte. Überströmende Dankbarkeit klingt weiterhin dann wieder aus jeder Äußerung, mit der Kunze seine Frau nennt. Das dichterische Schaffen erhält aber durch diese Grundgeste eine Prägung, die nicht nur an den genannten Stellen erkennbar wird. Am auffallendsten zeigt sie sich in der Fülle von Nachdichtungen, durch die Kunze tschechische Lyriker ins Licht der Aufmerksamkeit zu rücken sucht: Dank an das tschechoslowakische Volk!

Nah benachbart ist der Dankbarkeit die Bereitschaft, den anderen Menschen zu sehen und für ihn einzustehen, vor allem, wenn er bedroht ist. Nicht wenige Kunze-Gedichte sind brüderlicher Zuruf, Eintreten für einen Schriftstellerfreund (oder für eine Menschengruppe) aus der DDR, aus Polen, der Tschechoslowakei, der Sowjetunion. – Wie eine Geste des Dankes nimmt es sich dann wieder aus, wenn Kunze in zunehmendem Maße einzelnen Gruppen seiner Gedichte oder auch einem ganzen Band Worte eines anderen voraussetzt: von Seneca bis Camus, Améry und Böll. Einem Früheren, Voraufgegangenen wird das erste Wort überlassen. Mit Sich-Berufen oder Abstützen auf Autoritäten hat das nichts zu tun, dessen bedarf Kunzes Dichtung nicht, sie lebt aus Eigenkraft. Das Hinweisen auf den anderen, das Mitbedenken aller, die rechts und links, die in engerem oder weiterem Umkreis stehen, gehört zu dieser Dichterpersönlichkeit. Und trotz aller Ablehnung bis zum Haß, trotz der Bedrohungen, gegen die Kunze durch lange Zeit hindurch anleben mußte, konnte er 1979, zwei Jahre nach dem Verlassen der DDR, das Gedicht[7] schreiben:

SILBERDISTEL

Sich zurückhalten
an der erde

Keinen schatten werfen
auf andere

Im schatten der anderen
leuchten

Silberdistelkraft, die sich zurückhält «an der erde» und im Schatten der anderen zu leuchten vermag, – im Menschen erwächst sie aus der Wesensmitte, aus dem Ich (das weit entfernt ist vom Ego, mit dem der Egoismus anhebt). Kunze weiß, wie stark sein Schaffen mit dieser zentralen Kraft verknüpft ist; sie ermöglichte auch den Wandel, der sich in Kunzes Gedichten mit der Übersiedlung in freieren Atemraum vollzog, hin zum «vers ohne wunde». Das Gedicht entstand 1978.[8]

... die im herzen barfuß sind
(Jan Skácel)

Wenn du ein gedicht schreibst, im herzen also
barfuß bist,

meide die plätze, an denen
etwas in dir zerbrach

Das moos
ist den scherben nicht gewachsen

Es gibt ihn, den
vers ohne wunde

«Das gedicht als stabilisator, als orientierungspunkt eines ichs. Das gedicht als akt der gewinnung von freiheitsgraden nach innen und außen.» So formulierte Kunze es einmal.

Die zweite Frage, die eingangs dieser Betrachtungen gestellt wurde, richtet sich auf die künstlerische Form der Gedichte von Kunze. Zunächst fällt auf, was fehlt; Reime finden sich nur ganz spärlich in den frühen Gedichten, sonst gibt es diesen gewohnten Gleichklang nirgendwo. Ebenso verhält es sich mit den vertrauten Vers- und Strophenformen. Dieser «Verzicht» ist jedoch von fast allen Lyrikern der letzten Jahre her bekannt, er ist nichts Neues, nicht etwas, das nur Kunzes Gedichten eigen wäre. Was macht sie dennoch unverkennbar? Eine Probe:[9]

NACH EINEM CEMBALOKONZERT

Im gehör
feingesponnenes silber, das mit der zeit
schwarz werden wird

Eines tages aber wird die seele
an schütterer stelle
nicht reißen

In einer Stellungnahme zu Kunzes Prosaband *Die wunderbaren Jahre* schrieb Böll einmal: «Man muß die Prosa langsam lesen, langsam einatmen (ich frage mich, ob wir mit unserem vergröberten Wahrnehmungsvermögen dazu noch fähig sind).» In dem von Böll angesprochenen Zusammenhang ging es darum, die außerordentlich feine Satire zu bemerken, die in Kunzes Prosa steckt und die sie den offiziellen Stellen der DDR so «ärgerlich» werden ließ.

Die Gedichte fordern in verstärktem Maße, daß man sie langsam liest und mit jedem Einatmungszuge tief in sich aufnimmt, wobei nach einem Worte Wilhelm von Humboldts dann «das Gemüth … indem es alle Pforten seiner Empfänglichkeit öffnet, die volle Einwirkung des eigenthümlichen Stoffes der Sprache (hier des Gedichts!) aufnehmen kann.» Vollzieht man das, so nimmt man wahr, daß ein Prozeß einsetzt: um die zarten sprachlichen Gebilde sammelt sich Stille an. In ihr beginnen die Zeilen zu klingen, mit Hilfe der Zäsuren, der Zeilenintervalle, behutsam Pausen zwischen sich lassend, daß nicht die Worte einander jagen oder bedrängen. Einmal sagt Kunze von der Stille, sie sei «Erde fürs Gedicht»:[10]

SCHREIBTISCH AM FENSTER,
UND ES SCHNEIT

Vögel sichern länger als sie
futter aufnehmen

Und wieder verharre ich
reglos

Euren tadel daß ich zeit vergeude
weise ich zurück

Stille häuft sich an um mich,
die erde fürs gedicht

Im frühling werden wir
verse haben und vögel

Wer diese Verse liest, wird gewahr, daß die Stille ihnen nicht nur das schützende, nährende Erdreich bedeutete, in dem sie keimen konnten, daß Stille vielmehr auch die Sonne ist, die das Gedicht aufblühen läßt, daß sie das Licht ist, in dem es erscheinen kann. – Ein besonders deutliches Beispiel dafür ist das zuerst hier gebrachte Gedicht *Silberdistel*. Im Grunde aber rufen die meisten Gedichte, vor allem die späteren, diesen Eindruck hervor. Ohne auf einem zählbaren Rhythmus (jambisch oder trochäisch usw.) fortzuschwingen, sind sie dabei keineswegs ohne Rhythmus, ohne Bewegung: [11]

> *BALLETTEUSE*
>
> *Ihre füße*
> *zwei mondsicheln*
>
> *Und die erde die erde hat*
> *zwei himmel*
>
> *Und wir wir leben*
> *doppelt*

Leicht wie Federbälle springen die Zeilen, von zwei Doppelungen hochgeschnellt (die erde die erde; wir wir). – Andere Gesten lassen sich im folgenden Gedicht wahrnehmen: [12]

> *NEBEN DEM STUFENLEGER KNIEND*
> *(FÜR HEINER FELDKAMP)*
>
> *Unmerklich das gefälle, mit dem*
> *die stufe dem fuß*
> *entgegenkommt*
>
> *Wie das gefälle bestimmen*
> *des wortes, damit es sich entgegenneige*
> *unmerklich*

Von der ersten Zeile bis zu dem einzigen Wort der dritten hin vollzieht sich etwas wie das ruhige Aufsetzen des Fußes auf eine Stufe. Von der die folgenden drei Zeilen durchklingenden Frage aber (sie kommt einem Nachsinnen gleich) werden diese Zeilen in der Schwebe gehalten, enden nicht, sondern lassen eine leichte Unruhe zurück. Davon wiederum sehr unterschieden sind Bewegung und Dynamik im folgenden Gedicht:[13]

FÖHN

Der wind zieht die wirbel an

Die nerven sind verstimmt
bis ins schmerzhafte

Noch eine vierteldrehung,
und etwas in dir wird zerspringen

Und du kannst nicht hinter die bühne gehen
wie der bratschist, der eine neue saite aufzieht

Dreimal, jeweils gesteigert, wird gespannt, angespannt: in der ersten
Zeile, in der zweiten und dritten, und der vierten und fünften – Ent-
spannung bringen auch die beiden letzten Zeilen nicht, vielmehr
rufen sie – im Bewußtsein der Unabänderlichkeit – eine Mischung
aus Ergebenheit und leiser Verzweiflung wach.

Die wenigen Beispiele lassen vielleicht deutlich werden, daß diese
Lyrik sich einem schnellen Überlesen, einem «Durchgehen» entzieht. Lebendig werden die Gedichte vollends, wenn man sie mit der
zu ihnen gehörenden Ruhe *spricht*, ihren musikalischen Verlauf behutsam ertastend. Dabei läßt sich wieder eine Beziehung zum Atem
erkennen. Der paßt sich dem Gedicht und dessen Eigenart so an, daß
– vollkommen unerzwungen – ein bewußteres Atemholen zustande-
kommt. In dem Umkreis von belebter Stille, den jedes Gedicht um
sich herum entstehen läßt, in dem es sich darstellt, atmet es und
bezieht den Leser in diesen Atemzug mit ein.
   Was aber nimmt das Erinnern von solchen Gedichten auf? Was
trägt es mit sich, so daß einiges hin und wieder unversehens auftaucht
im Bewußtsein? – Zunächst sind es – etwas unbestimmt – die Bilder:
die Silberdistel, die Mondsichelfüße, die Neigung der Stufe, der Föhn
und die zum Springen gespannte Saite und so fort. An die Bilder
heran ruft man sich dann die Sprache zurück, die Worte, deren Bewegung, bis zuletzt das Bild wieder ganz klar und dicht da ist.
   In zwei Darstellungen läßt Kunze seine Leser teilnehmen an
seinem Umgang mit Bildern, wenn sie ihm «einfallen» und zur
Gestaltung, zur Arbeit drängen. Die erste Darstellung gab er in
einer Sendung des Hessischen Rundfunks. Da geht es um sein

«Schneestangen-Gedicht», um Eindrücke aus dem norwegischen Herbst, die Gedicht werden wollten.

«Am Himmel, der tiefblau war, schossen die Wolken dahin, und man roch den Schnee schon in den Wolken. In dieser riesigen Einsamkeit begleiteten uns also plötzlich die von Menschen aufgestellten Schnee-stangen ... Die Schneestangen waren das einzig ‹Menschliche› dort ... Da kam mir während der Fahrt folgende Zeile, folgender Vers, an den ich vorher nie im Leben gedacht hatte – bezogen also auf die Schnee-stangen–: ‹Als wollten sie den schnee auffangen / ohne arme›. Ein grö-ßeres Ausgesetztsein kann ich mir nicht vorstellen, eine größere Hilf-losigkeit, eine größere Ohnmacht, als daß jemand ohne Arme etwas auffangen will, auffangen soll ... Mit diesem Bild war für mich das Signal gegeben ... Das Bild, der poetische Einfall muß von selbst kom-men, den kann man nicht ‹herbeiwollen› ... und dann beginnt natür-lich die Arbeit ... Ich will nur ein einziges Element dieser Arbeit noch schildern: Ich mußte ... ins Bild bringen, wo diese Schneestangen ste-hen. Es ist ein riesiges Gebirgsmassiv, es ist Gestein, eine große Öde, eine Einöde, es ist eine Einsamkeit, die einen auf sich selbst zurückwirft – das alles hätte ich sagen müssen. Aber das alles hat mit Dichtung nichts zu tun. Es wäre Beschreibung gewesen. Ich weiß nicht, wie lange ich gebraucht habe, bis ich auf ein neues Wort gekommen bin, und dieses Wort ist nun ‹herbeigearbeitet›: ... ‹Steinöde›. Und mit diesem Wort hatte ich den Gedichtanfang, die ersten beiden Zeilen.»

LEERE SCHNEESTANGEN, NORWEGEN,
MITTE SEPTEMBER

*In dieser steinöde werden sie
zu wesen*

*Als wollten sie den schnee auffangen
ohne arme*

*Und jede ganz auf sich gestellt
gegen die übermacht des himmels*[14]

Weitgehender als in dem Rundfunkgespräch läßt Kunze seine Leser am Entstehen eines Gedichtes teilnehmen im Nachwort zu seinem neuesten Band *Eines jeden einziges leben*. Stücke daraus seien hier zitiert – besser ist es, man liest das Nachwort ganz!

«*Das Gedicht ist ergebnis eines prozesses, der allen marktgegeben-heiten hohnspricht.*

Erst wenn das gedicht die absicht geäußert hat, geschrieben zu wer-den, kann der autor beabsichtigen, es zu schreiben.

Eines tages nahm mich A. zu höhergelegenen schlägen seines waldes mit und wies mich auf die kompensationstriebe vieler fichten hin. Dabei fiel das wort ‹angstnadeln›. Später einmal – jahre waren ver-gangen – berichtete er, daß er im wald von heftigem stechen in der herzgegend heimgesucht worden war und sich nur noch mit mühe hatte in die obhut eines arztes begeben können. Wiederum später stellt er in einem gespräch augenzwinkernd die these auf, seine seele habe ihren sitz in der nähe des herzens. Als ich am abend nach diesem gespräch nachhausfuhr, spielte das unbewußte dem bewußten eine verknüpfung zu, in der etwas von der inneren beziehung A.s zum wald aufschien: Seine seele treibt angstnadeln ...»[15]

Im weiteren wird von den Uferauen berichtet, mit denen A.s Besit-zungen an die Donau grenzen. Dort nisteten Scharen von Graurei-hern, deren Zahl in wenigen Jahren in erschreckendem Maße ab-nahm. Auch dieses Thema wird in Kunzes Schilderung nun Schritt für Schritt durchgespielt. Dann heißt es weiter:

«*Die arbeit an einem gedicht kann tage dauern (die halben nächte eingeschlossen), wochen und – mit langen unterbrechungen – auch jahre.*

Seine Seele treibt angstnadeln ... Nicht nur einmal habe ich A., nachdem er mich auf einen mehr oder weniger nadellosen wipfel auf-merksam gemacht hatte, wie aus kindesseele seufzen hören. Mit je-dem baum, der abstirbt, scheint auch in ihm etwas zugrundezugehen, und das elektrokardiogramm, das nach jenem stechenden schmerz in der herzgegend geschrieben worden ist, dürfte diesen eindruck stüt-zen. – Mit jedem baum ... Welcher anfang wäre für ein gedicht, das von A. spricht, zwingender? Mit jedem baum der stirbt ... Absterben: Die tanne zeigt andere symptome als die fichte oder der nußbaum. Allen gemein ist, daß die dichte ihrer nadeln und blätter rapide ab-nimmt. Sie dünnen aus ... Ausdünnen (das aus für den baum ... Es ist aus mit ihm) ... Mit jedem baum, dessen wipfel ausdünnt ...

Die seele treibt angstnadeln ... Die assoziation ‹stechen in der herz-gegend› kann sich allerdings nur einstellen, wenn man – wie A. – die seele in die nähe des herzens denkt … Die these muß dem gedicht also vorangestellt und – in erwiderung des augenzwinkerns – als these apostrophiert werden. Diese notwendigkeit ergibt sich jedoch einzig aus dem bildmaterial und hat nicht im vorhinein bedacht werden können.

Ehe das letzte wort nicht geschrieben ist, weiß der autor weder, wie es heißt, noch, ob er je bis zu ihm gelangen wird.» [16]

KLEINES RUHMESBLATT
FÜR ALEXANDER GRAF VON FABER-CASTELL

> *Die seele hat ihren sitz*
> *in der nähe des herzens*
> *(these)*
>
> *Mit jedem baum, dessen wipfel*
> *ausdünnt, treibt in der seele er*
> *angstnadeln*
>
> *In der nähe des herzens verschanzt er*
> *die tümpel seiner uferau, echos*
> *gewesener landschaft,*
>
> *und steckt an den wald sich*
> *letztes reihersilber*

Dieses kleine Ruhmesblatt ist ein Beitrag auch zur Ökologie, wie man ihn sich menschlicher nicht denken kann. Die Bilder, die Zeilen in ihrer Folge, wirken in die Tiefe des Gefühls, von dorther Bewußtsein aufrufend, das sich so leicht nicht wieder beschwichtigen lassen wird.

Um die akustische Umwelt geht es in einem anderen Gedicht:

JUNGE MOTORRADFAHRER

> *Hornissen, die ihr seid*
> *in meinem ohr, ich möchte euch*
> *hinausschütteln*
>
> *Auch durch euch ertaube ich*
> *an dieser Zeit*
>
> *Im leerlauf*
> *vollgas*
>
> *Geschwindigkeit hoch geräusch ist*
> *das ziel*

In manchen Situationen kann es hilfreich sein, die letzten vier Zeilen des Gedichtes vor sich hinzudenken – «als akt der gewinnung von freiheitsgraden nach innen und außen».

«Grob» zu werden drängt es Kunze offensichtlich zuweilen im Blick auf die Germanisten:[17]

GROB

Von hundert germanisten liebt die dichtung einer
Berufen ist zum germanisten außer diesem keiner

Interpretationshilfe
Außer diesem einen
mag der autor keinen

Gelegentlich eines Gespräches im österreichischen Fernsehen gedachte Kunze speziell auch der Deutschlehrer:

«Wenn ich Weltkulturminister wäre, würde ich ein Dekret erlassen – dann würde ich sofort zurücktreten –: Ich würde weltweit die Lehrerfrage verbieten: Was wollte uns der Dichter damit sagen? In dieser Frage stecken zwei Gefahren: Einmal, das literarische Werk wird auf eine gedankliche Aussage reduziert, wird auf einen Begriff gebracht und damit zerstört ... Und das zweite, was in dieser Frage steckt, ist: Was wollte uns – uns! – der Dichter damit sagen ... Also: Alle Kunst ist ein pädagogisches Exempel. Die Welt besteht aus Lehrern und Schülern, und in diesem einen Fall wird dem Schriftsteller gewissermaßen die Ehre zuteil, zum Lehrer erhoben zu werden, während er im anderen Fall, wenn die Lehrer zu einer bestimmten Art von Germanisten gehören, sehr schnell zum Schüler werden kann ... Hätte der Dichter das sagen wollen, was solche Lehrer zu hören wünschen, hätte er es gesagt und kein Gedicht geschrieben.»

Am Beginn dieses Aufsatzes war die Rede davon, daß Kunze das Zusammenstimmen von Leben und Werk eines Menschen offenbar als unabdingbare Notwendigkeit betrachtet. Mit kleinerem oder größerem Radius, mit mehr oder minder starker Intensität wirkt ein derartiges Werk ohne Frage auch wieder zurück auf jegliches Leben in der Welt, in erster Linie auf die Menschen und ihr Miteinander. Eine bestimmte, grundlegende Seite dieses Wirkens sieht Kunze nun als besonders entscheidend an: das Rege- und Ansprechbar-Halten der Sensibilität, der Empfindsamkeit. Sein 1966 (wohl in Marienbad) entstandenes Gedicht[18] weist auf die Verletzbarkeit solchen «Quellgrundes» hin:

SENSIBLE WEGE

Sensibel
ist die erde über den quellen: kein baum darf
gefällt, keine wurzel
gerodet werden

Die quellen könnten
versiegen

Wie viele bäume werden
gefällt, wie viele wurzeln
gerodet

in uns

Im oben erwähnten Fernsehgespräch (mit Wolfgang Kraus) kommt die Rede auf «einen Schüler Bakunins, Netschajew, der sagt:[19] ‹Es müssen die schwächenden Gefühle wie … Liebe, Freundschaft, Dankbarkeit … Ehre – diese schwächenden Gefühle müssen unterdrückt, ausgerottet werden um der kalten Leidenschaft willen, die die revolutionäre Sache erfordert.›» – Im weiteren geht es dann um die Frage, ob ein Kunstwerk solchem Denken, solcher Lebenshaltung entgegenwirken könne. Kunze führt aus: «*Es ist ein Grundirrtum anzunehmen, ein literarisches Werk oder ein Kunstwerk überhaupt wirke nur dann antitotalitär, wenn es sich gegen ein totalitäres Regime richtet. Ein Kunstwerk wirkt antitotalitär, weil es ein Kunstwerk ist, weil es die schwächenden Gefühle – denn was schwächen sie denn, sie schwächen die Fähigkeit, brutal zu sein, die Fähigkeit, über den Menschen hinweg zu handeln – weil es die schwächenden Gefühle am Leben erhält und die Menschen sensibler macht.*»

Die Möglichkeit zu solcher Sensibilisierung steckt in der gesamten Dichtung Kunzes. Das macht sie so «zeitgemäß», zu etwas, das heute dringender als je notwendig ist. Und die Sensibilisierungskraft schließt sich nahtlos zusammen mit dem Wesenszuge, der als ichhafter spürbar ist im gesamten Werk Kunzes. Für den Dichter geht künstlerisches Erleben in jeder Form weit über alles nur Ästhetische hinaus. Kunze weiß, wie das Betroffensein von einem Kunstwerk den ganzen Menschen ergreift und ihn zu verwandeln fähig ist. Klar schildert er diese Erfahrung in seinem Essay: *Ergriffen von den Messen Mozarts*. – Ein Wort daraus sei an das Ende unserer Betrachtungen gestellt:[20]

«Die durch das Kunstwerk hindurchschimmernde menschliche Vollkommenheit aber ist es, die uns an unsere eigenen Möglichkeiten erinnert – und zwar unabhängig von unserem Glauben oder unserer Weltsicht, wenn auch mitunter nicht ohne Folgen für sie.»

Anmerkungen

1   Eckehart Rudolph, «Gespräch mit Reiner Kunze», in: Reiner Kunze, *Die wunderbaren Jahre*, Lyrik. Prosa. Dokumente, hrsg. von Karl Corino, Frankfurt am Main 1977, S. 314.
2   a.a.O., S. 315.
3   a.a.O., S. 317.
4   a.a.O., S. 316 und S. 319.
5   a.a.O., S. 320f.
6   Reiner Kunze, *Auf eigene Hoffnung*, Frankfurt am Main 1981, S. 54.
7   a.a.O., S. 33.
8   a.a.O., S. 75.
9   Reiner Kunze, *Eines jeden einziges Leben*, Frankfurt am Main 1986, S. 67.
10   *Auf eigene Hoffnung*, S. 33.
11   *Eines jeden einziges Leben*, S. 70.
12   a.a.O., S. 27.
13   a.a.O., S. 45.
14   *Auf eigene Hoffnung*, S. 43.
15   *Eines jeden einziges Leben*, S. 109f.
16   a.a.O., S. 111f., S. 114f.
17   *Auf eigene Hoffnung*, S. 104.
18   *Gespräch mit der Amsel*, Frankfurt am Main 1984, S. 101.
19   Kunze führt Netschajew hier nicht wörtlich an, er referiert.
20   Reiner Kunze, *Ergriffen von den Messen Mozarts*. Edition Toni Pongratz, Hauzenberg[5] 1988.

ANJA GÖPFERT-LAMEY

Das Theaterspiel in der 12. Klasse als pädagogischer Prozeß – Erfahrungen und Überlegungen

Wenn man versucht, sich den achtzehnjährigen Jugendlichen innerlich zu vergegenwärtigen, so empfindet man bestimmte typische Qualitäten. Das erste große Chaos der Pubertät, für das ein Auseinanderklaffen von Wollen, Fühlen und Denken sowie ein rasches Urteil charakteristisch sind, ist überwunden. Eine erste ordnende Kraft wächst im jungen Menschen heran und bringt Wollen und Denken einander wieder näher. Der Bereich des Fühlens gewinnt eine tiefere Dimension. Hier ist der Jugendliche voller Erwartung, voller Sehnsüchte, oft auch voller Ängste. Eine tiefere innere Welt wird erahnt, noch behütet, die sich aber langsam voller Neugier der äußeren Welt öffnen möchte. Dies ist im allgemeinen die seelische Situation, in der das Zwölftklaßspiel einsetzt.

Das Theaterspielen ist nun in der Tat besonders geeignet, dieses tiefe und natürliche Bedürfnis aufzugreifen, denn es ist seinerseits in der Lage, mit einer «ganzen Welt», die von den Schülern selbst aus dem Reiche der Phantasie geschaffen werden muß, zu antworten. Das heißt, auf dem Wege künstlerischen Tuns zu antworten – eines Tuns, für das der Körper nur Instrument ist, dessen «Beweger» aber wie unsichtbar dahinter stehen: die Gefühlskräfte der jungen Leute, die es bei dieser Arbeit, gekoppelt mit diszipliniertem Wollen und überschauendem Erkennen, zu entwickeln und einzusetzen gilt.

In dieser Tätigkeit werden elementare Seelenerfahrungen, Schicksalserfahrungen, Menschenerfahrungen, soziale Erfahrungen, Freiheitserfahrungen auf einer nicht-materiellen, seelisch-geistigen Ebene gemacht und gewissermaßen als Erprobung für Späteres vorweggenommen. Das kann dem Jugendlichen sehr großen Mut einflößen, denn er hat durch das Theaterspielen etwas an sich erlebt, von dem er allenfalls ahnte, daß es so sein sollte: ein Glücks- und Freiheitsgefühl, das nicht materieller Art ist, sondern tief aus dem Verborgenen seines Wesens hervorsteigt und ihn, weil es ihn während des Arbeitsprozesses mit der geistigen Welt verband, mit Kraft und Hoffnung erfüllt.

Wenn man es überspitzt ausdrücken möchte, ist die Bühne der äußere Raum, in den hineinplastiziert wird, in dem Bild wird, was zunächst nur unbestimmt in der Seele vorgeht. Selbstverständlich geschieht dies in einer unentwegten Wechselbeziehung. Der Verinnerlichung und dem Hineinlauschen in sich selbst, bewegt durch Phantasie und Vorstellungskraft, folgt das Nach-außen-Setzen, sozusagen das Inkarnieren des Seelenwesens, der darzustellenden Figur in den Raum, in die Bühnenwelt. Hier wird nun im Physischen sichtbar, was durch die Phantasie erfahren und durch die ordnende Empfindungskraft bewegt wurde.

In diesem Sinne künstlerisch im Schauspiel zu arbeiten kann für die jungen Leute in diesem Alter von geradezu therapeutischer Wirkung sein.

Forderungen an den Betreuer

Wenn man nach Wegen sucht, die man dabei gehen kann, müßte man sich fragen, ob es – bei aller Vielfalt der persönlichen Möglichkeiten – eine Reihe von allgemeingültigen Gesichtspunkten gibt.

Fangen wir beim Regisseur beziehungsweise bei der die Arbeit betreuenden Person an! Sie muß sich um bestimmte Qualitäten bei sich selbst immer wieder neu bemühen. Das Wichtigste, was sie vielleicht mitbringen muß, ist Begeisterung für die Sache. Künstlerisches Tun als Pflichtübung, ohne ein volles Herz für die Aufgabe, ist gar nicht denkbar. Wenn szenische Erfahrung hinzukommt, ist das hilfreich. Denn die Bühne läßt sich durchaus nicht willkürlich handhaben.

Der Regieführende darf wohl eine Vorstellung von dem «Klang», von einigen Höhepunkten, von der Richtung der Interpretation mitbringen, keinesfalls aber ein fertiges Konzept oder gar feste Vorstellungen über die eine oder andere Rolle. Dies sollte man getrost dem Prozeß mit den Jugendlichen überlassen. Sie zeigen einem auf der

Bühne ja genau, wer sie sind, wohin sie sich entwickeln können, und von daher muß man ihnen helfen, das Wesen ihrer Rolle zu ergreifen. Daraus geht hervor, daß der Betreuer *pausenlos*, mit *immer gleichem Interesse*, das Geschehen auf der Bühne mit seinem ganzen webenden Miterleben verfolgen muß. Unentwegt schmeckt er innerlich die Qualität, die sich auf der Bühne manifestiert. Weniger wichtig ist es, daß er selbständig auf der Bühne agiert; vielmehr soll er durch sein inspirierendes Wort den Schüler die entsprechende Darstellungs-nuance finden lassen.

Der Betreuer braucht Gelassenheit, Geduld, denn unzählige Male wird er das Gleiche korrigieren, das heißt *bewußtmachen* müssen. Nur langsam und nur unter ständiger Ermutigung kann der Jugend-liche das Seelenwesen der darzustellenden Figur verwirklichen.

Es kann auch keine künstlerisch schöpferische Arbeit geben, wenn sich nicht eine Atmosphäre der Heiterkeit, des Humors schaffen läßt, in der der Schüler es gut verträgt, wenn man ihm auch einmal etwas drastisch seine «Fehler» vor Augen führt. Daß die Stimmung gleichzeitig sehr ernsthaft sein wird, versteht sich von selbst.

Ein intellektuelles Angehen der Darstellungsprobleme hilft dem Schüler nur wenig. Selbstverständlich kann man nicht tief genug auf Inhalt und seelische Situation von Stück und Personen eingehen. Aber ihre *Entwicklung auf der Bühne* muß durch die Impulse der Phantasie (das heißt auch mit Hilfe des Willens) vorangetrieben werden. Nur durch die *ständige Wiederholung* wird dies plastisch und wahr. Die Wiederholung bewirkt eine Art Imprägnierung des ganzen Menschen, so daß, was zunächst willkürlich ablief, über Empfinden, Erkennen und diszipliniertes Sich-Führen schließlich zur Selbstverständlich-keit, zum Können wird und das Spiel am Ende schwerelos geschieht.

Beispiel eines Probenprozesses

Aus diesen Gesichtspunkten ergibt sich auch ein ganz bestimmter Probenablauf. Wenn wir die These als wahr annehmen wollen: Büh-nenraum = seelischer Innenraum (also: was sich in letzterem durch die Phantasie entwickelt, wird als seelisch-geistiges Bild in ersterem physisch sichtbar), dann versteht sich die Bühne als ein Ort der

Ordnung und der Klarheit. Diese Ordnung auf der Bühne vor jeder Probe herzustellen ist sehr wichtig.

Nachdem die Rollen verteilt sind, Grundsätzliches besprochen wurde, ist die Spannung groß – anfänglich auch die Ruhe und Begeisterung bei den Schülern, welche im Probenverlauf allerdings immer einmal Einbrüche erleben können. Wenn man nun eine längere Probenzeit zur Verfügung hat, ist es für die Schüler eine wichtige Erfahrung, wenn die ersten Proben Durchlaufproben sein können. Das heißt, es wird einfach einmal drauflos gespielt – zunächst mit dem Text in der Hand. Nur wenig greift der Betreuer ein, arrangiert ein wenig die Choreographie, hilft den Zaghaften vorsichtig nach – im Wesentlichen überläßt er die Schüler sich selbst. Meist schon nach dem einen Durchspiel läuft sich die Sache tot – und das erste wichtige Probengespräch ist fällig. Es ergibt sich die hautnahe Erkenntnis – und zwar bei Spielern wie Schülern, die zuschauten, gleichermaßen: Die Bühne ist eine ganz andere Welt. Auf ihr gelten neue, zu entdeckende Gesetze. Die Alltagssprache ist hier ganz wirkungslos. Die normalen Bewegungen sehen langweilig aus. Es ergibt sich etwas wie Raumesgesetze. Man darf nicht nur «für sich» spielen, sondern muß einen starken Kontakt zu den anderen schaffen.

Nun ist der Augenblick da, wo man sprechen wird über das, was Bühnenkunst überhaupt ist, wo sie herkommt, wie sie sich entwickelt hat, was es für Stile gibt und so weiter. Man kann hierzu Bilder zeigen aus der Kulturgeschichte, aus der Theatergeschichte. Es wird deutlich, daß auf der Bühne die allergrößte Präzision notwendig ist, und zwar: im Zusammenhang im Raum, in der Bewegung, in der Sprache, in den Farben; daß Willkür der Tod und die Langeweile ist. Man ahnt, daß Improvisation, wo sie leicht und frei ist, eine hohe Kunst sein muß und daß sie überhaupt nur auf dem Wege vorheriger Disziplin erreicht werden kann.

Es können sich nun einige Raum- und Improvisationsübungen anschließen, wenn das Bedürfnis dazu besteht. Sehr empfehlen möchte ich dazu das Buch von Michael Tschechow *Werkgeheimnisse der Schauspielkunst* (W. Classen Verlag, Zürich 1988) und die dort als erste genannten Übungen, die ganz natürlich zum Erleben der vier Temperamente führen. Kleine Temperamentsszenen können sich anschließen: bestimmte Tätigkeiten oder Miniszenen, ausgeführt in den verschiedenen Temperamenten; ferner einfache kleine Szenen in

verschiedenen Stimmungen (siehe auch Tschechow); kleine Vor-
übungen zur Erfahrung und Bewußtmachung des Raumes. Hierbei
sind die Beobachter der Szene ebenso wichtig wie die experimentie-
renden Schüler auf der Bühne: Dadurch, daß der Raum von Figuren
belebt wird, sehen sie – «lesen ab» aus den Konstellationen – bestimmte Wirkungen, Stimmungen, ja Notwendigkeiten.

Erst jetzt beginnen die eigentlichen Proben. In diesen Proben – es
sind ja im wesentlichen Einzelproben und bald auch Proben für kleine szenische Gruppen – geschieht die eigentliche Arbeit. Während
des ganzen Schöpfungsprozesses sollte man den größten Wert auf die
Phantasiekräfte des Schülers legen. Seine innere Vorstellungskraft
muß geweckt werden. Er muß fühlen, möglichst in Bildern innerlich
erleben, was er gleich darstellen will. Zwar ist die Sprache ein wesentliches künstlerisches Mittel, doch mit ihr alleingelassen, läuft sie dem
Spieler leicht davon, verselbständigt sich, wenn er nicht angehalten
wird, die Stimmungen des Gesprochenen, die Pausen, die Zwi-
schenaktionen in inneren Bildern ständig sich bewußt zu machen –
kurz, all das in seiner Vorstellung zu *erschaffen*, was im Szenentext
nicht steht.

Für den Lehrer ist ein solches Konzept schwierig und zeitaufwen-
dig: Er muß ständig da sein, während die Schüler nur vereinzelt dran-
kommen. In diesen Proben muß der Betreuer eine Atmosphäre des
Vertrauens und der Herzlichkeit schaffen, damit der Schüler den Weg
aus sich heraus auf die Bühne findet, seine Hemmungen überwindet
und dabei sich selbst tiefer entdeckt. Er merkt ja sofort, daß er in
seinem Körper wie in einem Gefängnis sitzt, daß er überall an ihn
«anstößt». Er merkt, daß seine Sprache gefesselt ist, nicht in den
Raum dringt. Was in diesen Proben geschieht, wenn sie glücklich
verlaufen, das wendet sich im Grunde genommen immer intensiver
an das höhere Ich im Jugendlichen, das ja letztlich auch der Künstler
in ihm ist. Langsam geschieht dieser Prozeß des Freiwerdens. Immer
neu, immer tiefer wird man versuchen, in das verborgene Leben der
darzustellenden Figur einzudringen, ihre Sprache zu erlauschen, ihre
Gesten zu ertasten. Das Sprechen vermag durch dieses Tun mehr und
mehr sich zu befreien, differenziert zu schwingen. Sprache und
Gesten bilden langsam eine Harmonie. Die Erfahrungen im Raum
beglücken die jungen Leute. Sie erleben, was es bedeutet, nahe
beieinander zu stehen oder eine Höchstspannung durch große

Distanzen zu schaffen, Augenkontakt – oder nicht. Immer natürlicher wird der Rhythmus im Raum gehandhabt. Der wachsende Kontakt auf der Bühne führt immer auch zu sensibilisiertem Verständnis im Klassenleben. Man erlebt große Überraschungen, was der eine oder andere für unerwartete Kräfte in sich birgt.

Kleine geprobte Szenen werden nach einiger Zeit aneinandergefügt und allen vorgeführt. Es wird gemeinsam darüber gesprochen. Auf diese Weise wird man das ganze Stück erarbeiten und wiederholende Einzelproben mit Durchlaufproben abwechseln lassen, so daß ein Gefühl für das Tempo, den Gesamtrhythmus, die aufeinanderfolgenden Auftritte und anderes entsteht. Auf jede Probe sollte man bei Beginn der nächsten kurz zurückblicken. Durch diesen Erfahrungsaustausch kommt etwas in Gang, und man erfährt auch Unzufriedenheiten oder Unstimmigkeiten, denen meist dann gleich der Stachel genommen werden kann.

Kostüme – Bühne – Beleuchtung – Musik

Zu diesem Zeitpunkt wird man sich auch mit den Kostümen und der Dekoration beschäftigen. Das gibt stets einen neuen Impuls. Wenn je eine Schülergruppe das Entwerfen und spätere Ausführen der Kostüme und des Bühnenbildes übernimmt, ist es ideal. Man wird allerdings noch verbessern und raten müssen. Denn bis auf Ausnahmen reproduzieren die jungen Leute einmal Gesehenes, arbeiten aus ihrem ja noch engen eigenen Erfahrungsbereich. Die originale Schaffung eines adäquaten Kostüms ist eine gleichwertige künstlerische Notwendigkeit wie die Arbeit auf der Szene. Das Kostüm darf ganz einfach sein – muß aber in einem höheren Sinne stimmen. Das Gleiche gilt für das Bühnenbild. Es ist auch hier nicht immer leicht, die Schüler von den Vorstellungen einer «reich» ausgestatteten Bühne abzubringen. Man wird sie nicht immer überzeugen können, daß das Bühnenbild, zurückgenommen auf wenige «Symbole», weit stärker wirkt und dem Schauspieler und Zuschauer den allergrößten Spielraum für seine eigene Phantasie läßt. Viel wesentlicher – und auch differenzierter einzusetzen bei einer spartanischen Bühne – ist das Licht. Hierbei geht es nicht darum, «Helligkeit» zu schaffen.

Der richtige Umgang mit dem Licht erlaubt eine Steigerung der Phantasie.

Die Farbstimmungen auf der Bühne vermögen das verborgene Wesen einer Figur oder Situation intuitiv erlebbar zu machen. Man kann die Gestalten wie aus Licht entstehen lassen oder das Licht symbolisch einsetzen, mit großen Schattenwürfen oder Gegenlicht-silhouetten arbeiten und vieles mehr. Wie weit die Technik eines Beleuchtungspotentials das zuläßt, ist die eine Frage. Die andere, ob es einen Schüler in der Gruppe gibt, der sich dies mit künstlerischem Farbgefühl zur Aufgabe machen will.

Ein wesentliches Mittel, die Aussage auf der Bühne zu verstärken, ist die Musik, vor allem auch da, wo sie ursprünglich gar nicht vorgesehen war. Bei vielen modernen Stücken ist die Musik eben das Mittel, tiefere Schichten freizulegen, in das Bewußtsein zu heben. Man muß hierfür nicht traditionelle Instrumente beherrschen – oftmals reicht eine einfache (allerdings geübte und auf den Punkt gebrachte) Improvisation mit unkonventionellem Instrumentarium (zum Beispiel Streichpsalter, Klangstäbe, Trommeln und andere Percussions-instrumente, die menschliche Stimme und vieles mehr).

Es soll auf so wichtige Elemente wie Maske (plastisch oder nur auf das Gesicht gemalt), Eurythmie, Pantomime, große Marionetten und anderes nur hingewiesen werden. Sie können den künstlerischen Ausdruck und Stil einer Inszenierung «öffnen» und dadurch intensive spirituelle Dimensionen erschließen.

So wird sicher auch deutlich, wie über das reine Theaterspielen hinaus die vielen handwerklich-künstlerischen und technischen Notwendigkeiten eines solchen Unternehmens die Jugendlichen in deren breitgefächerten Begabungen und Möglichkeiten ansprechen. Jeder der Gruppe vermag etwas Wesentliches zum Gelingen des Ganzen beizutragen. Da «nichts läuft» ohne das andere, bedeutet diese Arbeit eine Stärkung des sozialen Klassenzusammenhangs. Man kann dies eigentlich in jeder 12. Klasse nach dem Theaterspielen erleben: Sie haben sich verwandelt.

Die Wahl des Stückes ist in jeder 12. Klasse das emotionsgeladene Vorspiel zum Theaterspielen. In erster Linie haben die jungen Leute das Bedürfnis, ihre eigenen Empfindungen oder Ideale darzustellen. Meist soll das Stück eine soziale Botschaft enthalten, mindestens Charaktere, mit denen sie sich mühelos identifizieren können. Dies trifft vordergründig für sogenannte «moderne» Stücke zu, die regelmäßig ins Gespräch kommen, vom dichterischen Standpunkt aus aber meist keinen großen Wert haben. Trotzdem, denke ich, ist es möglich, auch das eine oder andere zeitgenössische Stück durch Ausbau und Vertiefung der häufig pauschalen Charaktere so zu interpretieren, daß es ein lohnendes Unternehmen wird. Kommt es doch auch beim Theaterspielen mit Schülern mindestens so sehr auf das *Wie* des Prozesses wie auf das *Was* an. Durch ein gelungenes Wie läßt sich das Was häufig in seinem Niveau heben.

So ungeschickt es wäre, den Schülern ein Spiel aufzudrängen, so verkehrt ist es auch, auf *jeden* Vorschlag diskutierend einzugehen. Um hier einen spannenden Prozeß in Gang zu bringen, ist es wichtig, die oft nicht wirklich verstandenen Stücke aufzufächern auf ihre Tauglichkeit hin: Ist die Aussage lohnend? Kann man es interessant interpretieren? Ist es besetzbar? Wenn man sich auf drei oder vier Stücke für die engere Wahl geeinigt hat, sollte man diese lebendig und differenziert nochmals vorstellen; dann eine Szene so vermitteln durch Vorlesen und Spielvorschläge, daß Stil und künstlerische Möglichkeiten erlebbar werden. Man kann auch verschiedene Schüler aus jedem der Stücke eine kleine Szene vorbereiten und spielen lassen. Danach entscheidet die Abstimmung.

Der jährlich neue Versuch, die Schüler zu bewegen, einen Shakespeare zu spielen oder doch «wenigstens» einen anderen Klassiker oder einen Albert Steffen, scheitert meist an heftigem Widerstand. Gerade die seelisch-geistige Lebendigkeit, die in und zwischen den Figuren Shakespeares lebt, würde ihnen die allergrößte Möglichkeit zu persönlichem Ausdruck bieten. Beim gemeinsamen Lesen können aber die wenigsten der jungen Leute hinter der bildhaften Sprache und der nicht im Alltagsgewand einhergehenden «Problematik» diese wunderbare Möglichkeit entdecken.

Ist jedoch das spontane Spielbedürfnis erst einmal durch das Klassenspiel befriedigt und der Sinn für die künstlerische Welt des Theaters erwacht, kommt es immer wieder bei einzelnen Schülern zu dem Wunsch, sich in der Facharbeit noch einmal auf einer höheren Ebene mit dem Theaterspielen zu verbinden. So entstehen fast jährlich einzelne Szenen aus dem Bereich wirklicher Dichtung.

Schließlich – was auch immer mit den Schülern für die Bühne erarbeitet wird, es sollte in dem Bemühen geschehen, eine Welt innerer Wahrheit vor dem Zuschauer zu entfalten.

Quellennachweis

IRMGARD HÜRSCH: Öffnung zur Welt und zu sich selbst. Zuerst erschienen in: *Erziehungskunst*, Heft 10/1983.

CHRISTOPH GÖPFERT: Der Prozeß des Mündigwerdens. Neufassung nach *Erziehungskunst*, Heft 5/1983 und anderen. Für dieses Buch wurde der Beitrag überarbeitet.

CHRISTOPH GÖPFERT: Literatur als therapeutischer Impuls. Zuerst erschienen in: *Erziehungskunst* Heft 12/1983.

MALTE SCHUCHHARDT: Anregungen zum Erzählstil des Lehrers im dritten Jahrsiebt. Originalbeitrag.

REINHART FIEDLER: Goethe und Schiller. Zuerst erschienen in *Erziehungskunst* Heft 12/1975.

CHRISTOPH GÖPFERT: Themen der 9. Klasse. Zuerst erschienen unter dem Titel «Der Deutschunterricht der Oberstufe als Antwort auf latente Fragen des Jugendlichen» in: *Erziehungskunst* Heft 1/1989. Für dieses Buch wurde der Beitrag überarbeitet.

ASTRID VON DER GOLTZ: Jean Paul im Deutschunterricht der 9. Klasse. Zuerst erschienen in: *Mitteilungen für Eltern und Freunde der Freien Georgenschule Reutlingen*. Nochmals abgedruckt in: *Erziehungskunst*, Heft 9/1971.

CHRISTOPH GÖPFERT: Widersprüchliche Welt – Suche nach dem Selbst. Zuerst erschienen in *Erziehungskunst* Heft 7/1989.

ASTRID VON DER GOLTZ: Das «Zauberwort» – Zur Selbst- und Weltbegegnung des Jugendlichen im Poetik-Unterricht der 10. Klasse. Originalbeitrag.

DIETRICH ESTERL: Sprachliche Versuche der Schüler als Weg zur Poetik. Zuerst erschienen in *Erziehungskunst* Heft 9/1989.

REINHART FIEDLER: Parzival. Zuerst erschienen in *Erziehungskunst* Heft 6/7 1977. Für dieses Buch wurde der Beitrag gekürzt.

CHRISTOPH GÖPFERT: Parzival-Motive – Von Schülern gesehen. Zuerst erschienen in *Erziehungskunst* Heft 9/1978. Für dieses Buch wurde der Beitrag überarbeitet.

CHRISTOPH GÖPFERT: Die Bildsprache der Märchen als Übungsweg. Originalbeitrag.

CHRISTOPH GÖPFERT: Vertrauen in die eigene Seele gewinnen. Zuerst erschienen in *Erziehungskunst*, Heft 11/1989.

BURCKHARDT GROSSBACH: Moderne Thematik bei Lessing und Frisch: «Nathan der Weise» und «Andorra». Originalbeitrag.

ALBERT SCHMELZER: Ödön von Horváth, Jugend ohne Gott. Zuerst erschienen in *Erziehungskunst* Heft 2/1983.

RAINER PATZLAFF: Vom Analysieren zum Imaginieren. Das Erarbeiten künstlerischer Wissenschaftlichkeit im Literaturunterricht. Zuerst erschienen in *Erziehungskunst* Heft 5/1985.

REINHART FIEDLER: Gesichtspunkte zur «Faust»-Epoche. Zuerst erschienen unter dem Titel «Faust: Aus dem Deutschunterricht der 12. Klasse» in *Erziehungskunst* Heft 6/1991.

CHRISTOPH GÖPFERT: Erziehung zur Zeitgenossenschaft. Metamorphosen der Dichtung als Beobachtungsfeld im 12. Schuljahr. Zuerst erschienen in *Erziehungskunst* Heft 7/8 1986.

CHRISTOPH GÖPFERT: Die erzieherische Bedeutung der modernen Lyrik im Prozeß des Mündigwerdens. Zuerst erschienen in *Erziehungskunst* Heft 6/1979 und Heft 9/1979. Für dieses Buch wurde der Beitrag überarbeitet.

ERIKA DÜHNFORT: Stille … die Erde fürs Gedicht. Einklang von Leben und Werk bei Reiner Kunze. Zuerst erschienen in *Erziehungskunst* Heft 2/1987.

ANJA GÖPFERT-LAMEY: das Theaterspiel in der 12. Klasse als pädagogischer Prozeß. Originalbeitrag.

Nicht namentlich gekennzeichnete Beiträge wie Ein- und Überleitungen stammen vom Herausgeber.

Menschenkunde und Erziehung

Schriften der Pädagogischen Forschungsstelle
beim Bund der Freien Waldorfschulen

Verlag Freies Geistesleben

Menschenkunde und Erziehung
Schriften der Pädagogischen Forschungsstelle
beim Bund der Freien Waldorfschulen

48
Bengt Ulin
Der Lösung auf der Spur
Ziele und Methoden des
Mathematikunterrichts
328 S. mit 233 Abb., gebunden

52
Arnold Bernhard
Algebra
für die siebte und achte Klasse
an Waldorfschulen
176 Seiten, gebunden

49
Ernst Schuberth
**Erziehung in einer Computer-
gesellschaft**
Datentechnik und die werdende
Intelligenz des Menschen
328 Seiten, gebunden

54
**Der künstlerisch-hand-
werkliche Unterricht in der
Waldorfschule**
336 Seiten mit Zeichnungen
und Photos, gebunden

50
Hermann von Baravalle
**Physik als reine Phänomeno-
logie**
1: Mechanik, Wärme und Kälte
365 Seiten, gebunden

55
Erhard Fucke
**Grundlinien einer Pädagogik
des Jugendalters**
Zur Lehrplankonzeption der
Klassen 6 bis 10 an Waldorf-
schulen. 216 Seiten, gebunden

Verlag Freies Geistesleben

Menschenkunde und Erziehung

Schriften der Pädagogischen Forschungsstelle
beim Bund der Freien Waldorfschulen

Verlag Freies Geistesleben